Smolinsky
Kirchengeschichte der Neuzeit I

Heribert Smolinsky

Kirchengeschichte der Neuzeit I

Patmos

Information der Deutschen Nationalbibliothek
Die Deutsche Nationalbibliothek verzeichnet diese Publikation
in der Deutschen Nationalbibliografie; detaillierte bibliografische
Daten sind im Internet über http://dnb.d-nb.de abrufbar.

Printed in Germany
ISBN 978-3-491-70420-6
www.patmos.de

Inhalt

Vorwort

Der hier vorgelegte Band will die Kirchengeschichte der frühen Neuzeit vom beginnenden 16. bis zum Ausgang des 18. Jahrhunderts darstellen. Damit hat er sich viel vorgenommen. Obwohl der Zeitraum nur knapp 300 Jahre umfaßt, bedeutete er für die Geschichte des Christentums einen dramatischen Umbruch, und zwar in mehrfacher Hinsicht. Am Anfang stand zumindest im Abendland noch eine weithin einheitliche Christenheit, am Ende eine Vielzahl von Konfessionen. Zu Beginn regierte der Kaiser ein im Grunde katholisches Reich, am Ende war dieses »Heilige Römische Reich Deutscher Nation« im Glauben gespalten. Es waren neue christliche Kirchen entstanden, die sich als legitime, ja eigentliche Träger des Evangeliums begriffen. Anders als die Auseinandersetzungen zwischen Ost- und Westkirche, deren Dramatik auf Grund der politisch-geographischen und theologischen Verhältnisse weniger scharf empfunden wurde, schufen die Brüche des 16. Jahrhunderts Verwerfungen, die alle Bereiche umfaßten. Der Prozeß der Konfessionalisierung setzte ein, dessen tiefgreifende Bedeutung für die Entstehung des modernen Bewußtseins, der Lebensformen und der Staatswerdung die heutige Forschung hervorhebt. Das betraf zunächst das Innere der Kirchen, aber auch die gesamte kulturelle und politische Entwicklung. Trotz einer damit verbundenen deutlichen Intensivierung von Lehre und Leben innerhalb der Konfessionen der geteilten Christenheit konnte die geistige Entwicklung hin zur Aufklärung und zu Ansätzen einer Säkularisierung des Denkens und Handelns nicht verhindert werden. Langsam formte sich ein neues Lebensgefühl – zuerst in elitären Schichten – und führte zu Krisen, die am Ende des 18. Jahrhunderts virulent wurden. Schließlich weitete sich in diesem Zeitraum die Kirche zur Weltkirche, eng verbunden mit den europäischen kolonisatorischen Ausgriffen; eine Problematik, die heute deutlich im Bewußtsein der Geschichtsschreibung steht, wenn auch die Lösungen unterschiedlich ausfallen.

Diesen Stoff umfassend zu bewältigen, bedürfte es vieler Bände. Der Leitfaden versucht daher eine problemorientierte Darstellung, die den Vorteil bietet, regionale Entwicklungen nicht überbetonen zu müssen. Kontinuitäten, Krisen und Brüche in der Entwicklung sind ausgehend von der Situation vor der Reformation bis zur Zeit kurz vor der Französischen Revolution dargestellt. Die Möglichkeiten, Christsein zu verwirklichen, zeigen vor allem die Kapitel über die Reformationen und die Frömmigkeit im 17. und 18. Jahrhundert, aber auch über den Jansenismus und seine wechselnden Frontstellungen. Leider konnten die unterschiedlichen Ausprägungen von Kirche nur für das 16. Jahrhundert breiter entfaltet werden; für die spätere Zeit mußte sich die Darstellung weithin auf die katholische Kirche beschränken. Ebenso blieb die östliche Orthodoxie ausgespart. Die Epocheneinteilung orientiert sich an der Geschichte der deutschen Reichskirche, was nicht bedeutet, daß sich die Darstellung damit begnügte. So ist die englische Reformation ausführlich dargestellt, die führende Rolle Frankreichs im 17. Jahrhundert vor allem in dem Kapitel über die Spiritualität, aber auch bei der Aufklärung berücksichtigt worden. Ebenso kommen die Entwicklungen in anderen Ländern zur Sprache. Dem frühneuzeitlichen Ringen um die Kirchenverfassung, das eng im Zusammenhang mit der Staatsidee und dem Zeitalter des Absolutismus zu sehen ist, widmen sich mehrere Abschnitte. Breiter als bisher in solchen Darstellungen üblich zeigt dieser Band die Durchsetzung und kommunikative Vermittlung der christlichen Lehre und ihrer Lebensformen. Er greift damit ein Anliegen der neueren Konfessionsforschung auf und will die Entstehung der Moderne einsichtiger machen. In diesem Kontext stellte sich auch die Frage, ob das Werden der bürgerlichen Welt im ausgehenden 17. und 18. Jahrhundert ein »Sterben des Christentums« bedeutet, oder ob nur eine bestimmte Form desselben in eine Krise geriet. Die jeweils angegebene Literatur bietet ebenso wie die Titelaufzählung am Ende des Buches lediglich eine Auswahl, mit deren Hilfe Weiterarbeit möglich ist.

Ohne das intensive Mitdenken und die Arbeit meiner Mitarbeiterinnen und Mitarbeiter an unserem Freiburger Lehrstuhl wäre dieses Buch nicht zu denken. Es ist mir eine angenehme Pflicht, zum Schluß meinen Assistentinnen, Dr. Barbara Henze und Hildegund Siebers, sowie den studentischen Mitarbeitern Stefan Fassbinder und Uwe Schellinger zu danken, die den Text prüften, Anregungen gaben und zahlreiche Korrekturen durchführten.

1 *Die Kirche am Vorabend der Reformation – eine Zeit des Übergangs*

Die Reformation als wirkmächtiges, veränderndes Ereignis der abendländischen Kirchengeschichte zu Beginn der Neuzeit brach nicht wie eine Naturkatastrophe über die römisch – katholische Kirche herein, sondern hatte eine Reihe von Vorbedingungen. Sie lagen im kirchlichen, sozio-kulturellen sowie politischen Bereich und betrafen zunächst den allgegenwärtigen Reformgedanken, der zur Veränderung und Verbesserung in Kirche und Welt aufrief. Konnte hier die Reformation anknüpfen, so ergab sich mit den Entwicklungen von Theologie, Frömmigkeit und Bildung die Möglichkeit, daß neue Einsichten Resonanz fanden, Wünsche erfüllten und Probleme klärten, die bisher unbefriedigt und ungelöst geblieben waren. Die Verbesserung der Kommunikationsmittel ermöglichte eine Verbreitung der Ideen, wie sie vor der Erfindung des Buchdrucks nicht möglich gewesen wäre. Schließlich schufen die politisch – kirchenpolitischen Konstellationen Bedingungen, mit der Reformation bereits angelaufene Prozesse weiterzuführen, ihnen eine neue Qualität zu geben und sie so um den Preis einer Neugestaltung der Heilsinstitutionen zu vollenden.

1.1 *Reform – eine Signatur der Zeit?*

Obwohl der Ruf nach einer Reform, im allgemeinen verstanden als die Rückführung der Kirche auf ihre alten Ideale, so alt wie das Christentum selbst ist und im 11. Jahrhundert in der Gregorianischen Reform einen ersten Höhepunkt erreichte, um dann nicht mehr abzureißen, intensivierte er sich im 15. und beginnenden 16. Jahrhundert nochmals in auffallender Weise. Das betraf einmal die Zunahme der Klage- und Reformschriften im Umfeld der Konzilien von Konstanz (1414–1418) oder Basel (1431–1437/48) sowie deren Beschlüsse selbst, die sich neben dogmatischen Fragen mit der Kirchenreform befaßten. Obwohl die Päpste Konstanz und Basel mit Mißtrauen betrachteten, blieb das Konzil weiterhin ein Instrument der Reform. Als Martin Luther 1517 mit den 95 Thesen eine Bewegung in Gang setzte, die wir Reformation nennen, endete gerade das 5. Laterankonzil (1512–1517), das trotz seiner geringen Wirkung noch einmal beachtliche Reformbeschlüsse hervorgebracht hatte. Konziliare Reform und Reformation gaben sich, metaphorisch gesprochen, die Hand und lösten sich ab.

Galten die Konzilien als Träger der Reform, so gab es doch auch steigende Erwartungen an die Institution des Papsttums. Nachdem es den Päpsten gelungen war, im Sinne der papalistischen Theorie in der zweiten Hälfte des 15. Jahrhunderts den Konziliarismus zurückzudrängen und ihre Stellung zu stärken, wurden sie selbst in Schriften und Predigten aufgefordert, die Reform in die Hand zu nehmen. Das sich entwickelnde Renaissancepapsttum war allerdings mit anderen Problemen beschäftigt, so daß z. B. Ansätze unter Pius II. (1458–1464) versandeten. Den von ihm selbst proklamierten theoretischen Ansprüchen entsprach das Papsttum vor der Reformation kaum; vor allem wenn wir an Päpste wie Alexander VI. (1492–1503) denken, deren Interessen in der Stärkung ihrer Hausmacht, aber nicht in der Kirchenreform lagen.

Inhaltlich sprachen die vorreformatorischen Reformforderungen ein breites Spektrum an: Papsttum, Kardinalat und Kurie, die Ämterbesetzung sowie das ganze komplizierte Feld der römisch-kurialen Finanzpraktiken, aber auch die Abgabe des Zehnten oder die Verbesserung der Predigt waren ihre Zielpunkte. Kaum ein Gegenstand der längst vorhandenen Kritik wurde ausgelassen. Prediger wie Geiler von Kaysersberg am Straßburger Münster, Satiriker wie der Franziskaner Thomas Murner kämpften für eine Reform, die sich im wesentlichen auf die Moral bezog. Was die Erfolgsaussichten betraf, so kam bei Geiler von Kaysersberg ein resignativer Zug ins Spiel, als er 1508 angesichts der ausbleibenden kirchlichen Reformpolitik ausrief: »Ich sprich nein, es ist auch kein Hoffnung, dass es besser werd um die Christenheit«[1].

[1] Zit. *F. Rapp*, Geiler von Kaysersberg, in: Theologische Realenzyklopädie 12 (1983) 161.

Wie sehr es sich bei dem Ruf nach Reform nicht nur um ein innerkirchliches Problem handelte, sondern um die Frage nach der Gesamtorganisation der Christenheit, zeigt die Schrift des Nikolaus von Kues »De Concordantia catholica« (Von der umfassenden Eintracht). Sie machte 1433 ebenso Vorschläge zur Reichs- wie zur Kirchenreform und entwickelte das Bild einer Staat und Kirche umfassenden, in sich gegliederten Einheit. Die anonyme »Reformatio Sigismundi« (Reform Kaiser Siegmunds, weil diesem zugeschrieben), 1439 im Umkreis des Basler Konzils entstanden, umgriff ebenfalls alle Stände. Ansätze zur Reichsreform unternahm der Reichstag von 1495, ohne damit das Thema zu erledigen.

War also Reform die Signatur der Zeit, so daß sich aus ihr ein Strukturprinzip der Geschichtsschreibung ableiten und sogar die Reformation erklären ließe? Trotz der genannten Belege sprechen mehrere Gründe dagegen. Die Reformforderungen selbst hatten zu viele traditionelle, Jahrhunderte alte Inhalte, um ein Spezifikum des ausgehenden Spätmittelalters zu sein, und der Begriff selbst war zu unbestimmt, um mit ihm alle zentralen Entwicklungen zu erklären. Die Kirche ließ sich auch am Vorabend der Reformation nicht auf ein einziges Leitmotiv reduzieren. Aber es wird deutlich, daß die »Reform« eine Verdichtung erfuhr, die durchaus zu beachten ist und die Entwicklung sowie Wirkung der reformatorischen Bewegung einsichtiger machen kann.

Literatur:

Kaspar Elm (Hg.), Reformbemühungen und Observanzbestrebungen im spätmittelalterlichen Ordenswesen, Berlin 1989;

Johannes Helmrath, Theorie und Praxis der Kirchenreform im Spätmittelalter, in: Rottenburger Jahrbuch für Kirchengeschichte 11 (1992) 41–70;

Eike Wolgast, Reform, Reformation, in: Otto Brunner, Werner Conze, Reinhart Koselleck (Hgg.), Geschichtliche Grundbegriffe 5, Stuttgart 1984, 313–360.

1.2 *Theologie, Frömmigkeit und Sehnsucht nach dem Heil*

Die Theologie stand am Vorabend der Reformation vor einer Fülle von Aufgaben. Traditionell hatte sie spekulativ über Gott und die Kirche , ihre Lehre und Leben, nachzudenken, Irrlehren zu entlarven und Argumente für die Diskussionen mit Abweichlern oder Andersgläubigen zu erarbeiten. Bei den zahlreichen Schulstreitigkeiten sollte der Theologe Stellung nehmen und die von ihm getroffenen Entscheidungen verteidigen. Ein Fachstudium für Seelsorger bot zwar die Universität nicht an, aber es stellte sich ihr im steigenden Maße die Frage, wieweit die Theologie einen Praxis- und Frömmigkeitsbezug hatte, und ob sie nicht durch neue Stoffe zu erweitern sei. Auch konnte sie sich dem Humanismus, der die Bibel und Kirchenvätertexte neu lesen und verstehen lehrte, auf lange Sicht nicht verschließen, wollte sie Anschluß an die moderne Entwicklung gewinnen.

So ist es verständlich, daß die ohnehin bis heute wenig erforschte spätmittelalterliche Theologie keine Einheit bildete, sondern auf sehr unterschiedliche Weise die genannten Fragen zu beantworten suchte und sich daher als eine plurale, schwer zu fassende Größe darstellt. Auf der einen Seite gewannen die Werke des Thomas von Aquin seit dem ausgehenden 15. Jahrhundert an Bedeutung, so daß 1512 der Dominikaner Konrad Köllin als erster in Deutschland einen Kommentar zur Summa theologica des Aquinaten drucken ließ, ohne daß es jetzt schon zu einer »Thomasrenaissance« gekommen wäre. Vermutlich einflußreicher als diese ersten Ansätze des Thomismus waren die Werke Gabriel Biels († 1495), der theologisch die Gedanken des spätmittelalterlichen Franziskaners Wilhelm Ockham weiterführte und die Mitwirkung des Menschen bei der Rechtfertigung des Sünders hervorhob.

Neben diese Richtungen traten die verschiedenen Traditionen der Orden, z. B. der Franziskaner mit ihrem Rückgriff auf Duns Scotus oder ein gemäßigter Augustinismus bei den Augustinern. Einen Zwang zur »Schultheologie« in der Lehre daraus abzuleiten, dürfte allerdings schwierig sein, da sich die Vielfalt der Ansätze überschnitt und die klare Zuordnung einzelner Theologen oft schwierig

ist. In der Universitätstheologie ist außerdem eine Stagnation zu beobachten, die sich kurz vor der Reformation im Mangel an literarischer Produktivität niederschlug. Viel zu umfangreiche, zäh sich über Jahre hinziehende Vorlesungen, in denen die Lehrer ihre Zitate häuften und oft abstrakte Fragen behandelten, weckten ein Unbehagen, das uns aus zeitgenössischen Satiren bekannt ist. Zahlreiche Theologen, angefangen von Johannes Gerson an der Universität Paris im 15. Jahrhundert bis zu Johannes Eck in Ingolstadt vor 1520, plädierten daher für Studienreformen und unterbreiteten entsprechende Vorschläge. Trotz der Verschiedenheit ihrer Ansätze kamen sie darin überein, die Theologie zu vereinfachen und auf zentrale Themen zu reduzieren. Eck schlug vor, auf die alte bewährte Scholastik und den ursprünglichen Text zurückzugreifen. Gerson stellte zudem den Praxisbezug der Theologie heraus, drängte auf die pädagogische Vermittlung des Glaubens und sah in der Mystik einen zeitgemäßen Weg christlicher Frömmigkeit, den er in Vorlesungen an der Universität lehrte.
Die Linie Gersons führte die neuerdings so genannte »Frömmigkeitstheologie« weiter. Einer ihrer Vertreter war der Augustiner Johannes von Paltz († 1511), der kurz vor Luther in Erfurt lange Jahre lehrte und predigte. Seine Betonung der kirchlichen Heilsmittel, also der Bedeutung von Sakramenten und Ablässen für die persönliche Frömmigkeit, kam dem Heilsverlangen der Zeit entgegen, ohne es letztlich zu befriedigen.
Die endgültige Bewertung der spätmittelalterlichen Theologie ist auf Grund der Forschungslage einstweilen nicht möglich. Allerdings könnte sich in ihrer Pluralität durchaus eine Entwicklung spiegeln, die nicht nur durch die Vielfalt der Fragen und Probleme, sondern auch durch den Wunsch bedingt war, individueller zu leben und zu denken, was sie in einen auch sonst feststellbaren übergreifenden Individualisierungsprozeß einfügen würde.
Die These von der Individualisierung, die auf Vielfalt der persönlichen Möglichkeiten drängte, läßt sich anhand der Frömmigkeitspraxis weiter belegen. Sie reichte von der »Massenhaftigkeit« der Übungen und Sakralmittel bis hin zu einer Innerlichkeit, wie sie z. B. das bis ins 17. Jahrhundert vielgedruckte Büchlein »Die Nachfolge Christi« (Imitatio Christi, vor 1427 wohl von Thomas

von Kempen verfaßt) verkündete. Die Vermehrung der Stiftungen, Bautätigkeit, die Vervielfachung der Bruderschaften, die zahlreichen Wallfahrten und Prozessionen, eine Steigerung der Heiligenverehrung, die riesigen Reliquiensammlungen und die Anhäufung von Messen belegen den Zug zur frommen Massenhaftigkeit. Mochte die Stiftertätigkeit auch oft soziale Gründe haben und war sie z. B. im Prestigedenken des Bürgertums, des Adels oder der Bauern und ihrer Dörfer verankert, für welche die von ihnen gestifteten Bilder, Altäre und Kirchen ein Stück Repräsentation und Identifikationsmöglichkeit bedeuteten, so dürfte all das aber auch ein Indiz für die intensivierte Frömmigkeit einer Gesellschaft sein, die ganz dem religiösen Weltbild verpflichtet war, aus ihm zu leben suchte und mit der Vielfalt der Möglichkeiten sich des eigenen individuellen Heils sowie des der Verwandten und Freunde zu versichern suchte.

Allerdings diente dieser Individualisierung auch die entgegengesetzte Tendenz, der Drang zur verinnerlichten Frömmigkeit, welcher sich in unterschiedlichster Form entfaltete. Unter anderem drückte er sich in dem hohen Interesse an religiöser Literatur und an der Bibel aus, das für die vorreformatorische Zeit zu belegen ist. Die Mystik, bisher eher für Ausnahmefälle reserviert, erhielt eine Art »demokratisierte«, für alle lehrbare Form, wobei sie auf ihrem Weg zur mystischen Vereinigung mit Gott im allgemeinen bei ihrem ersten Schritt, der Buße, stehenblieb. Es lag auf dieser Linie, wenn z. B. in Nürnberg der Kirchenvater Hieronymus als Asket, Moralist, Humanist und Eremit ein Ideal darstellte[2]. Einflußreich war die aus den Niederlanden kommende Devotio moderna, welche eine einfache, bibelorientierte Frömmigkeit in der Nachfolge Christi predigte. Die ordensähnlichen Gemeinschaften der »Brüder und Schwestern vom gemeinsamen Leben« und der »Windesheimer Augustiner-Chorherrn« lebten diese devote Frömmigkeit, und über ihre Internate konnten die »Brüder vom gemeinsamen

[2] *Berndt Hamm*, Hieronymus-Begeisterung und Augustinismus vor der Reformation. Beobachtungen zur Beziehung zwischen Humanismus und Frömmigkeitstheologie (am Beispiel Nürnbergs), in: Kenneth Hagen (Hg.), Augustine, the Harvest and Theology (1300–1650). Festschrift Oberman, Leiden u. a. 1990, 127–235.

Leben« (Fraterherrn) breitere Kreise beeinflussen, wenn auch die Wirkung nicht überschätzt werden darf.
Verbunden mit dem Zug zum Massenhaften war die Praxis der kirchlichen Heiligsprechung und der Wunsch, persönliche Fürsprecher für konkrete Nöte und Anliegen zu haben; somit nahm die Heiligen- und Reliquienverehrung große Ausmaße an. Trotzdem schloß diese Entwicklung nicht aus, daß parallel dazu die Christozentrik wuchs. Geiler von Kaysersberg verkündigte zum Beispiel in seinen vielfach gedruckten Predigten Christus als Zentrum der Frömmigkeit. Er beschwor das Vertrauen auf ihn und seine Verdienste, die er den Menschen erworben hatte, verwies auf das Kreuz als Ort der Zuflucht und predigte zugleich ein moralisiertes, den Leistungsgedanken hervorkehrendes Christentum. Allerdings war der gekreuzigte Jesus, der den Menschen erlöste, für Geiler auch der richtende Christus; eine Spannung, die später bei Martin Luther zum existentiellen Problem wurde. Thomas von Kempen verlangte in der »Imitatio Christi« eine uneigennützige Liebe zu Jesus und betonte die Kreuzesnachfolge. Erasmus von Rotterdam entwickelte fast zeitgleich mit der Reformation seine Theologie im Sinne einer ethisch ausgerichteten Christozentrik, die auf biblischer Basis stand, ein Stück vorhergehende Entwicklungen wie die Betonung des Inneren bei der Devotio moderna auf hohem Niveau zusammenfaßte, aber auch weiterführte.
Unter anderem bedingt durch die große Pestepidemie 1348/49 und in der Linie der genannten Individualisierung stehend, hatte sich schließlich die Sorge um das Sterben immer mehr intensiviert. Magische Riten um Sterben und Tod wurden offiziell verdrängt und lebten nur mehr im Volksglauben weiter. Die Literatur der »Sterbekünste« (Artes moriendi) wuchs an, die Anleitungen zum Verhalten beim Tod eines anderen und für das eigene Sterben gab. Die Lehre vom Fegefeuer bedingte, daß eine fast rechnerische Vorsorge für das Jenseits durch Meßstiftungen und Ablaßerwerb Raum griff. Das individuelle Gericht sofort nach dem Tode trat gegenüber dem Weltgericht in den Vordergrund, und die Sterbestunde als letzter Entscheidungskampf erhielt eine zentrale Bedeutung bereits im Leben des Christen.
All das bildete eine Welt, die sich religiös abzusichern versuchte.

Der Überblick wäre aber unvollständig, würde nicht neben dem Bemühen um das Heil eine ihm korrespondierende Seite der Epoche erwähnt, nämlich ihre Krisenhaftigkeit, wie sie sich etwa in einer Flut von Literatur und bebilderten Flugblättern ausdrückte, die sich mit Apokalyptik und Prophezeiungen beschäftigte. Bedrohliche Himmelserscheinungen, zur Erde gefallene Kreuze oder Schriften über das Kommen des Antichristen, aber auch Prophezeiungen und astrologische Prognostiken wie die des Johannes Lichtenberger hatten die Absicht, z. B. unter Rückgriff auf die Offenbarungen einer Birgitta von Schweden oder unter der Vortäuschung, von dem volkstümlichen spätmittelalterlichen Prediger Vinzenz Ferrer zu stammen, Reformen und moralische Besserung aller Stände anzuregen. Sie dürften aber auch endzeitliche Befürchtungen geschürt haben. Welche Kreise davon ernsthaft erfaßt wurden, ist ebenso schwer zu entscheiden wie eine präzise Bestimmung darüber zu geben, ob es sich in vielen Fällen nicht um einfache Sensationsliteratur handelte, deren geringe Seriosität auch den Zeitgenossen klar war.

Literatur:

Hartmut Boockmann, Kirche und Frömmigkeit vor der Reformation, in: Martin Luther und die Reformation in Deutschland. Ausstellung Germanisches Nationalmuseum Nürnberg 1983, Frankfurt 1983, 41–72;

Berndt Hamm, Frömmigkeit als Gegenstand theologiegeschichtlicher Forschung. Methodisch-historische Überlegungen am Beispiel von Spätmittelalter und Reformation, in: Zeitschrift für Theologie und Kirche 74 (1977) 464–497;

Ders., Frömmigkeitstheologie am Anfang des 16. Jh., Tübingen 1982;

Bernd Moeller, Frömmigkeit in Deutschland um 1500, in: Archiv für Reformationsgeschichte 56 (1965) 5–31;

Ders., Spätmittelalter (= Die Kirche in ihrer Geschichte 2,H1), Göttingen 1966;

Hansgeorg Molitor, Frömmigkeit in Spätmittelalter und früher Neuzeit als historisch-methodisches Problem, in: Festgabe Ernst Walter Zeeden, Münster 1976, 1–20;

Heiko Augustinus Oberman, Spätscholastik und Reformation Bd. I: Der Herbst der mittelalterlichen Theologie, Zürich 1965;

Charles Trinkaus – Heiko Augustinus Oberman (Hgg.), The Pursuit of Holiness in Late Medieval and Renaissance Religion, Leiden 1974.

1.3 Bildung – Buchdruck – Humanismus

Die Individualisierung mit ihrem Wunsch nach persönlicher Frömmigkeit, aber auch ein je nach Umstand kritisches oder zustimmendes Bewußtsein hatten am Vorabend der Reformation als wesentliche Voraussetzungen die Steigerung der Bildung sowie die Verbreitung von Druckmaterial und den Humanismus. Zwischen 1450 und 1510 kam es zu einem Bildungsschub mit einer Welle von Universitätsgründungen. Kurz nacheinander entstanden in Deutschland die Hochschulen Greifswald (1456), Trier (1457 bzw. 1473), Freiburg (1457), Basel (1459/60), Ingolstadt (1472), Mainz (1476), Tübingen (1476/77), Wittenberg (1502) und Frankfurt an der Oder (1506). Neben die traditionellen Kloster- und Domschulen traten vermehrt städtische Lateinschulen für eine kleine Elite, während deutsche Schulen, Pfarr- und Privatschulen ein rudimentäres Wissen vermittelten, das breitere Kreise erreichte.

Der bedeutende Straßburger Buchdruck zeigte von 1480 bis 1520 einen beträchtlichen, wenn auch sinkenden Anteil der religiösen Literatur; von 1480–1489: 60%, 1500–1509: 34%, 1509–1520: 23%. Während er bis ca. 1500 meist mittelalterliche Autoren vermittelte, wuchs danach der Anteil der Zeitgenossen und der volkssprachlichen religiösen Gebrauchsliteratur. Ebenso ist ein zunehmendes Interesse an biblisch orientierten Texten zu beobachten. Mit Erbauungsbüchern, Betrachtungen, Gebet- und Sterbebüchern oder Gebotslehren boten die Drucker den lesekundigen Laien Stoff an, der in vielen Zügen sicher aus der mittelalterlich – kirchlichen Spiritualität stammte, aber den Bedürfnissen städtischer Kultur stärker entgegenkam. Gleichzeitig förderten Werke wie das »Manuale curatorum« des Basler Professors und Pfarrers Johann Ulrich Surgant sowie zahlreiche Predigtlehren und Beichtbücher die Professionalität des Seelsorgeklerus, der damit für die gewachsenen Anforderungen vor allem in der Stadt geschult werden konnte.

Bücher, Flugschriften, Einblattdrucke und Bilder formten eine Art »Öffentlichkeit«. Sie boten Zugang zu manchem bisher kleinen, elitären Kreisen vorbehaltenen Wissen und veränderten langfristig Denken und Mentalitäten. Die Obrigkeiten begrüßten daher das Druckwesen grundsätzlich und nutzten es für ihre eigenen Interessen, ohne ihr Mißtrauen ganz zu verlieren. 1485 erließ z. B. der Mainzer Erzbischof Berthold von Henneberg ein Verbot unkontrollierter Übersetzungen aus lateinischen sowie griechischen Schriftstellern, und das 5. Laterankonzil forderte die Kontrolle der Buchdrucker.

In der durch den Druck geschaffenen Öffentlichkeit spielten die Humanisten eine bedeutende Rolle, wenn sie auch lange durch ihre Publikationen in den klassischen Sprachen sehr elitäre Kreise ansprachen. Regional und persönlich differierend pflegten sie gegenseitige Kontakte durch eine intensive Briefkultur und ihre »Sodalitäten« (Vereinigungen z. B. in Nürnberg, Heidelberg, Krakau, Prag, Preßburg, Ofen, Wien) oder in Rom durch die Akademie. Was sie zusammenhielt, war ein philologisches Interesse, das unter dem Schlagwort »ad fontes« (zurück zu den Quellen) große Editionen der lateinischen und griechischen Klassik, der Kirchenväter und hebräischer Texte hervorbrachte. Geschichte, Geographie, Poesie, Grammatik sind nur einige Stichworte, die das breitgefächerte Feld humanistischer Tätigkeit charakterisieren. Die Beschäftigung mit der klassischen Philosophie und mit den Kirchenvätern beeinflußte ihr Menschenbild. Freiheit und Würde des Menschen war vielen von ihnen ein wichtiges Anliegen, wenn auch diese Anthropozentrik ebensowenig wie das Interesse an Plato einfach als rein humanistisch zu bezeichnen ist und ein »humanistisches Menschenbild« als übergreifende Größe nicht konstruiert werden kann. Notwendigerweise war mit der Frage nach dem Menschen, der in Freiheit handelt, die nach der Ethik verbunden. Der Humanismus bemühte sich, Moral in Erzählungen oder Exempeln zu lehren. Die Ethik sollte in einer klaren, überzeugenden Sprache vermittelt werden, was bedeutete: sie war eng mit der Rhetorik verbunden. Das lenkte den Blick auf einen Zusammenhang, der auch für die Theologie von größter Bedeutung war. Stärker als früher konnten jetzt die ethische Dimension der Bibel und ihrer Gleichnisse sowie die Ethik der Kirchenväter neu entdeckt und verkündet, aber auch die Regeln der Rhetorik als Methode der Schriftauslegung eingesetzt werden.

Trotz des großen Interesses an der Antike betrieb der Humanismus keine »Säkularisierung«, wie eine ältere Geschichtsschreibung oft meinte. Die Begeisterung für das antike Rom bei den römischen Humanisten dürfte inhaltlich den Rahmen des Christlichen kaum überschritten haben. Vor allem der Rückgriff auf die christlichen Quellen, z. B. Origenes, Augustinus, Hieronymus, Johannes Chrysostomus sowie auf die Bibel selbst lenkte den Blick auf das Leben der ersten Jahrhunderte der Kirche, konnte aber auch Kritik am gegenwärtigen Zustand begründen.

Zu welchen Ergebnissen ein an Bibel und Vätern interessierter Humanismus kam, läßt sich am besten bei Erasmus von Rotterdam (1466/69–1536) aufzeigen, dem wohl bedeutendsten Humanisten nördlich der Alpen. Während der Schulzeit in Deventer hatte ihn die Devotio moderna beeinflußt, aber vor allem nach der Begegnung mit dem Engländer John Colet wandte sich Erasmus nach einer Reihe humanistischer Vorstudien und Arbeiten den christlichen Quellen zu. 1503 erschien sein »Enchiridion militis christiani« (Handbüchlein des christlichen Streiters); eine Anleitung zum christlichen Leben für Laien, dessen Waffen gegen die Sünde »Gebet und Erkenntnis« (in späteren Schriften »philosophia christiana« genannt) seien.[3] Das Geistige hat für ihn den Vorrang vor dem Sichtbaren, den Zeremonien und den Äußerlichkeiten. Acht Jahre später ließ Erasmus eine satirische Schrift »Das Lob der Torheit« folgen, die in geistvoller Form geistliche und weltliche Stände kritisierte sowie die menschlichen Torheiten entlarvte. Unter anderem bildete das bei den Humanisten ohnehin wenig geliebte Mönchtum, aber auch die Hierarchie den Gegenstand seiner Kritik. Unter der meisterhaften satirischen Form mit ihrem hohen Unterhaltungswert, welche die zeitgenössische Kritik verarbeitete und zuspitzte, dürften die Leser kaum die eigentliche Intention des Autors erkannt haben, nämlich die von Paulus verkündete christozentrische »Torheit des Kreuzes« zu lehren.

Theologisch am bedeutsamsten war die Edition des Neuen Testamentes durch Erasmus 1516 (2. Auflage 1519) und die mit ihr verbundenen Einleitungsschriften. Mit dieser Herausgabe legte Erasmus den kommentierten griechischen Text sowie eine neue

[3] Enchiridion, hg. von *Werner Welzig*, Darmstadt 1968, 76: precatio et scientia.

lateinische Übersetzung vor und schuf die Grundlage für die weitere Arbeit an der Bibel im Sinne humanistisch-rhetorischer Auslegung. Die Einleitungsschriften boten eine Methodenlehre und zeigten, daß ohne Kenntnis der Sprache, ihrer Redewendungen und des geschichtlichen Hintergrundes eines Textes die Heilige Schrift nicht zu verstehen sei. Erasmus integrierte so die Sprachinteressen und die Hermeneutik der Humanisten in seine Theologie, welche christozentrisch war und einen engen Dogmatismus vermeiden wollte. Zahlreiche Paraphrasen, also freie Bearbeitungen zu einzelnen biblischen Schriften, ergänzten seine Arbeit; ihre deutschen Übersetzungen machten in den 20er Jahren des 16. Jahrhunderts die Gedanken des Erasmus einem breiten Publikum zugänglich. Obwohl er selbst nie einen einzigen Text in einer lebenden Sprache verfaßte, vertrat er die provozierende These, jeder Christ müsse durch die Lektüre der Bibel zum Theologen und zur Theologin werden. Seine Edition des Neuen Testamentes, die nicht ohne Kritik durch andere Humanisten wie Faber Stapulensis in Paris oder scholastische Theologen wie den Ingolstädter Professor Johannes Eck blieb, bedeutete eine tiefgreifende Reform und war wirkungsgeschichtlich für die Reformation von höchster Bedeutung.

Die Vielfalt humanistischer Perspektiven und Ansätze beschränkte sich nicht auf Erasmus, kann aber hier nicht weiter dargestellt werden. Soweit der Humanismus kirchenkritisch war, trug er mit zu einer geistigen Übergangssituation bei, die seit ca. 1510 im Reuchlinstreit eine Verschärfung erfuhr. Johannes Reuchlin, Jurist und einer der Begründer der christlichen Hebraistik, setzte sich für den Erhalt der jüdischen Bücher gegen Johannes Pfefferkorn ein, der diese verbrannt wissen wollte. Das Eingreifen des Inquisitors Jakob von Hoogstraeten, eines Kölner Dominikaners, und die Parteinahme einer Reihe von Humanisten für Reuchlin und gegen die Dominikaner in den »Dunkelmännerbriefen« heizte satirisch die kritische Stimmung gegen die Scholastik sowie gegen Rom und das Mönchtum an.

Literatur:

Cornelis Augustijn, Erasmus von Rotterdam. Leben – Werk – Wirkung, München 1986;

August Buck (Hg.), Renaissance – Reformation. Gegensätze und Gemeinsamkeiten, Wiesbaden 1984;

Ders., Humanismus. Seine europäische Entwicklung in Dokumenten und Darstellungen, Freiburg-München 1987;

Miriam Usher Chrisman, Lay Culture, Learned Culture. Books and Social Change in Strasbourg, New Haven-London 1982;

Otto Hermann Pesch (Hg.), Humanismus und Reformation – Martin Luther und Erasmus von Rotterdam in den Konflikten ihrer Zeit, München-Zürich 1985;

Peter Walter, Theologie aus dem Geist der Rhetorik. Zur Schriftauslegung des Erasmus von Rotterdam, Mainz 1991.

1.4 Politisch – kirchenpolitische Konstellationen und ihre Bedeutung

Die spätmittelalterliche Kirche war trotz eigenen Rechtes und eigener Leitung alles andere als eine von der weltlichen Gewalt getrennte Größe, sondern bildete mit dieser eine Einheit, die traditionell durch die alte Vorstellung von der Christianitas, der einen »Christenheit« mit ihren beiden Häuptern Papst und Kaiser bestimmt war. Zwar hatte längst eine Abweichung von diesem Ideal eingesetzt, die etwa in der Bildung von Nationalstaaten wie England und Frankreich greifbar wurde, aber für das »Heilige Römische Reich Deutscher Nation« (so genannt seit Ende des 15. Jahrhunderts) bedeutete die Einbindung der Bischöfe und hoher Prälaten als Reichsfürsten in das Ständewesen sowie das nach wie vor vorhandene kaiserliche Verantwortungsbewußtsein als »Advokat der Kirche« noch immer eine Tatsache, die im Falle einer kirchlichen Krise von höchster Bedeutung sein und Folgen haben mußte. Die Lage dieses Reiches vor der Reformation war einmal durch die Schaffung neuer Institutionen wie die des – zunächst kurzlebigen – Reichsregiments, des Reichskammergerichts, der Reichssteuer (Gemeiner Pfennig) sowie einer Aufwertung des Reichstages bestimmt. Das kam auch den natürlichen Gegenspielern des Kaisers,

den Territorialfürsten, zugute und erleichterte ihren Weg in die frühneuzeitliche Territorialstaatlichkeit. Die nicht voll in den Reichstag integrierten Städte waren politisch weniger bedeutend, hatten aber wirtschaftlich – kulturell einen hohen Rang erlangt, der zumindest bis ca. 1600 anhielt. Dagegen hatten das Söldnerwesen, die Feuerwaffen und der Aufstieg der Territorialfürsten die Funktion der Ritter weitgehend eingeschränkt; die Bauern waren neben anderem durch das neue römische Recht mit seiner Betonung der Obrigkeit in ihren Freiheiten eingeengt und verunsichert. Seit Kaiser Friedrich III. (1440–1493) regierten faktisch bis zu seinem Ende 1806 die Habsburger das Reich, denen unter Maximilian I. (1493–1519) durch Heirat und Durchsetzung ihrer Ansprüche ein gewaltiger Zugewinn ihrer Lande möglich war: die Freigrafschaft Burgund, die Niederlande, Teile Oberitaliens, Spanien und überseeische Besitztümer sowie später Ungarn. Allerdings hatte diese Machterweiterung eine Bindung der Kräfte in Schwerpunkten am Rande oder außerhalb des Reiches zur Folge, die durch die Türkenkriege im Südosten noch verschärft wurde. Die burgundisch-spanischen Erwerbungen provozierten zudem eine jahrhundertelange Feindschaft zwischen Habsburg und Frankreich, wobei der Papst als Herrscher im Kirchenstaat wegen seiner geographischen Lage oft genug Partei und damit politisch festgelegt war. Päpsten wie Alexander VI. (1492–1503), Julius II. (1503–1513) und Leo X. (1513–1521) fehlte außerdem das moralische Ansehen, welches für eine starke Stellung nötig gewesen wäre, da sie im wesentlichen an ihrer Machterweiterung und dem Leben eines Renaissancefürsten interessiert waren.
Antirömische Affekte im Reich, Antiklerikalismus, Reformwille, adelige und hochadelige Dom- und Stiftskapitel mit ihrer Abschließung gegenüber Bürgerlichen, Zunahme der Zahl des niederen Klerus und der Vikare, Klage über klerikale Bildungsdefizite insbesondere auf dem Lande: das sind einige Stichworte für die kirchenpolitische Lage im ausgehenden 15. und beginnenden 16. Jahrhundert. Vor allem die römische Stellen- und Geldpolitik sahen Bischöfe, Fürsten und Städte sowie die zeitgenössische polemische Literatur als skandalös an. Der Antiklerikalismus hatte eine seiner Hauptursachen in der wirtschaftlichen Entwicklung

und dem geltenden Pfründensystem, das nicht mehr in der Lage war, die Ansprüche seiner Nutzer regulär und ohne Rechtsänderungen zu erfüllen, was oft bedeutete, daß der Inhaber einer Pfründe mit deren Ertrag allein nicht auskam und daher mehrere innehaben mußte. Diese strukturellen Schwierigkeiten waren den Zeitgenossen kaum klar. Sie argumentierten moralisch gegen den, wie sie meinten, geldgierigen und verkommenen Klerus. Ohne Mißstände leugnen zu wollen, ist der objektive Stellenwert solcher Vorwürfe schwer zu überprüfen. Die Städte waren zudem bemüht, ihren Klerikern die Privilegien wie den eigenen Gerichtsstand, die Steuer- und Lastenfreiheit zu nehmen und sie den Bürgerpflichten zu unterwerfen. Das läßt sich an Nürnberg zeigen, wo die Stadt ab 1513 vollständig das Recht erhielt, Pfarr- und Predigerstellen zu besetzen. Schon ab 1476 durften zudem in die Frauenklöster nur Nürnbergerinnen eintreten. Die Stadt gewann über die Klosterpfleger großen Einfluß auf die wirtschaftliche Verwaltung der Klöster. Allerdings gelang es ihr nicht, völlig die eigenständige geistliche Gerichtsbarkeit zu beseitigen.

Das Territorialfürstentum stützte seinerseits die Kirchenreform, nahm sie selbst in die Hand und setzte sie teilweise von oben etwa durch Einführung einer strengeren Form der Orden (sog. Observanz) durch. Es schirmte das Territorium gegen Einflüsse von außen ab und bemühte sich, selbst mit Hilfe von Visitationen die Kirche zu kontrollieren und zu reformieren. All das trieb den Prozeß der Bildung der Landesherrschaft voran, was bedeutete: Konzentration der Rechte in der einen Hand des Fürsten und Auflösung der vielen Unterherrschaften und Freiräume, die bestanden. In einem Konfliktfall, wie ihn die Reformation später brachte, sollte diese Entwicklung zum landesherrlichen Kirchenregiment ein wichtiger Faktor werden, denn bei einem starken Territorialstaat war der Landesherr in der Lage, die Neuerungen aufzugreifen oder sie wirksam zu verhindern. Dort, wo diese Herrschaft noch nicht voll durchsetzbar war, wirkten die Unterherrschaften und Freiräume innerhalb des Territoriums entweder fördernd oder hemmend für die Bildung einer neuen Kirche, so daß hier differenzierte Konfessionslandschaften wie etwa am Niederrhein entstehen konnten, die einer völligen kirchlichen Einheitlichkeit entgegenstanden.

Literatur:

Manfred Schulze, Fürsten und Reformation. Geistliche Reformpolitik weltlicher Fürsten vor der Reformation, Tübingen 1991;

Dieter Stievermann, Klosterreform und Territorialstaat in Süddeutschland im 15. Jahrhundert, in: Rottenburger Jahrbuch für Kirchengeschichte 11 (1992) 149–160.

2 Die Reformation und ihre Folgen

2.1 Die Anfänge der Reformation und die Theologie Martin Luthers

Die genannten Vorbedingungen schufen zwar in vielem eine günstige Ausgangslage für durchgreifende Veränderungen, mußten aber keineswegs notwendig zur Reformation führen. Ohne die überragende Gestalt Martin Luthers (1483–1546) wäre diese nicht denkbar. So schwierig im einzelnen die Bewertung seines Lebens und Werkes sein mag, ist es doch nicht möglich, durch eine noch so tiefgreifende Geschichte der Strukturen und Sozialbeziehungen die Reformationsgeschichte zu »entpersönlichen« und Luther zu vernachlässigen. Die deutsche Reformation war zwar nicht allein, aber doch von ihrem Ausgangspunkt, ihrer Wirkung und Dauerhaftigkeit her im wesentlichen sein Werk.

Martin Luther wurde am 10. November 1483 in Eisleben in der mitteldeutschen Grafschaft Mansfeld geboren. Die Eltern hatten sich zu Kleinunternehmern im Kupferbergbau emporgearbeitet, die Vorfahren waren Bauern. Luther erhielt väterlicherseits eine strenge Erziehung, was immer wieder zu Spekulationen über mögliche Auswirkungen auf das Denken und Werk des zukünftigen Reformators Anlaß gab, von denen weiter unten zu sprechen sein wird.

Von 1490/91–1497 besuchte Luther die Lateinschule in Mansfeld und von 1497–1498 die Domschule zu Magdeburg. Dort wohnte er bei den »Brüdern vom gemeinsamen Leben« und konnte die Devotio moderna mit ihrer schlichten Bibelfrömmigkeit kennenlernen. Den Schluß der Schulzeit absolvierte er 1498–1501 in Eisenach.

In den Jahren von 1501–1505 folgte das für die Zeit übliche »Grundstudium« in den »Artes liberales« (die sieben freien Künste: Grammatik im Sinne einer Art Sprachlogik, Philosophie, Rhetorik, Arithmetik, Astrologie, Musik, Geometrie), das Luther an

der Erfurter Universität absolvierte. Seine Lehrer Jodocus Trutfetter und Bartholomäus Arnoldi von Usingen vermittelten ihm eine am Nominalismus und – nicht unkritischen – Ockhamismus ausgerichtete Philosophie, die dem damaligen »modernen Weg« (via moderna) entsprach, also eine philosophische Richtung, die sich in der Bewertung des Realitätsgehaltes der Allgemeinbegriffe von den sog. Realisten, der via antiqua, unterschied. Ein wesentlicher Gesichtspunkt des Nominalismus war es, Begriffe zwar als Schöpfungen des denkenden Geistes zu verstehen, ihnen aber eine Realität außerhalb desselben nur insofern zuzuschreiben, als sie konkreten Gegenständen zugeordnet wurden. Diese Sicht schärfte den Sinn für die einzeln existierende Wirklichkeit in Welt und Geschichte. Außerdem weckte die Betonung einer scharfsinnigen Logik die Fähigkeit für schlußfolgerndes Denken. Wieweit Luther mit dieser Ausbildung für seine spätere Tätigkeit vorgeprägt war, ist im einzelnen schwer zu sagen, wie überhaupt auf diesem Felde Spekulationen die Gefahr mit sich bringen, die Originalität seiner persönlichen theologischen Entdeckung zu verwischen. Immerhin lenkte der philosophische Ockhamismus den Blick theologisch auf die konkret in der Geschichte ergangene biblische Offenbarung und könnte Luthers Interesse an der Bibel mitbedingt haben. In Richtung einer Vorbereitung und Motivationsweckung lag es auch, daß in dieser Zeit der junge Student mit einiger Sicherheit von dem aktiven Erfurter Humanismus beeinflußt worden ist, dessen Stellenwert für ihn zwar nicht präzise festzulegen ist, aber der den Blick auf die alten Sprachen lenkte. Ihren Wert hat Luther später für die Bibelexegese als absolut notwendige Voraussetzung betont, und er selbst bewies relativ früh eine erstaunlich gute, einfühlsame Kenntnis des Hebräischen.
Dem Wunsch des Vaters entsprechend, der darin die Bedingung für eine solide Karriere sah, sollte Luther nach dem Erwerb des abschließenden »Magister artium« Rechtswissenschaften studieren, brach aber dieses Studium noch während des ersten Semesters ab. Ein bedrohliches Gewitter, das er nahe Stotternheim (bei Erfurt) erlebte, bewegte ihn zu dem Gelübde, Mönch zu werden. Entgegen dem väterlichen Willen trat er daher am 17. Juli 1505 in das Erfurter Augustinereremitenkloster ein, das mit über 50 Mön-

chen zu einem reformierten, also strengen Zweig des Ordens gehörte und innerhalb der Stadt hohes Ansehen genoß.
Am 27. Februar (anderes Datum: 3. April) 1507 erhielt Luther nach dem Noviziat, das ihm neben der klösterlichen Zucht vor allem das Studium der Bibel nahegebracht hatte, die Priesterweihe im Erfurter Mariendom. Danach studierte er Theologie am Erfurter Generalstudium der Augustiner, hielt aber gemäß dem Brauch der Zeit auch eigene Vorlesungen in Erfurt und Wittenberg.
Wir wüßten gerne, welche Theologie Luther in Erfurt lernte, aber da sein Lehrer Johannes Nathin keinerlei Aufzeichnungen hinterließ, ist eine genaue Aussage darüber kaum möglich. Eingehende Untersuchungen haben ergeben, daß dort nicht, wie oft behauptet, eine theologische Tradition des Ockhamismus bestand, sondern lange Zeit eine Art scholastischer Augustinismus gepflegt wurde[1]. Von daher sind auch Vermutungen überflüssig, die den Eintritt bei den Augustinereremiten mit dem Ockhamismus in Verbindung bringen, den Luther in der Philosophie gehört hatte. Sicherlich hat er aber während seines Studiums die Werke Gabriel Biels kennengelernt, von dessen Gnadenlehre sich Luther später dezidiert absetzte.
Eine Reise nach Rom, die der junge Mönch 1510/11 in Ordensangelegenheiten unternahm, wo er Verhandlungen mit der Ordensleitung führte, verlief in den Bahnen eines frommen Pilgers. Irgendwelche reformatorischen Neigungen, etwa im Sinne radikaler Romkritik, wurden hier nicht entwickelt. Luther promovierte 1512 an der jungen, erst 1502 gegründeten Universität Wittenberg zum Doktor der Theologie. Von Johannes Staupitz, dem Generalvikar der sächsischen Reformkongregation des Ordens, übernahm er die Professur der »Lectura in Biblia« mit ihren exegetischen Vorlesungen. Zu seiner Tätigkeit als akademischer Lehrer kam das Amt des Predigers im Ordenskonvent und um 1514 in der Wittenberger Stadtkirche. Aufgaben im Orden vermehrten die Last der Arbeit, die auf Luther ruhte. Für seine Zukunft entscheidend wurden aber drei Aspekte: Das Ringen im Kloster um Heil und Gnade; die Ver-

[1] Vgl. *Adolar Zumkeller*, Erbsünde, Gnade, Rechtfertigung und Verdienst nach der Lehre der Erfurter Augustinertheologen des Spätmitteltalters, Würzburg 1984.

antwortung als Doktor der Theologie, auf die er sich bei seinen theologischen Erkenntnissen immer wieder berief; der hohe Stellenwert der gesprochenen Verkündigung des Gotteswortes, was ihn in den frühen 20er Jahren des 16. Jh. für kurze Zeit dazu brachte, sich »Ekklesiastes (Prediger) zu Wittenberg« zu nennen.
Es ist nicht möglich, auf wenigen Seiten den komplexen Werdegang der Theologie Luthers darzustellen, die in ihrer Wirkung die deutsche Reformation begründete. Da sie immer »Ereignistheologie« war, müßte jeweils der geschichtliche Zusammenhang genau erklärt und beachtet werden, in dem sie sich entwickelte. Nicht nur das Forschen in der Studierstube eines Gelehrten, sondern Angriffe von Gegnern, Anfragen von Freunden und persönlich-existentielles Ringen sowie Anfechtungen mit schweren Krisen trieben die theologischen Erkenntnisse Luthers voran und vertieften sie.
Ein erster Ausgangspunkt war die Frage nach Heil und Gericht, die sich für Luther einmal im größeren Rahmen des zeitgenössischen Heilsverlangens und der spätmittelalterlichen Frömmigkeit sowie der Theologie, aber auch auf seinem persönlichen Weg als Mönch stellte. Was den größeren Rahmen betrifft, so ist viel darüber gestritten worden, ob Luthers subjektives Empfinden mit seiner Angst vor dem richtenden Christus zu verallgemeinern ist. Hierzu schrieb er selbst: »Ich wurde von Kindheit auf so gewöhnt, daß ich erblassen und erschrecken mußte, wenn ich den Namen Christus auch nur nennen hörte: denn ich war nicht anders unterrichtet, als daß ich ihn für einen strengen und zornigen Richter hielt«[2]. Das kann der singuläre Eindruck eines religiös tief empfindenden Menschen sein, aber immerhin war dieser Christus des Weltgerichtes auch ein beliebtes Motiv der zeitgenössischen Kunst, so daß seine Präsenz für die Lebenswelt nicht zu leugnen ist. Zudem paßt die Sorge um das Heil in den Gesamtkontext der spätmittelalterlichen Frömmigkeit; zumindest in diesem Punkte stellte Luther keine Ausnahme dar.
Die Frage nach Gerechtigkeit, Heil und Erlösung spielte auch während der Krise im Kloster, die der junge Mönch bald durchmachte,

[2] Weimarer Ausgabe der Werke Luthers 40/I,298.

die zentrale Rolle. Einzelheiten seiner späteren Berichte sind zwar mit Vorsicht zu sehen, weil sie von den reformatorischen Erlebnissen bereits überformt sind, aber ein ernsthaftes Ringen um den »gnädigen Gott« in dieser Zeit kann man kaum leugnen. Nach eigenem Zeugnis, das durch die hohe Ernsthaftigkeit des gesamten theologischen Werkes bestätigt wird, bemühte sich der junge Mönch von Anfang an intensiv um die Befolgung der Regel und die Praxis der frommen Übungen wie Gebet, Beichte, Kommunion und Fasten. Trotzdem habe all das nicht die Frage beantwortet, wie er einen gnädigen Gott bekomme. Eine Hilfe in dieser Not dürfte die Freundschaft mit Staupitz gewesen sein, dessen biblisch-praktisch orientierte »Frömmigkeitstheologie« Luther an die Bibel und das Kreuz Christi verwies. Die Lösung, so hat es der Reformator später dargestellt, sei aber erst mit dem »reformatorischen Durchbruch« gekommen, der »Entdeckung des Evangeliums«, wie es in den Quellen oft heißt.

In diesem Rahmen sei auf Interpretationen eingegangen, die sich nicht der historischen oder theologisch-systematischen, für Luther wie bei kaum einen anderen Theologen bemühten Methode bedienen, sondern der Psychologie und Psychotherapie. So nimmt der Amerikaner Erik H. Erikson, der ein weit verbreitetes Buch »Der junge Mann Luther«[3] schrieb, einen Vaterkomplex an, den Luther mit der reformatorischen Entdeckung des barmherzigen, gnädigen Gottes sowie der Befreiung von den Zwängen der katholischen Kirche überwunden habe. Der dänische Psychiater Paul J. Reiter[4] interpretierte die zahlreichen Krankheiten und Anfechtungen Luthers ebenfalls als Angstpsychosen im Zusammenhang mit dem Einfluß des Vaters. Bei einer kritischen Überprüfung lassen die Quellen solche Konstruktionen als fragwürdig erscheinen, da ihre Aussagekraft für derart weitreichende psychologische Schlußfolgerungen nicht ausreicht und überdies die Erziehung Luthers sich nicht wesentlich von der anderer Kinder dieser Zeit unterschied,

[3] Erstausgabe in Englisch 1958; deutsch Frankfurt 1975.

[4] Martin Luthers Umwelt, Charakter und Psychose. 2 Bde., Kopenhagen 1937–1941; *Ulrich Becke*, Eine hinterlassene psychiatrische Studie Paul Johann Reiters über Luther, in: Zeitschrift für Kirchengeschichte 90 (1979) 85–95.

also keine Ausnahmesituation darstellte. Zudem unterschätzt die rein psychologisch-psychiatrische Deutung die prägende Kraft religiöser Deutungsmuster in der frühen Neuzeit, die das ganze Leben beherrschte und vor allem Luthers schnelle, auf den ersten Blick fast unglaublich große Wirkung auf breite Kreise wesentlich überzeugender erklärt als eine rein individuell-persönliche Befreiung von einer Neurose.

Über den Problemen von Luthers »Klosterkampf« und Anfechtungen darf nicht vergessen werden, daß der Wittenberger Professor die für die Reformation zentrale Theologie in seinen Vorlesungen nach dem Doktorat bei der Auslegung des Bibeltextes entwickelte: 1513–1515 las er über die Psalmen; 1515–1516 zum Römerbrief; 1516–1517 zum Galaterbrief; 1517–1518 über den Hebräerbrief. Existentielles Ringen und bemerkenswerte theologisch-wissenschaftliche Arbeit flossen hier ineinander. Die Bewertung der einzelnen Stufen der theologischen Erkenntnisse Luthers in dieser Zeit schwankt in der Forschung je nach dem Kriterium, das sie anlegt, und beeinflußt auch die umstrittene Datierung des »reformatorischen Durchbruchs« (Turmerlebnis), also der Entdeckung seiner Rechtfertigungslehre allein aus dem Glauben und damit der Gnade als Befreiung von der lastenden Frage nach dem gnädigen Gott. Prozeßhaftes Voranschreiten in der Erkenntnis und eine nicht scholastische, sich auf Christus als die Mitte der Schrift konzentrierende und den buchstäblichen Sinn betonende Exegese spielten eine wesentliche Rolle. Das zeigte sich z. B. in seiner Auslegung der Psalmen, die er gemäß der augustinischen Tradition streng auf Christus deutete. Bemerkenswert ist, daß dies nicht allein eine individuelle persönliche Erkenntnis darstellte. Unter Berufung auf die paulinische Theologie und auf Augustinus versuchte Luther in Wittenberg eine Art neues theologisches Programm im Unterschied zur Scholastik sowie zum Einfluß des Aristoteles in der Theologie zu entwickeln und fand damit bei Kollegen wie Andreas Bodenstein von Karlstadt Resonanz. Vor allem aber Philipp Melanchthon († 1560), der 1518 nach Wittenberg kam, trug den Humanismus in die Universität und sollte sich als Theologe in Zukunft neben Luther als zweitwichtigste Persönlichkeit entwickeln.

Die Datierung der für ihn entscheidenden Entdeckung schwankt in der Forschung zwischen 1513/14 und 1518. Der Inhalt dieses Durchbruchs wird von den Lutherforschern ebenfalls keineswegs einheitlich definiert. Die Interpretationsmuster bewegen sich von einer »Demutstheologie«, in der Luther als unabdingbare Voraussetzung für die Rechtfertigung den demütigen, sich als Sünder erkennenden Menschen erkannt haben soll, bis hin zu der Erklärung, das von ihm entdeckte Verständnis des offenbarten Wortes als Mittel der Gnadengabe oder die Erkenntnis des Verheißungscharakters der Rechtfertigung in Christus oder das Bewußtwerden der Heilsgewißheit im Glauben seien es gewesen, mit denen erst die Entdeckung zum Abschluß gekommen sei[5]. All das sind unter anderem Versuche, unterschiedliche zeitliche Ansätze zu erklären, die sich bei einer Analyse vor allem der Vorlesungstexte ergeben und erste Datierungen für das neue Verständnis der Gerechtigkeit Gottes schon für um 1514, letzte um 1518 zulassen. Luther selbst hat seine Entdeckung in einer sehr späten, 1545 verfaßten Vorrede zum ersten Band seiner lateinischen Werke als neues Verständnis von Röm 1,17 dargelegt, wo es heißt: »Denn im Evangelium wird die Gerechtigkeit Gottes offenbart aus Glauben zum Glauben, wie es in der Schrift heißt: Der aus Glauben Gerechte wird leben«. Die befreiende Entdeckung bestand nach ihm darin, diese Gerechtigkeit Gottes als Geschenk, als passive von Christus uns verdiente Gerechtigkeit erkannt zu haben, die der Mensch im Glauben annimmt. Nicht die eigenen guten Werke, sondern Gottes gnädige Barmherzigkeit und die Heilstat Christi machen den Menschen gerecht. Gute Werke sind eine allerdings notwendig folgende Frucht des Glaubens. »Da habe ich angefangen, die Gerechtigkeit Gottes so zu begreifen, daß der Gerechte durch sie als durch Gottes Geschenk lebt, nämlich aus Glauben; ich begriff, daß dies der Sinn ist: offenbart wird durch das Evangelium die Gerechtigkeit Gottes, nämlich die passive, durch die uns Gott, der Barmherzige, durch den Glauben rechtfer-

[5] *Bernhard Lohse* (Hg.), Der Durchbruch der reformatorischen Erkenntnis bei Luther. Neuere Untersuchungen, Stuttgart 1988.

tigt...«[6]. Damit hatte er aus seiner Sicht den Kernpunkt christlicher Lehre entdeckt. Gott rechne dem Menschen die Sünde nicht an, sondern spreche ihn gerecht, wenn er glaube. In diesem Glauben könne der Mensch seines Heiles gewiß sein, nicht in religiösen Leistungen und Übungen. Das löste das große Problem des Heilsverlangens und der Heilsgewißheit, und von der Rechtfertigungslehre als Zentrum her entwickelte Luther seine neue Theologie. Diese Zentrierung der Theologie auf die Rechtfertigung und die existentielle Betonung des Theologietreibens dürften ihn von der Tradition unterscheiden, für die nachweisbar ist, daß großenteils bereits hier der Römertext im Sinne der »passiven Gerechtigkeit Gottes« verstanden wurde.
Eine weitere theologische Grundentscheidung war es, daß Luther im Rahmen seiner Rechtfertigungslehre die bisher als »Zunder zur Sünde« verstandene Konkupiszenz (Begierlichkeit) als bleibende Sünde deklarierte. Sie bestand für ihn darin, daß der Mensch immer auf sich selbst bezogen sei; selbst dann, wenn er gute Werke tue, da er sie ja als seine Werke verstehe. So bleibe er »simul iustus et peccator«, d. h. Gerechter und Sünder zugleich. Sünder sei der Mensch, soweit er mit der Konkupiszenz behaftet sei und der Gnade bedürfe; Gerechter, insofern ihm in Christus das Geschenk der Gerechtigkeit ständig angeboten werde. Damit rückte der Mensch und seine Stellung vor Gott in das Zentrum lutherischer Theologie.
Insgesamt ergaben sich für Luthers Theologie, die sich Schritt für Schritt im Laufe der Zeit ausformte, drei Prinzipien, welche als die »drei Sola« in die Geschichte eingingen: Erstens die Rechtfertigung Sola Gratia (allein durch Gnade) und Sola Fide (allein aus Glauben), die er vor allem in der paulinischen Botschaft fand; zweitens die Heilige Schrift als das allein maßgebende theologische Fundament (Sola Scriptura), die in sich klar sei und sich selbst auslege, daher keiner lehramtlichen Auslegungsautorität bedürfe, und an der alle Traditionen und Lehren zu messen seien. Gerade an diesem Punkte zeigt es sich, wie sehr die Bibel in reformatori-

[6] Zit. nach *Heiko A. Oberman* (Hg.), Die Kirche im Zeitalter der Reformation (= Kirchen- und Theologiegeschichte in Quellen 3), Neukirchen-Vluyn 1981, 210.

scher Perspektive ein Instrument der Kritik und Zentrum der Theologie wurde. Schließlich ist drittens nach Luther als Kernstück der Schrift die Botschaft von Christus anzusehen (Solus Christus), so daß als ihr inneres Kriterium gelte »Was Christum treibet«. Aber die Schrift enthalte nicht allein die frohe Botschaft von der befreienden Erlösungstat Christi, sondern auch das Gesetz, also die Forderung Gottes, an welcher der Mensch scheitere und sich als Sünder erkenne. Erst in diesem dialektischen Zueinander von Gesetz und Evangelium könne er Christi Heilstat teilhaftig werden. Es hing mit den Schwierigkeiten dieser Zuordnung zusammen, daß später innerhalb des Luthertums eine Reihe von Streitigkeiten über diesen Punkt aufbrachen.

Die Probleme der genauen Datierung von Luthers reformatorischem Durchbruch bedingen, daß es bis heute schwer zu entscheiden ist, wieweit seine Rechtfertigungslehre von ihm selbst als kirchentrennend oder zumindest als äußerst kirchenkritisch empfunden wurde. Wäre der Durchbruch z. B. schon im Laufe der Römerbriefvorlesung erfolgt, hätte er dessen Konsequenzen entweder nicht erkannt oder zumindest nicht zum Anlaß für einen öffentlichen Streit genommen. Dieser erfolgte erst 1517, so daß unter alleiniger Berücksichtigung des äußerlichen Konfliktes hier der Beginn der Reformation angesetzt werden könnte, die schließlich in die abendländische Kirchenspaltung einmündete.

Die theologische Voraussetzung und der Anlaß für diesen Streit war die im Mittelalter entwickelte Lehre vom Ablaß als kirchlich gewährter Nachlaß von zeitlichen Sündenstrafen nach abgelegter Beichte – die Notwendigkeit letzterer war sogar umstritten – und bestimmten festgelegten Leistungen, den die Gläubigen seit dem Spätmittelalter auch für die Verstorbenen im Fegfeuer gegen Geldzahlungen erhalten konnten. Es war längst üblich geworden, mit diesen Geldern u. a. soziale Vorhaben zu finanzieren, den Ablaß also nicht nur als geistliches Hilfsmittel, sondern auch als Finanzierungsquelle zu benutzen. Eine finanziell prekäre Lage des jungen Mainzer und Magdeburger Erzbischofs Albrecht von Brandenburg wegen der durch Bistumshäufung und Dispensen fällig gewordenen Zahlungen an die römische Kurie bedingte es, daß dieser jetzt die Verkündigung des Petersablasses, dessen Erlös dem

Neubau der Peterskirche in Rom zugute kommen sollte, mit einer Art geldlicher Großtransaktion verknüpfte. Albrecht ließ den Petersablaß in seinen Gebieten predigen und zahlte mit der Hälfte des Geldertrages seine Schulden bei den Augsburger Fuggern ab, die er wegen der Dispensen gemacht hatte. Zwar durfte dieser Ablaß in Kursachsen nicht gepredigt werden, aber der Dominikaner Johannes Tetzel verkündigte ihn 1517 im nahen brandenburgischen Gebiet.
Allein schon wegen der räumlichen Nähe zu Wittenberg blieb die Tätigkeit Tetzels in Wittenberg nicht verborgen. Luther fühlte sich als Seelsorger und Theologe herausgefordert, da er fürchtete, die Gläubigen würden von Christus abgelenkt, wollten sich mit dem Ablaß des Heils versichern und würden zur Selbstgerechtigkeit verführt. So verfaßte er 95 Disputationsthesen zu diesen Fragen. Über ihre Publikationsform hat es in den letzten Jahrzehnten eine intensive Diskussion gegeben. Der Thesenanschlag am 31. Oktober 1517 an der Schloßkirche in Wittenberg, lange Zeit optisches Symbol protestantisch-lutherischen Selbstbewußtseins und am Reformationsfest gefeiert, wurde in seiner Qualität als historisches Faktum in Frage gestellt, woraufhin heftiger Widerspruch nicht ausblieb. Die vorgetragenen Argumente lassen bis heute keine völlig eindeutige Aussage zu, vor allem weil ein Rest an historischer Konstruktion bleibt, aber eine Reihe von Gründen spricht nach wie vor gegen den Thesenanschlag. Hätte der Thesenanschlag nicht stattgefunden, wäre das für Luthers Absichten sehr wesentlich, weil er dann zunächst die Öffentlichkeit nicht bemühte, sondern die zuständigen Autoritäten anging. Er schickte die Thesen an seinen Bischof Hieronymus Schulz sowie an Erzbischof Albrecht von Brandenburg und appellierte somit an deren pastorale Verantwortung; wie wir heute wissen, ohne großen Erfolg. Albrecht ließ die Mainzer Theologische Fakultät ein Gutachten erstellen, leitete aber schon vorher die Thesen nach Rom weiter, wo die Dominikaner eine Anklage wegen Ketzerei gegen Luther erhoben.
Die Thesen waren als Grundlage für eine akademische Disputation gedacht, wie sie an Universitäten üblich war. Ihr vielschichtiger, wenig systematischer Inhalt gestattet keine kurzgefaßte Darstel-

lung. Die Gesamttendenz bestand darin, die Lehre vom Ablaß zu reduzieren, ohne diese fromme Institution selbst völlig in Frage zu stellen. Luther hob die wahre Reue hervor, die sich nicht auf Ablässe verlasse, und machte im Sinne seiner eigenen Theologie ein Gegenüber von Gottes Wort und Ablaß deutlich. Leitmotivisch klang der erste Satz, in dem die bleibende Situation des Christen angesprochen war: »Unser Herr und Meister Jesus Christus wollte mit seinem Wort ›Tut Buße‹ (Mt 4,17), daß das ganze Leben der Gläubigen Buße sei«. Das nahm falschen Sicherheiten, die aus einem Ablaßkauf folgen konnten, jede Stütze. Ein dezidiert reformatorisches Dokument waren die Ablaßthesen nicht, aber sie griffen neben der guten Einnahmequelle auch eine römisch-theologisch abgesicherte Praxis an, was die Gefahr mit sich brachte, das Thema auf die Ebene der Lehre über die Kirche und ihrer Gewalt zu heben. Bedenkt man, daß zeitlich parallel innerhalb der Wittenberger Theologischen Fakultät von Karlstadt sowie Luther gegen die scholastische Theologie Stellung genommen wurde und 1518 eine humanistische Studienreform in Gang kam, so wird deutlich, daß hier Verschiebungen in der theologischen Arbeit und Lehre eintraten, die langfristig auch ohne den Ablaßstreit zu tiefgreifenden Veränderungen geführt hätten.

Albrechts Aktivitäten sowie der römische Prozeß und Gegenschriften etwa von Tetzel oder Johannes Eck dürfen nicht darüber hinwegtäuschen, daß die allgemeine Resonanz in Deutschland auf Luthers Thesen positiv war. Sie konnte es umso leichter sein, da eine Ablaßkritik schon lange existierte und der Wittenberger Augustiner als derjenige empfunden wurde, welcher dem Reformruf wirksamen Ausdruck gegeben habe. Anläßlich eines Generalkapitels der deutschen Reformkongregation der Augustiner in Heidelberg konnte Luther am 26. April 1518 in einer Disputation über 40 Thesen zur Theologie und Philosophie neben der Sympathie im eigenen Orden auch Anhänger wie den jungen Dominikaner Martin Bucer († 1551) gewinnen, der später eine zentrale Gestalt der Straßburger Reformationsgeschichte wurde. Zwar bestand die Gefahr, im Sinne kirchlicher Disziplinierungsmaßnahmen Luther durch die Zitation nach Rom zu neutralisieren, aber das verhinderte – auch in Fortsetzung der Entwicklung des spätmittelalterlichen landesherrlichen Kirchenregiments – sein Landesherr, Kurfürst Friedrich der Weise (1486–1525). Ein Verhör im Oktober 1518 in Augsburg durch Kardinal Cajetan endete mit der Appellation Luthers an den besser zu unterrichtenden Papst bzw. an ein Konzil. Er berief sich im Sinne seines Schriftprinzips während dieses Gesprächs auf die Bibel, auf deren ureigenes Wort er hören wolle, deren Auslegung durch Kirche und Tradition er aber in Frage stellte. In diesem Sinne betonte Luther die Glaubensgewißheit des Menschen, der das Wort Gottes hörte und annahm. Cajetan, ein bedeutender Thomist, erkannte die zukunftsträchtige ekklesiologische Dimension dieser Lehre, die den einzelnen in seinem Glauben zutiefst ernst nahm und die priesterliche Vermittlerrolle bei der Beichte reduzierte. Er mochte darin die Gefahr der Individualisierung des Glaubens sehen, die seinem Kirchenbild entgegenstand, und stellte in seinen Schriften fest »Das heißt eine neue Kirche bauen«[7]. An eine die Kirche spaltende Reformation dürfte der Kardinal aber kaum gedacht haben.

2.2 *Die Entscheidungsjahre 1519–1521, theologische Wandlungen und Perspektiven für die Zukunft*

Die Reformationsgeschichte mußte in dem Augenblick eine neue Qualität erhalten, als über einzelne Themen hinaus die Autorität der römisch-katholischen Kirche als ganzer in Frage gestellt war und damit ihre geschichtlich gewordene Form, die sich in den wesentlichen Teilen auf göttliches Recht berief, langfristig zur Disposition stand. Einen entscheidenden Schritt dazu stellt die Leipziger Disputation vom 27. Juni–16. Juli 1519 dar, da jetzt die Differenzen in der Frage nach Gestalt und Gewalt der Kirche endgültig in den Vordergrund traten. Eine der Voraussetzungen für dieses Ereignis war das politisch motivierte Stillhalten der Kurie gegenüber Luther wegen der anstehenden Kaiserwahl, bei der sie den sächsischen Kurfürsten, einen der Wähler, nicht verärgern wollte. Die Disputation, die erst nur zwischen Karlstadt und Johannes Eck ge-

[7] *Cajetan*, Opuscula omnia, Lyon 1562, 111 a.

plant war, aber schnell Luther als Hauptopponenten Ecks mit einbezog, wurde von Herzog Georg von Sachsen ebenfalls mitgetragen, der an einer Klärung der Fragen interessiert war und die Pleißenburg in Leipzig als Disputationsort zur Verfügung stellte. Inhaltlich kreiste die Disputation um Fragen des freien Willens, den Ablaß, die Buße, das Fegfeuer und die Gewalt des Papstes. Vor allem in der Disputation mit Eck, einem vielseitigen Gelehrten, der seit 1510 Theologieprofessor in Ingolstadt und durchaus offen für Studienreformen in Philosophie und Theologie war, trat die Kirchenlehre immer mehr in den Vordergrund. Luther relativierte Papst und Konzilien, deren göttliches Recht und Irrtumslosigkeit er in Frage stellte. Die prinzipielle Weichenstellung, welche langfristig zur Kirchenspaltung führte, deutete sich an: eine neue Art, Theologie allein auf die Schrift zu stützen, deren Kern die Rechtfertigungslehre als Lehre vom sündigen Menschen und gnädigen Gott ist. Von daher sollten alle kirchlichen Traditionen kritisch bewertet werden. Damit ist keineswegs behauptet, die Spaltung sei schon 1519 zwingend gewesen, wohl aber war jetzt ein Punkt erreicht, der weiterführende Konsequenzen bezüglich der konkreten Institution »römische Kirche« möglich machte und umgekehrt zu neuen Reflexionen in der Kirchenlehre gezwungen hätte, die Luthers Gegner nicht leisteten und die vielleicht auch bei ihnen kaum denkbar waren.
Als Konsequenz aus der Verschärfung und vorangetrieben durch die Ereignisse fanden in den Jahren 1520–1521 Entwicklungen statt, die über theoretische Diskussionen hinaus auf tiefgreifende Veränderungen drängten. Einerseits dachte Luther seine Theologie in publikumswirksamen, scharfsinnig und für viele überzeugend argumentierenden Schriften weiter, von denen einige 1520 eine Art programmatischen Charakter erhielten, und rief ausdrücklich zur Kirchen- und Frömmigkeitsreform auf. Andererseits kam der sistierte römische Prozeß gegen ihn wieder in Gang, nachdem der Habsburger Karl V. 1519 zum Kaiser gewählt war und die römische Kurie in dieser Beziehung keine Rücksichten mehr auf Friedrich nehmen mußte. Mitte 1520, datiert auf den 15. Juni, erschien die päpstliche Bannandrohungsbulle »Exsurge Domine«, die unter Mitarbeit von Eck zustande gekommen war,

eine Reihe als häretisch angesehener Sätze aus Luthers Schriften aufzählte und zum Verbrennen seiner Werke aufrief. Eck übernahm die Publikation für Süddeutschland, wo sich die Bischöfe wenig interessiert zeigten, und Mitteldeutschland, wo er auf stärksten Widerstand stieß. Der päpstliche Nuntius Hieronymus Aleander fand im Westen des Reiches mehr Resonanz, vor allem in Löwen, Lüttich und Köln, wo man Bücher Luthers verbrannte.

Luther nahm in zwei Schriften gegen die Bulle Stellung: »Adversus execrabilem Antichristi bullam« und »Wider die Bulle des Endchrists«. Für ihn war das Papsttum jetzt endgültig der Antichrist, der das Wirken des Evangeliums hindere. Daran änderte auch die versöhnlich gestimmte, Papst Leo X. gewidmete und aus taktischen Gründen vordatierte Schrift »Von der Freiheit eines Christenmenschen« im Herbst 1520 nichts mehr. Sie war auf Drängen des Karl von Miltitz verfaßt worden, der in dem Konflikt mit Duldung Roms und des sächsischen Kurfürsten als Vermittler fungierte. Seinen Willen zur grundlegenden Veränderung signalisierte Luther schließlich im symbolischen Akt der Verbrennung von Bannandrohungsbulle, kirchlichen Rechtsbüchern und Schriften seiner Gegner am 10. Dezember 1520 vor dem Elstertor in Wittenberg, womit er die inquisitorische römische Praxis der Bücherverbrennung gegen diese selbst kehrte.

Damit war weder die Entwicklung der Reformation noch der Prozeß gegen Luther abgeschlossen. Am 3. Januar 1521 sprach die Bulle »Decet Romanum Pontificem«, die vermutlich in Deutschland nie veröffentlicht wurde, die Exkommunikation aus; im April 1521 wurde Luther auf dem Wormser Reichstag verhört. Er lehnte einen Widerruf seiner Lehren am 18. April vor dem Kaiser und den Reichsständen mit den Worten ab: »...wenn ich nicht durch das Zeugnis der Heiligen Schrift oder vernünftige Gründe überwunden werde – denn weder dem Papst, noch den Konzilien allein vermag ich zu glauben, da es feststeht, daß sie wiederholt geirrt und sich selbst widersprochen haben –, so halte ich mich überwunden durch die Schrift, auf die ich mich gestützt habe, so ist mein Gewissen im Gotteswort gefangen, und darum kann und will ich nichts widerrufen, weil gegen das Gewissen zu handeln weder sicher noch lauter ist. Gott helfe mir. Amen«[8]. Noch einmal war damit das Grundprinzip der Reformation ausgesprochen: die Gewissensbindung an die Heilige Schrift als einzig gültige Norm. Erst im weiteren Verlauf der Geschichte sollte sich zeigen, daß auch in der Auslegung der Bibel nicht die gewünschte Eindeutigkeit und Stütze lag, die Konflikte und Spaltungen verhinderte, sondern daß sie abweichende Positionen zuließ und so nicht zu einer, sondern zu einer Vielzahl reformatorischer Kirchen führen würde.

Am 26. Mai 1521 unterzeichnete Kaiser Karl V. das »Wormser Edikt«, d. h. die Reichsacht über Luther, der zu diesem Zeitpunkt bereits durch seinen Landesherrn Friedrich den Weisen auf der Wartburg bei Eisenach versteckt worden war, wo er vom 4. Mai 1521 bis zum 1. März 1522 blieb.

Der Verlauf der frühen Reformation bleibt unverständlich ohne eine Reihe von Schriften, die Luther vor allem 1520–1521 verfaßte, die eine Art theologisches Programm darstellten, und von denen deshalb einige als »Programmschriften« in die Geschichtsschreibung eingingen. Sie boten keineswegs eine abgeschlossene, in sich stimmige Dogmatik, verbanden aber in großer Sprachkunst die längst vorhandene Rom- und Kirchenkritik mit theologischer Tiefe sowie Überzeugungskraft und gaben so der reformatorischen Bewegung Antrieb und Inhalte.

Zunächst entwickelte Luther die Kirchenlehre in »Von dem Papsttum zu Rom wider den hochberühmten Romanisten zu Leipzig« (Frühjahr 1520, gegen den Leipziger Franziskaner Augustin von Alveldt gerichtet) weiter. Die eigentliche Kirche ist danach die Gemeinschaft der Glaubenden unter dem Haupt Christus, nicht eine Rechtsgröße unter der Leitung des römischen Papstes. Die Mitglieder dieser Kirche bleiben für die Menschen verborgen, weil die durch den Glauben konstituierte geistliche Gemeinschaft nur Gott bekannt ist, der um das Innere der Menschen und damit um die wirkliche Qualität ihres Glaubens weiß. Anders gesagt: Da nur Gott weiß, wer wirklich glaubt, ist die wahre Kirche zwar real in dieser Welt vorhanden, aber nicht durch die äußere Kirchenmit-

[8] Zit. nach *Heiko A. Oberman* (Hg.), Die Kirche im Zeitalter der Reformation (= Kirchen- und Theologiegeschichte in Quellen 3), Neukirchen-Vluyn 1981, 61 f.

gliedschaft definiert. Wort und Sakrament konstituieren die sichtbare Kirche, der die Weitergabe des heilschaffenden Evangeliums anvertraut ist. Beide Größen sind daher nicht identisch, aber wesentlich aufeinander bezogen.

Im Sinne der Geschichtsschreibung gelten als die Programmschriften im engeren Sinne »An den christlichen Adel deutscher Nation von des christlichen Standes Besserung« (Juni 1520), »De Captivitate Babylonica Ecclesiae Praeludium« (»Von der Babylonischen Gefangenschaft der Kirche ein Vorspiel«, Spätsommer 1520) und »Von der Freiheit eines Christenmenschen« (Herbst 1520). In der ersten Schrift rief Luther den Adel wegen des Versagens der Geistlichkeit zur Kirchenreform auf, wobei er sich der Inhalte der »Gravamina« (Beschwerdeschriften) bediente, die auf Reichstagen von den weltlichen Ständen vor allem gegen die römische Kurie seit 1458 vorgebracht und z.B. in Augsburg 1518 bereits aufgelistet worden waren. Die Schrift beinhaltet einen starken Antipapalismus, aber keinen durchgängigen Antiklerikalimus, wie ihn viele zeitgenössische Streitschriften kannten[9]. Der theologische Grund für eine von Laien initiierte Reform sei das allgemeine Priestertum aller Gläubigen; ein spezielles Priestertum außer dem Jesu Christi gebe es in der Kirche nicht. Damit war für Luther die Unterscheidung zwischen geistlichem und weltlichem Stand hinfällig, welche ein wesentliches Strukturelement der traditionellen Ekklesiologie darstellte. Das Amt in der Gemeinde begründete er folgerichtig nicht mehr als Aufgabe eines sakramental abgesicherten Standes, sondern funktional, d.h. aus der Notwendigkeit, das Gotteswort zu verkündigen und die Sakramente zu spenden.

Die dogmatischste, daher mit Blick auf die Gelehrten auch in Latein geschriebene Schrift »Von der babylonischen Gefangenschaft der Kirche« wandte sich gegen die scholastische Lehre von der Transsubstantiation, forderte die Freigabe der Kelchkommunion für alle und lehnte die Messe als Opfer und gutes Werk ab. Damit war ein Kernstück bisheriger Frömmigkeitspraxis theologisch reduziert, weil die Dimension der mystischen Vergegenwärtigung

[9] Vgl. *Peter A. Dykema, Heiko A. Oberman* (Hgg.), Anticlericalism in Late Medieval and Early Modern Europe, Leiden u.a. 1993.

des Kreuzesopfers wegfiel. Trotzdem behielt die bei Luther rituell immer konservativ gestaltete Abendmahlsfeier einen hohen Wert als Testament Christi, Zeichen seiner Gnade und Erlösung, deren wesentliche Funktion es war, den Glauben der Teilnehmenden zu stärken. An der realen Gegenwart Christi mit den Gestalten von Brot und Wein hielt er jetzt und auch später gegen Angriffe anderer Reformatoren fest. Luther verminderte unter Berufung auf die Bibel die bisherige Siebenzahl der Sakramente auf zwei: Taufe und Abendmahl. Bei der Buße, die Erinnerung und Vergegenwärtigung der Taufe sei, spürt der Leser in Luthers Schrift eine Unsicherheit, da sie zu Beginn noch als Sakrament bezeichnet, am Ende aber als solches abgelehnt wird.
Die Freiheitsschrift ist im Sinne paulinisch-dialektischen Denkens verfaßt. »Ein Christenmensch ist ein freier Herr über alle Dinge und niemand untertan. Ein Christenmensch ist ein dienstbarer Knecht aller Dinge und jedermann untertan«[10]. Man hat diesen Freiheitsgedanken oft mißverstanden und allzu modern gedeutet, etwa im 19. Jahrhundert als individuelle Gewissensfreiheit. In Wahrheit geht es um die »Freisetzung« des Menschen durch die Erlösungstat Christi. Der Mensch muß nicht mehr an sich selbst im Sinne der guten Werke als Leistung glauben, weil das Heil ihm im Glauben schon geschenkt ist. Aber diese Freiheit bedeutet höchste Bindung an Gott und die Mitmenschen in der Liebe.
Während des erzwungenen Aufenthaltes auf der Wartburg kam es schließlich zur berühmten Übersetzung des Neuen Testamentes ins Deutsche, die im September 1522 gedruckt wurde und im Dezember desselben Jahres in einer verbesserten Auflage erschien. Es war zwar keineswegs die erste deutsche Bibel, aber zusammen mit der beigegebenen Auslegungshilfe und einer genialen Übersetzung die wirksamste. Luther löste sich vom bisher bei heiligen Büchern geübten Prinzip der möglichst getreuen Wortgebundenheit an die Originalsprache und schuf so das Muster einer sinngemäßen Transposition des Textes in die deutsche Sprache. Das deutsche Neue Testament mit seinen Erläuterungen gab allen Lesekundigen ein Instrument an die Hand, reformatorische Theologie auf ihre

[10] Weimarer Ausgabe der Werke Luthers 7,21.

Schriftgemäßheit hin zu überprüfen und sie als überzeugend zu erfahren. Die »drei Sola« der Reformation waren jetzt für den Leser besser nachvollziehbar, so daß es verständlich ist, daß Luthers Neues Testament nicht nur ein wesentliches Mittel zur Verbreitung der Reformation war, sondern auch von seinen Gegnern als eine seiner gefährlichsten Schriften angesehen wurde.
In diesem Sinne reagierte etwa Herzog Georg von Sachsen, der seit der Leipziger Disputation zu einem scharfen Gegner Luthers geworden war. Mit einem Mandat vom 7. November 1522 verbot er Kauf und Verkauf von Luthers Übersetzung, befahl die Konfiszierung des Buches und forderte die Theologische Fakultät Leipzig zur Begutachtung auf. In der Sicht Luthers war damit die grundsätzliche Frage angesprochen, wieweit ein Fürst berechtigt war, in Bereiche einzugreifen, die das Seelenheil seiner Untertanen betrafen. Daher verfaßte er 1523 die Schrift »Von weltlicher Obrigkeit, wie weit man ihr Gehorsam schuldig sei«. Hier entwickelte er in wichtigen Teilen das, was man später die »Zwei-Reiche-Lehre« genannt hat. Vereinfacht gesagt geht Luther von zwei grundlegenden Bereichen aus, in denen der Mensch lebt: die Schöpfungsordnung und die Erlösungsordnung. Erstere dient dem Erhalt der Welt und ist dem weltlichen Regiment anvertraut, welches das Böse und das Wirken des Teufels zurückdrängen muß, die immer wieder den Bestand der Schöpfung bedrohen. Letztere dient dem Heil des Menschen mit der Verkündigung des Evangeliums sowie der Spendung der Sakramente und ist dem geistlichen Regiment zugeordnet, also der Kirche. Beide Bereiche dürfen nicht vermischt werden, sind aber aufeinander bezogen, denn ohne die Schöpfungsordnung als Voraussetzung ihrer Wirksamkeit ist die Erlösungsordnung nicht möglich. Im weltlichen Bereich gilt wegen der Bosheit der Menschen die Anwendung von Gewalt, weil sonst das zerstörerische Chaos einbräche. Das weltliche Regiment hat demnach eine Schutzfunktion, die ihm von Gott gegeben ist. Es ist an das natürliche Recht gebunden. Dagegen regiert im geistlichen Regiment das Gesetz der evangelischen Freiheit, welche keinen Zwang kennt. Die Bergpredigt kann individuell gelebt werden, so daß der überzeugte Christ z. B. in seinem persönlichen Bereich Gewaltlosigkeit übt, darf aber wegen der Sündhaftigkeit der Menschen und

der damit verbundenen Neigung zur Bosheit nicht als allgemeines Staatsgesetz angewendet werden. Außerdem untersteht der Christ, weil er Gerechter und Sünder zugleich ist, dem geistlichen und dem weltlichen Regiment.

Eine alle überzeugende Lösung des Problems war das nicht, und die Geschichte der Reformation zeigte bald, daß die Zwei-Reiche-Lehre mehr Theorie als Praxis bedeutete. Außerdem hatte Luther sie nie im strikten Sinne als eine Art System formuliert, so daß über die inhaltlichen Elemente keine völlige Übereinstimmung besteht und sogar vom »Irrgarten« der Zwei-Reiche-Lehre gesprochen wurde (J. Heckel 1957). Aber als stimulierender, zu ständigem Nachdenken anregender Entwurf behielt sie bis heute ihren Wert.

Literatur:

Für die im Grunde unübersehbare Literatur zu Luther sei auf den umfangreichen Lexikonartikel von *Martin Brecht, Karl-Heinz zur Mühlen, Walter Mostert,* Luther, in: Theologische Realenzyklopädie 21 (1991), 514–594 verwiesen, dessen reichhaltiges Literaturverzeichnis genügend weiterführende Titel nennt. Als kleine Auswahl seien angeführt:

Martin Brecht, Martin Luther. 3 Bde., Stuttgart 1981–1987;

Gerhard Ebeling, Luther. Einführung in sein Denken, Tübingen ^{4}1990;

Erwin Iserloh, Geschichte und Theologie der Reformation im Grundriß, Paderborn ^{4}1985;

Helmar Junghans (Hg.), Leben und Werk Martin Luthers von 1526 bis 1546. 2 Bde., Göttingen 1983 (wichtig für den hier nicht weiter behandelten späten Luther);

Ders., Der junge Luther und die Humanisten, Göttingen 1985;

Bernhard Lohse, Dogma und Bekenntnis in der Reformation: Von Luther bis zum Konkordienbuch, in: Carl Andresen (Hg.), Handbuch der Dogmen- und Theologiegeschichte 2: Die Lehrentwicklung im Rahmen der Konfessionalität, Göttingen 1989 (1980);

Ders., Martin Luther. Eine Einführung in sein Leben und Werk, München ^{3}1997;

Otto Hermann Pesch, Hinführung zu Luther, Mainz ^{2}1983;

Reinhard Schwarz, Luther (= Die Kirche in ihrer Geschichte III,1), Göttingen 1986.

2.3 *Die reformatorische Bewegung: Faszination – Spaltung – Konsolidierung*

2.3.1 *Die Reformation als Kommunikationsereignis*

Das traditionelle Instrumentarium des römischen Ketzerprozesses, verbunden mit der Reichsacht, hatte sich im Falle Luthers zur Bewältigung der ausgebrochenen Krise und zur Konfliktlösung als untauglich erwiesen. Nicht nur das; es waren wesentliche Elemente eines neuen Bewußtseins im Verlaufe dieses Prozesses zutage getreten: die christliche Freiheit als Bindung des Gewissens an die Bibel, nicht an eine autoritative Institution mit ihren Traditionen, sowie die Inanspruchnahme der selbständigen Schriftauslegung ohne Vermittlung der Kirche.

Trotzdem hätte Luthers Anliegen keine langandauernde Wirkung gezeigt, wenn es nicht ab 1519/20 zu dem gekommen wäre, was die Geschichtsschreibung als »reformatorische Bewegung« bezeichnet hat. In erstaunlich kurzer Zeit entwickelte sich nämlich eine große Anhängerschaft des Reformators, die seine Ideen aufnahm. Über diese Wirkung ist immer wieder nachgedacht und sind Erklärungsmuster für dic Faszination gesucht worden, die hier zutage trat. Sicherlich floß z. B. der längst vorhandene Antiklerikalismus, zeitgenössisch als »Pfaffenhaß« bezeichnet, ebenso in die reformatorische Bewegung ein wie humanistisch-antischolastische oder national-antirömische Ideen. Es ist auch daran zu denken, daß die reformatorische Theologie Luthers dem im Spätmittelalter schon zu beobachtenden Individualisierungsprozeß entgegenkam, weil sie den persönlichen Glauben des einzelnen betonte. Auch fand Luther 1519 gerade bei den einflußreichen Humanisten bis hin zu Erasmus von Rotterdam Resonanz; eine Koalition, die sich in den 20er Jahren wieder auflöste und unter den Humanisten eine Spaltung hervorrief.

Vor allem war es das Kommunikationsmittel des gerade erfundenen Druckes mit all seinen Möglichkeiten, das zum Erfolg beitrug. Auf Grund seiner Schriften, ihrer Verbreitung und Wirkung war Luther Ende 1519 einer der berühmtesten Männer Deutschlands. Während er in dieser Zeit seine Kontroversschriften nach traditioneller Art in Latein für die Gelehrten schrieb, erschienen die auf Frömmigkeitspraxis und Katechese gerichteten Arbeiten in deutscher Sprache, also für ein breiteres Laienpublikum. Die Zahl der Ausgaben war erstaunlich: 45 Einzelpublikationen von Texten Luthers kamen bis Ende 1519 in 259 Auflagen heraus, wobei die deutschen im Schnitt pro Schrift 7,15, die lateinischen 4,64 Auflagen erreichten.

Diese lateinischen Schriften überschritten problemlos die Grenzen Deutschlands, weil sie keinerlei Übersetzung bedurften, so daß sie z. B. bald in Frankreich oder England bekannt waren. Ab 1520 überwog dann die Volkssprachlichkeit und steigerte in Deutschland nochmals Luthers Popularität. Da jetzt für die nicht deutschsprachige Welt eine Übertragung in fremde Sprachen notwendig wurde und zudem die Exkommunikation nicht völlig wirkungslos blieb, dürfte das dazu beigetragen haben, die lutherische Reformation zunächst trotz der genannten ersten Grenzüberschreitungen eine »deutsche« Sache bleiben zu lassen.

Zu Luthers eigener literarischer Produktion kam die seiner zahlreichen Anhänger und Verteidiger, welche die Zahl der Flugschriften nochmals erhöhte. Unter denen, die ab 1519 für die Position Luthers und später auch anderer Reformatoren in den Streit eingriffen, befand sich eine Reihe von Frauen. Zu ihnen zählten nicht nur Adelige wie Argula von Grumbach in Bayern, sondern auch Bürgerinnen wie Katharina Zell in Straßburg.

Gegner und Gegnerinnen der Reformation erlangten nie die Popularität und literarische Verbreitung wie Luther selbst; vielleicht auch deshalb nicht, weil sie allzu sehr aus der Defensive heraus agierten. Die geringere Wirkung läßt sich aus der Statistik ablesen. Von 1518–1544 erreichte die Zahl der deutschsprachigen katholischen Kontroversschriften nur ca. ein Fünftel der deutschen Lutherschriften. In den 40er Jahren sank auch noch ihre ursprünglich etwa 50% betragende Volkssprachlichkeit, was eine Einschränkung des möglichen Lesepublikums in Deutschland mit sich brachte, vielleicht aber auf Wirkung im Ausland berechnet war.

Ein wesentlicher Träger der reformatorischen Botschaft, in ihrer Konkretion aber schwerer als die Schriften zu fassen, war die ausgedehnte Predigttätigkeit, so daß wohl von einer »reformatorischen Predigtbewegung« gesprochen werden kann. Dabei waren die städtischen Predigtstiftungen wichtige Einrichtungen, um entsprechende Gedanken unter das Volk zu bringen. Es gab innerhalb der späteren Reformation auch Predigerinnen, ohne daß es zu einer Institutionalisierung dieser Aufgabe kam, sowie nach 1530 Visionärinnen und Prophetinnen wie Ursula Jost und Barbara Rebstock in Straßburg, die der täuferischen Seite der Reformation angehörten. Lieder sowie die auch für Leseunkundige verstehbare Bildpropaganda oder Gestik und theatralische Darbietungen ergänzten als wirksame Kommunikationsträger Predigt, Buch und Flugschrift. Sie griffen nicht nur theologische Themen auf, sondern auch Sozialkritik, apokalyptische Vorstellungen oder Motive der Volkskultur, wobei auf allen Seiten die Kontrahenten nicht mit Polemik und Bosheit zurückhielten.

Die Absicht der Flugschriftenliteratur, für die Reformation oder ihre Ablehnung zu werben, den Gegner lächerlich zu machen und zu entlarven, könnte zu der Meinung verleiten, sie hätte inhaltlich nur Polemik oder eher aufreizende Nebensächlichkeiten als zentrale theologische Themen gebracht. Dies hat sich bei Analysen nicht bestätigt. Eine ihrer Hauptintentionen war die Informationsvermittlung, so daß die Argumentation neben der Agitation und Polemik einen hohen Stellenwert erhielt. Bibel und Schriftauslegung standen an erster Stelle. Das Motiv des in der Schrift bewanderten Laien spielte für die reformatorische Seite eine große Rolle, wie etwa die Flugschrift von Hans Sachs »Disputation zwischen einem Chorherrn und Schuhmacher« von 1524 zeigt, wo der Handwerker dem Theologen nachweist, wie wenig schriftgemäß sich letzterer verhalte. An zweiter Stelle stand für die reformatorische Seite die Rechtfertigungslehre, in den katholischen Schriften traten Fragen der Tradition und Ekklesiologie in den Vordergrund.

Literatur

Marc U. Edwards, Jr., Catholic Controversial Literature, 1518–1555. Some Statistics, in: Archiv für Reformationsgeschichte 79 (1988) 189–205;

Ders., Statistics on Sixteenth-Century Printing, in: Phillip N. Bebb, Sherrin Marshall, (Hgg.), The Process of Change in Early Modern Europe. Essays in Honor of Miriam Usher Chrisman, Athens 1988, 135–163;
Hans-Joachim Köhler, Erste Schritte zu einem Meinungsprofil der frühen Reformationszeit, in: Volker Press, Dieter Stievermann (Hgg.), Martin Luther. Probleme seiner Zeit, Stuttgart 1986, 244–281;
Bernd Moeller, Das Berühmtwerden Luthers, in: Leif Grane, Kai Horby (Hgg.), Die dänische Reformation vor ihrem internationalen Hintergrund, Göttingen 1990, 187–210.

2.3.2 Wittenberger Unruhen – Karlstadt und Müntzer – Bauernkrieg

Die reformatorische Bewegung verlief keineswegs einspurig, sondern es stellten sich sehr bald zwei grundsätzliche Fragen: 1. wie die reformatorischen Einsichten in praktisches Handeln umzusetzen seien; 2. wie mit Abweichungen und Spaltungen innerhalb der Reformation selbst umzugehen sei, die etwa auf Grund eines unterschiedlichen Verständnisses der Heiligen Schrift entstanden.
Eine erste Konkretion dieser Probleme trat ein, als sich in Wittenberg während Luthers Aufenthalt auf der Wartburg Unruhen entwickelten. Andreas Bodenstein von Karlstadt, der Augustiner Gabriel Zwilling sowie der Humanist Philipp Melanchthon gingen Ende 1521 daran, die Meßform umzugestalten und die Kommunion unter beiden Gestalten auszuteilen. Die Situation verschärfte sich durch die »Zwickauer Propheten«, welche Ende 1521 nach Wittenberg gekommen waren und sich auf unmittelbare Offenbarungen beriefen. Anfang 1522 wandte sich Karlstadt unter Berufung auf das Bilderverbot des Alten Testaments gegen die sakralen Bilder, mit deren Entfernung die Wittenberger begannen. Das radikale Vorgehen spaltete die Gemeinde und schuf eine Situation, die als »Wittenberger Unruhen« in die Geschichte eingegangen ist. Die weltliche Obrigkeit beobachtete diese Entwicklung mißtrauisch und setzte schließlich ihre Hoffnung auf Luther, so daß er auf Initiative des Wittenberger Rates im März 1522 zurückkehrte. In wirkungsvollen Predigten, welche an die Verantwortung des einzelnen appellierten und Neuerungen ablehnten, die eingeführt

würden, ehe ein wirkliches Verständnis des Evangeliums vorhanden sei, gelang es ihm, die Ruhe wieder herzustellen.
Blieben die Wittenberger Unruhen auch Episode und hatte Luther mit dem biblischen Prinzip, in religiösen Fragen auf die Schwachen Rücksicht zu nehmen, rücksichtslosen Eifer gebremst, so waren doch Probleme aufgebrochen, die in Zukunft sich weiter entfalten, wie ein roter Faden die Reformationsgeschichte durchziehen sollten und immer neue Spaltungen bedingten: die Gefahr, das Evangelium als zwingendes Gesetz zu verstehen und es gewaltsam durchzusetzen; die Frage nach dem Wert des Alten Testamentes sowie dem richtigen Verständnis der Bibel generell; das Problem des Stellenwertes der inneren, über das Wort der Schrift hinausgehenden Erfahrungen der sog. Spiritualisten.
Schon an der Person Karlstadts, der 1512 noch Luther promoviert hatte und Mitträger der humanistischen Theologiereform an der Wittenberger Fakultät gewesen war, wurden die theologischen Differenzen deutlich. Sie beschränkten sich bei ihm keineswegs auf die Bilderfrage. Karlstadt hob auch stärker als Luther die Heiligung des Menschen und den Wert des Alten Testamentes hervor. Ebenso nahm er gegen die von Luther immer festgehaltene Realpräsenz Christi beim Abendmahl Stellung und deutete die Worte »Das ist mein Leib« so, als habe Jesus dabei auf sich selbst gezeigt. Das Abendmahl war für Karlstadt in erster Linie eine Erinnerung an Christi Kreuzestod, nicht Gegenwart Christi unter den Gestalten von Brot und Wein. Differenzen gab es auch in der Frage, ob das in der Schrift enthaltene »Göttliche Recht« sofort ohne Rücksicht auf die Schwachen durchzusetzen sei, was Karlstadt bejahte. Einerseits gab es bei Karlstadt Einflüsse mystischen Denkens im Sinne eines Spiritualismus, der behauptete, Gottes Offenbarung ereigne sich in der Seele, was in der Konsequenz durchaus zu einer Entwertung der Heiligen Schrift hätte führen können. Andererseits hielt er an dem wörtlichen Sinne des Schriftwortes fest, so daß letzte Stringenz nicht bei ihm zu beobachten ist.
Gerade diesen wörtlichen Sinn hatte Luther aller Schwärmerei und den Spiritualisten entgegengehalten. Als Karlstadt schließlich 1524 auch die Kindertaufe wegen der Glaubensunfähigkeit eines Säug-

lings ablehnte, trennte er sich damit nicht nur von der traditionellen katholischen, sondern auch von der Wittenberger Position.

Die längst aufgebrochenen Differenzen zwischen Luther und Karlstadt verschärften sich, als letzterer 1523 unter Verkündigung einer auf die Laien konzentrierten Theologie sowie gleichzeitiger Kritik an dem Wert von Bildung und Universität die Pfarrei Orlamünde übernahm und dort Reformen gemäß seinen theologischen Vorstellungen (z. B. Entfernung der Bilder, Neugestaltung des Gottesdienstes) durchführte. Die Sorge, es käme zu Gewaltsamkeiten, und die theologischen Differenzen mit ihren praktischen Konsequenzen veranlaßten Luther, 1524 für die Absetzung Karlstadts in Orlamünde einzutreten, die schließlich in dessen Ausweisung aus Kursachsen einmündete. Nach einem wechselhaften Schicksal, das ihn zeitweilig in den Verdacht brachte, mit den aufständischen Bauern zu paktieren, aber auch für einige Jahre nach Sachsen zu Luther zurückführte, starb Karlstadt 1541 in Basel, wo er seit 1534 wieder zur Wissenschaft zurückgekehrt und Professor für Altes Testament geworden war.

War der Vorwurf gegen Karlstadt, er wolle das Evangelium mit Gewalt durchsetzen und paktiere mit den Bauern, nur in geringen Ansätzen richtig, so bestand er bei Thomas Müntzer (1488/89–1525) zu Recht. Geboren in Stolberg im Harz, hatte Müntzer in Leipzig und Frankfurt an der Oder studiert, hielt sich dann zeitweilig in Braunschweig auf und kam um die Jahreswende zu 1518 nach Wittenberg. Dort beeinflußte ihn bald Luther, ohne daß Müntzer seine Eigenständigkeit aufgab. 1520 wurde er Pfarrer in Zwickau und verband sich mit der dortigen, von Handwerkern getragenen Laienreformation. Als ihn der Stadtrat 1521 absetzte, floh Müntzer und wurde 1523 Pfarrer in Allstedt (bei Halle). Dort reformierte er die Liturgie grundlegend im Sinne seiner Theologie, schuf deutsche Kirchenlieder und als erster eine umfassende deutsche Liturgie. Seit 1523 nahm er öffentlich gegen Luther Stellung, dem er vorwarf, er predige zwar die Güte Christi und »billige« Gnade, aber nicht das harte Gesetz. Luthers Rechtfertigungslehre war in den Augen Müntzers grundfalsch und gefährlich, weil sie die Menschen dazu verführe, Gottes Gebote nicht mehr im Leben zu realisieren. Das Reich Gottes müsse durch die Verwirklichung des

Gesetzes auf Erden durchgesetzt werden, und zwar notfalls auch mit Gewalt. Der Wille Gottes, das göttliche Gebot sei zu erfüllen, während der Mensch sein »Selbst-Gelten-Wollen« vernichten müsse.

Müntzers Theologie stellte eine eigenartige, durchaus attraktive Mischung verschiedenster Einflüsse dar. Einmal rezipierte sie Gedanken der deutschen Mystik, denen er wohl schon in Braunschweig begegnet war und die er z. B. in einer deutschen Ausgabe der Werke von Johannes Tauler (Augsburg 1508) lesen konnte, welche Müntzer besaß. Er verband Vorstellungen der Leidensmystik und des Ergriffenseins von Gott mit apokalyptischen Gedanken, die auf eine Durchsetzung des Reiches Gottes unter Scheidung der Guten von den Bösen in dieser Welt drängten. Das innere Wort, der lebendige Geist Gottes, so meinte Müntzer, wirke im Menschen, der seinen Eigenwillen aufzugeben habe, und treibe zur Tat. Mystik war für ihn nicht nur individuelles Ergriffensein des einzelnen, sondern erhielt eine politische Handlungsdimension.

Einen ersten Anlauf zur Verwirklichung seiner Anliegen machte Müntzer 1521 in Prag mit dem sog. Prager Manifest, einem Dokument, das massive Kirchenkritik und den Aufruf zur Bildung einer neuen, geisterfüllten Kirche enthielt. Nachdem diese Aktion gescheitert war, wandte er sich 1524 den sächsischen Fürsten zu und rief sie auf, ihre Macht für die Durchsetzung des Gottesreiches einzusetzen. Erst als hier der Erfolg ausblieb, sah Müntzer in den aufständischen Bauern die Auserwählten Gottes, die anstelle der verstockten, selbstsüchtigen Fürsten für das Gottesreich aufgeschlossen seien und es errichten sollten. Auch hier dachte Müntzer zunächst mehr an eine Art passiven Widerstand, nicht an aktive Gewalt. In den letzten Wochen des Bauernkrieges verbündete er sich aber in Mühlhausen mit den Aufständischen als ein »Knecht Gottes wider die Gottlosen«, ein »Werkzeug Gottes«. Bei der Entscheidungsschlacht von Frankenhausen am 15. Mai 1525 gegen die verbündeten Fürstenheere, einer Katastrophe für die Aufständischen, wurde er gefangengenommen und wenig später hingerichtet. Damit endeten die Träume eines Mannes, dessen Mitwirkung am Bauernkrieg eigentlich nur eine kurze Episode bedeutete, der aber später einmal in der revolutionären Theorie des Marxismus eine große Rolle spielen sollte, und dessen theologische Qualitäten lange im Streit der Meinungen und Polemik standen, heute aber durchaus anerkannt werden.

Die Geschichtsforschung ist sich heute einig, daß im Unterschied zur müntzerschen Interpretation der deutsche Bauernkrieg zunächst ein politisch-soziales Ereignis war. Seine Wurzeln reichten weit zurück, bis ins Mittelalter, wobei es geographisch immer wieder zu über ganz Europa verstreuten Aufstandswellen kam. Er hatte also Vorläufer und stellte keineswegs eine Einheit, sondern eine Fülle von unkoordinierten Aufständen in den verschiedensten Regionen des Reiches dar. Zu seinen Ursachen zählten: eine durch Mißernten und Preissteigerungen bedingte soziale Not – die aber keineswegs bei allen Aufständischen vorhanden sein mußte; ein Antiklerikalismus, der durch den Druck der Zehntabgaben bedingt war, den die Geistlichen auf die Bauern ausübten; Unsicherheiten wegen der Einführung des für sie undurchsichtigen römischen Rechtes anstelle des alten Gewohnheitsrechtes; die einengende Macht des Territorialfürstentums.

All das ergab kurz vor der Reformation ein Gemisch, das z. B. 1513 und 1517 zu Aufständen in Oberdeutschland unter den Bezeichnungen »Armer Konrad« und »Bundschuh« geführt hatte. 1524 kam es zu neuen Erhebungen und damit zum eigentlichen Bauernkrieg, an dem auch untere Schichten der Städte ebenso wie z. B. die Adeligen Florian Geyer und Götz von Berlichingen beteiligt waren. Schwerpunkte der Erhebung bildeten Südwestdeutschland mit dem Südschwarzwald und dem Oberrheingebiet, Elsaß, Oberschwaben, Württemberg, Franken, das Mittelrheingebiet und Thüringen. Aber auch in Österreich, dem Salzburger Gebiet, der Schweiz und Böhmen gab es Aufstände, die um 1526 niedergeschlagen waren, später aber immer wieder aufflackerten.

Trotz der eigentlich sozial-politischen Ursachen konnte es an mehreren Stellen zu einer Verquickung der Anliegen der Aufständischen mit reformatorischen Gedanken kommen, so daß von hier her dem Bauernkrieg seine reformationsgeschichtliche Bedeutung zufloß. Das betraf die Frage nach der »göttlichen Gerechtigkeit«, welche die Bauern für sich forderten, und den schon erwähnten Antiklerikalismus, der sich gegen die geistlichen Herrschaften und gegen den Zehnten wandte. Balthasar Hubmaier, ein Schüler des konservativen Johannes Eck und kurz vorher noch als Domprediger Antreiber für die Ausweisung der Juden aus Regensburg sowie Mitinitiator der dortigen Wallfahrt zur »Schönen Maria«, predigte 1524 beim Aufstand der Stühlinger Bauern im Südschwarzwald, der den Auftakt zum eigentlichen Bauernkrieg bildete; eine an der Schweizer Reformation ausgerichtete Theologie mit ihrer Kritik der Zehntabgabe und herrschaftlicher Willkür förderte diese Unruhen. Seit 1525 tauchte auf den Fahnen der Bauern auch das Losungswort der Lutheraner auf »Verbum Domini manet in aeternum« (Das Wort Gottes bleibt in Ewigkeit, Petr 1,25). Eine Reihe protestantischer Prediger nahm an den Erhebungen teil, deren Theologie allerdings sehr unterschiedlich war. In den einflußreichen »Zwölf Artikeln der Bauernschaft« vermischten sich schließlich deutlich reformatorische Gedanken mit Forderungen der Aufständischen. Der Text war wesentlich beeinflußt von dem Memminger Prediger Christoph Schappeler und wurde redigiert von dem Kürschner Sebastian Lotzer. Er begann mit den neutestamentlich-paulinisch klingenden Worten: »Dem christlichen Leser Friede und Gnade Gottes durch Christus«. Der Bezug zur Reformation wurde hergestellt, wenn es in den Artikeln hieß, sie seien aufgestellt, damit man das Evangelium leben könne. Sie forderten unter anderem freie Wahl des Pfarrers durch die Gemeinde, den sie auch unter gegebenen Umständen wieder absetzen dürfe, die Reduktion der Zehntzahlungen, aus denen auch der Pfarrer finanziert werden solle, die Abschaffung der Leibeigenschaft, Rechtssicherheit vor Übergriffen der Obrigkeit.

Die »Zwölf Artikel«, deren theologischer Gehalt und Bezug zur Reformation unübersehbar waren, führten dazu, daß Luther in zwei auf den ersten Blick widersprüchlichen Schriften von 1525 zu den Forderungen und Aktionen der Bauern Stellung nahm: »Ermahnung zum Frieden auf die zwölf Artikel der Bauernschaft in Schwaben« und »Wider die räuberischen und mörderischen Rotten der Bauern«. Die erstere war eher zwiespältig, weil sie Teile der Forderungen der Bauern anerkannte, sie allerdings in den Bereich des weltlichen, nicht des göttlichen Rechtes verwies und einen Aufstand ablehnte. Die freie Pfarrerwahl wollte er akzeptieren, Zehntverweigerung und Aufhebung der Leibeigenschaft nicht. Gegen die Obrigkeit erhob er heftige Vorwürfe wegen der Unterdrückung der Bauern. Das konnten die Bauern für ihre Sache in Anspruch nehmen, sahen sie sich doch in Teilen ihrer Anliegen bestätigt. Die zweite Schrift beinhaltete dagegen einen klaren Aufruf an die Fürsten, den Aufstand niederzuschlagen, nachdem Luther die Schrecken des Krieges in Thüringen erlebt hatte. Gegenüber Vorwürfen, erst habe er die Bauern verhetzt und dann den Fürsten ausgeliefert, rechtfertigte er sich im Juli 1525 mit dem »Sendbrief von dem harten Büchlein wider die Bauern«.

Die Position Luthers wird schlüssiger, wenn man bei den unterschiedlichen, fast widersprüchlich klingenden Ermahnungen neben den konkreten Erfahrungen des Kriegs und der Frontstellung gegen Müntzer seine Zwei-Reiche-Lehre[11] berücksichtigt. Seiner Meinung nach zerstörten die Bauern durch den Aufstand die Schöpfungsordnung, indem sie sich das »Schwert« anmaßten, welches nach Röm 13 nur der Obrigkeit zukomme, und den weltlichen Bereich durch die biblische Begründung ihrer Forderungen mit der Heilsordnung des Evangeliums vermischten. So sah er sich verpflichtet, gegen sie Stellung zu nehmen.

Ob die Aufständischen einer derart subtilen theologischen Argumentation folgen konnten, ist zu bezweifeln. In mehreren Schlachten wurden sie geschlagen und aufs härteste bestraft. 1526 war der Bauernkrieg endgültig vorüber, wenn es auch später wieder zu neuen Aufständen kommen sollte. Für die Reformation dürfte er einen Einschnitt bedeutet haben, indem die Verbindung von Gewalt, Krieg und Evangelium, die hier zweifelsohne gegen den Willen Luthers und vieler, aber keineswegs aller Theologen versucht wurde, ihre Werbekraft minderte. Zudem nutzten die Reformationsgegner publizistisch die Vorteile, die sie daraus ziehen konnten. Aber es wäre auch falsch, ab diesem Zeitpunkt nur noch von einer obrigkeitlichen Reformation zu sprechen, denn ab etwa 1528 setzte eine neue Welle von Stadtreformationen ein, die zeigt, daß die reformatorische Attraktivität nicht geschwunden war.

[11] Vgl. S. 45.

Literatur:

Ulrich Bubenheimer, Luthers Stellung zum Aufruhr in Wittenberg 1520–22 und die frühreformatorischen Wurzeln des landesherrlichen Kirchenregiments, in: Zeitschrift der Savigny-Stiftung für Rechtsgeschichte, kanonistische Abteilung 102 (1985) 147–214;

Ders., Andreas Rudolff Bodenstein von Karlstadt, in: Theologische Realenzyklopädie 17 (1988) 649–657;

Peter Blickle, Unruhen in der ständischen Gesellschaft 1300–1800 (= Enzyklopädie deutscher Geschichte 1), München 1988;

Siegfried Bräuer, Helmar Junghans (Hgg.), Der Theologe Thomas Müntzer. Untersuchungen zu seiner Entwicklung und Lehre, Göttingen 1989;

Horst Buszello, Peter Blickle, Rudolf Endres (Hgg.), Der deutsche Bauernkrieg (= Uni-Taschenbücher 1275), Paderborn u. a. ^{2}1991;

Hans-Jürgen Goertz, Thomas Müntzer. Mystiker – Apokalyptiker – Revolutionär, München 1989;

Bernhard Lohse, Thomas Müntzer in neuer Sicht, Hamburg 1991.

2.3.3 Fürsten, Städte, Bauern, Reich, Reformation und Bekenntnis

Aus dem Bauernkrieg waren die Fürsten als die eigentlichen Sieger hervorgegangen und hatten ihre Macht stärken können. Allerdings hatten sie auch die erschreckende Erfahrung gemacht, daß eine unkontrollierte reformatorische Bewegung in der Lage war, Unruhe zu schüren und Aufständen ideologische Grundlagen zu liefern. So drängte sich die Notwendigkeit auf, die Reformation in feste Kirchenstrukturen zu gießen, welche die Kontrolle der wichtigen Bereiche der Armenfürsorge, Sittenzucht, religiösen Bildung und der Schulen garantierten. Die Situation erwies sich für ein solches Vorhaben als günstig, denn von seiten des Reiches kam ihnen zugute, daß der Kaiser bis 1529 in Kriege gegen die Türken, Frankreich und den Papst verwickelt war, an den Reichstagen nicht teilnahm und das neu aktivierte Reichsregiment, eine Art Mitregierung der Stände, seinem Bruder Ferdinand und den Fürsten überließ. Damit konnten letztere, zusätzlich gestützt auf einen einseitig ausgelegten Reichstagsabschied von Speyer 1526, die Reformation selbst in die Hand nehmen und Institutionen schaffen, welche das

Überleben der reformatorischen Anliegen garantierten. Theologisch legitimierte die Lehre Luthers vom Landesherrn als »Notbischof«, der wegen des Versagens der eigentlichen Bischöfe handeln durfte, dieses Vorgehen, aus dem sich der bis 1918 praktizierte lutherische »Summepiskopat« (Kirchenregiment des Landesherrn) entwickelte.

Allerdings bedurfte diese »Fürstenreformation« zweier Voraussetzungen. Als erstes galt es, die reformatorische Theologie in Kirchenstrukturen umzusetzen und neue Organisationsformen zu schaffen, die die römisch-katholischen ablösten oder sie modifiziert übernahmen. Zweitens war es nötig, die Neuerungen umfassend durchzusetzen. Für die erste Aufgabe bedurfte es einer Reform des Gottesdienstes und der religiösen Riten, aber auch einer Neuordnung des Kirchengutes und der Verwaltung; für die zweite geeigneter Instrumentarien, um die gewollte Verwirklichung zu erreichen.

Martin Luther, der so lange das Prinzip vertreten hatte, auf die Schwachen sei Rücksicht zu nehmen, ließ sich nicht zuletzt auf Druck seines Landesfürsten Johann bewegen, für die Bewältigung dieser Aufgaben neue liturgische Bücher zu schaffen. 1525/26 entstand die Deutsche Messe, welche sich in vielen Teilen an der römisch-lateinischen Liturgie orientierte (»Deutsche Messe und Ordnung des Gottesdienstes«). Nach Luthers Auffassung sollte die lateinische Messe damit nicht abgeschafft, wohl aber für das Volk ergänzt werden. Ihre pädagogisch-erzieherische Tendenz, die auf das Verständnis der Liturgie ausgerichtet war, griff humanistische Anliegen auf und entsprach einer Theologie, die auf den Glaubensvollzug des einzelnen und der Gemeinde abzielte. Für den Gemeindegesang verfaßte Luther zahlreiche deutsche Kirchenlieder. Ein »Taufbüchlein« ersetzte 1526 die alte Taufliturgie, ein »Traubüchlein« regelte 1529 die evangelische Eheschließung, deren sakramentaler Charakter weggefallen war. Für die notwendige Intensivierung der religiösen Unterweisung schrieb Luther 1529 zwei Katechismen.

Als zweites war es notwendig, die durch die Auflösung von Klöstern und Stiften freigesetzten großen Vermögen neu zu ordnen und sinnvoll einzusetzen. Es entstand z. B. die Institution des »Gemeinen Kastens«, die verhindern sollte, daß Fürsten und Städte die Erträge sofort zu ihrem Nutzen einzogen. Davon sollten Pfarrer und Prediger sowie Kirchen und Schulen unterhalten werden; ein Wunsch, dem die Praxis keineswegs immer entsprach. Spätere Ordnungen integrierten die Vermögensverwaltung in die Gesamtorganisation der jeweiligen Landeskirche.

Als Instrument, all das von oben nach unten durchzusetzen, boten sich die Visitationen an. Dabei konnte der kursächsische Fürst durchaus auf die Ansätze der spätmittelalterlichen Praxis eines landesherrlichen Kirchenregiments zurückgreifen, als er 1526/27 eine gemischte Kommission von Theologen und weltlichen Räten als Visitatoren bestimmte. Als theologischer Grund für dieses Verfahren wurde angeführt, der Fürst handele in diesem Falle nicht als Obrigkeit, sondern in seiner Eigenschaft als Christ. 1528 erschien für die Visitation eine im wesentlichen von Philipp Melanchthon verfaßte grundlegende Schrift »Unterricht der Visitatoren an die Pfarrherrn«, in der er Lehre und Leben darlegte, die durch die Visitation vermittelt werden sollten. Von den Visitatoren vorgenommene Wissens- und Sozialkontrollen bei den Pfarrern ergaben hohe Defizite bis hin zur Unfähigkeit, das Glaubensbekenntnis oder das Vaterunser aufzusagen. Langfristig gelang es durch die Visitationen, denen auch Luthers Katechismen als Lehrgrundlage dienten, die reformatorische Lehre auf breiter Ebene durchzusetzen.

Der Aufbau der Kirchenorganisation wurde bis in die 50er Jahre des 16. Jahrhunderts fortgesetzt, und zwar nicht nur in Kursachsen, sondern auch im Ordensland Preußen, in Hessen, Südbrandenburg oder Schleswig-Holstein, um nur einige Beispiele zu nennen. Einer Verbesserung der Struktur diente es, über mehrere Pfarreien sog. Superintendenten als Aufsicht zu setzen. Als oberste kirchlich-staatliche Behörde bildeten sich die Konsistorien, denen wichtige kirchliche Aufgaben etwa im Bereich des Rechts und der Ehegerichtsbarkeit zukamen. Auf der Grundlage von Kirchenordnungen (beispielhaft etwa die Nürnbergisch-brandenburgische von 1533), die systematisch alle Einzelelemente zusammenfaßten und z. B. bei Johannes Bugenhagen humanistisch-pädagogische Anliegen im hohen Maße integrierten, entstanden so die festen Gebilde der Landeskirchen.

Es war in der Geschichtsschreibung schon lange bekannt, daß neben der »Fürstenreformation« und ihrer großen Bedeutung innerhalb der Konfessionsbildung die Städte eine wichtige Rolle spielten. Vor allem die freien Reichsstädte, aber auch zahlreiche landsässige Städte führten ab den 20er Jahren die Reformation ein und gaben sich eigene Kirchenordnungen. Diese Tatsache führte dazu, in der Geschichtswissenschaft der letzten Jahrzehnte vor allem unter dem Einfluß der Anregungen von Bernd Moeller die Frage zu stellen, auf welche Weise die Stadtreformationen zustande kamen. Wer rezipierte dort die reformatorischen Lehren? Gab es politische oder kirchliche Strukturen in den Städten, denen die Theologie der Reformatoren besonders entgegenkam? Die Antworten auf diese Fragen sind bisher sehr unterschiedlich ausgefallen und unterscheiden sich je nach Situation der einzelnen Städte. Trotzdem lassen sich einige Beobachtungen nennen, um die Stadtreformation einsichtiger machen zu können.
Einmal spielte die höhere Bildung der Bürger mit einem Interesse an religiösen Fragen eine Rolle, was der reformatorischen Predigt entgegenkommen konnte. Positiv für die Einführung der Reformation wirkte sich jetzt auch aus, daß viele Städte die kirchliche Stellenbesetzung in der Hand hatten und damit in der Lage waren, die Predigtkanzeln an entsprechende Prediger zu vergeben. Eine weitere Möglichkeit besteht darin, daß die Stadt im Konfliktfall, d.h. bei unterschiedlichen Meinungen innerhalb ihrer Bürgerschaft in der Religionsfrage, auf eine einheitliche Lösung drängte, was dann für sie hieß: Einführung der Reformation, weil sie in diesem Falle das Kirchenwesen selbst in der Hand hatte und nicht von außen durch kirchliche Instanzen wie den Bischof gestört wurde. Das letztgenannte Modell (es geht von der Stadt als einem »Corpus Christianum im kleinen« aus) ist allerdings nicht unumstritten, da geltend gemacht werden kann, daß es zu wenig die verschiedenartigen Schichten innerhalb der Städte berücksichtigt, die bei unterschiedlicher Beteiligung an der Macht oft zerstritten waren, so daß von einem einheitlichen städtischen Handeln nicht zu sprechen ist. Ein alle überzeugendes Modell der Stadtreformation steht also noch aus, aber insgesamt hat diese Perspektive wertvolle Ergebnisse für die Abläufe der Reformation in zahlreichen Städten ge-

bracht und sich als anregende Größe der Geschichtsforschung erwiesen.
Neben dem Blick auf die Bedeutung der Städte wird neuerdings die Anziehungskraft der Reformation auf den »gemeinen Mann« herausgearbeitet, also auf denjenigen, der nicht an der Machtausübung beteiligt war. Dieser habe eine »Gemeindereformation« auf der Grundlage der Bibel und des göttlichen Rechts gefordert, die zu Änderungen in Ethik, Kirchenorganisation (Pfarrer als integraler Bestandteil der Gesamtgemeinde) und Politik führen sollte. Eine schon vorher bestandene »Kommunalisierung« des politischen Lebens auf dem Land, d. h. ein höherer Grad an Lösung aus feudalen Abhängigkeitsverhältnissen und damit eine wachsende Selbständigkeit der dörflichen Gemeinden (Gerichts-, Straf- und Satzungsrechte), habe sich mit der Reformation verbinden können und erkläre die Nähe zu den reformatorischen Ideen. Das bedeute konkret, die Bauern hätten z. B. mit den Forderungen nach freier Pfarrerwahl oder der Predigt des reinen Evangeliums versucht, das kirchliche Leben ganz in die Gemeinde zu integrieren und nicht mehr durch Bestimmungen von außen steuern zu lassen. Damit wäre die bäuerliche Reformation in ihren Intentionen und Strukturen mehr als es bisher üblich war, an die städtische herangerückt. Es muß sich in Zukunft zeigen, ob diese besonders von Peter Blickle vertretene These allgemein Resonanz findet.
Wie stand zu all diesen Entwicklungen innerhalb der Reichsstände der Kaiser als überzeugter Katholik und traditioneller »Anwalt der Kirche«, der 1521 auf dem Wormser Reichstag ein eigenes Bekenntnis zum alten Glauben formuliert und die Reichsacht über Luther unterzeichnet hatte? Die Reichstage hatten sich immer wieder mit der Religionsfrage beschäftigt. 1529 war es in Speyer sogar zu einem Protest der evangelischen Stände gegen einen von den Katholiken durchgesetzten, ihnen ungünstigen Mehrheitsbeschluß gekommen, der ihnen den Namen »Protestanten« einbrachte. Aber während all dieser Jahre war Karl V. abwesend, gebunden durch die spanische Politik und ihre Kriege, und überließ seinem Bruder Ferdinand die Geschäfte. Erst 1530 war der Zeitpunkt gekommen, daß der Kaiser wieder selbst einen Reichstag nach Augsburg einberief und fest entschlossen war, die Religions-

frage mit Hilfe von Verhandlungen zu lösen und die Einheit herzustellen. Dieser Weg legte sich umso mehr nahe, als keine Hoffnung bestand, daß Papst Clemens VII. ein Konzil einberufen und auf diese Weise das Problem bereinigt werde.
Der Reichstag verlief völlig anders, als es Karl V. wünschte. Trotz komplizierter Verhandlungen und intensiver Beratungen über theologische Entwürfe konnte der Kaiser in Augsburg das gewünschte Ziel nicht erreichen. Stattdessen kam es dazu, daß die protestantischen Religionsparteien ihre theologischen Positionen in Bekenntnissen zusammenfaßten. Die oberdeutschen Städte Straßburg, Lindau, Memmingen und Konstanz, von der inzwischen weit fortgeschrittenen Schweizer Reformation beeinflußt, legten die sog. »Confessio Tetrapolitana« (Vier-Städte-Bekenntnis) vor. Der Schweizer Reformator Zwingli schickte aus Zürich eine Privatarbeit, die »Fidei Ratio« (Rechenschaft des Glaubens). Unter wesentlicher Mitarbeit von Philipp Melanchthon entstand als wichtigste Schrift die »Confessio Augustana« (CA, Augsburger Bekenntnis), die sich in Zukunft als eines der zentralen Bekenntnisse des Luthertums erweisen sollte. Sie war ein kursächsisches Bekenntnis, dem sich andere evangelische Stände anschlossen, etwa Philipp von Hessen, Markgraf Georg von Brandenburg-Ansbach sowie die Reichsstädte Reutlingen und Nürnberg. Die 28 Artikel umfassende CA vermied harte Töne und Polemik, sparte sogar strittige Themen wie die Frage nach der Stellung des Papsttums und der Konzilien aus, und suchte so, eine Rechtfertigung des evangelischen Glaubens zu geben und den Prozeß der Einigung voranzubringen. Die katholische Partei legte eine »Widerlegung« (Confutatio) vor, die sich der Kaiser zu eigen machte. Sie setzte sich Punkt für Punkt mit der CA auseinander und akzeptierte wichtige Teile von ihr, lehnte aber auch vieles ab. Weitere Verhandlungen in Ausschüssen scheiterten, obwohl der Kompromiß zeitweilig greifbar nahe schien. Im Gegenteil: die Fronten verhärteten sich, so daß Melanchthon eine Apologie (Verteidigung) der CA verfaßte, um nochmals zu beweisen, daß sie biblisch begründet sei. Aber Karl V. weigerte sich, die Apologie überhaupt anzunehmen. Der Reichstagsabschied, bei dem die protestantischen Stände schon nicht mehr in Augsburg anwesend waren, fiel entsprechend

hart aus. Er brachte das Wormser Edikt wieder ins Spiel, was eine Drohung gegenüber den Protestanten bedeutete, forderte von ihnen eine neue Stellungnahme zu den strittigen theologischen Punkten, und rief zu einem baldigen Konzil auf.
So trug der Augsburger Reichstag entgegen seinen ursprünglichen Intentionen dazu bei, den Prozeß der Konfessionalisierung kräftig voranzutreiben. Die CA blieb eines der zentralen lutherischen Bekenntnisse, auch wenn sie später vor allem in der Abendmahlslehre nochmals geändert wurde (Fassung der CA Variata). Ihre Augsburger Fassung ging schließlich in die Konkordienformel von 1577, dem großen Einigungsdokument des Luthertums, ein. Zudem erwies sich das Bekenntnis als Mittel, in Zukunft bei konfessionellen Bündnisbildungen die Partnerschaft an ihm zu messen und so der Reformation in ihrer inneren Ausformung klarere Konturen zu geben.

Literatur:

Peter Blickle, Gemeindereformation. Die Menschen des 16. Jahrhunderts auf dem Weg zum Heil, München 1985;
Peter Blickle, Johannes Kunisch (Hgg.), Kommunalisierung und Christianisierung. Voraussetzungen und Folgen der Reformation 1400–1600, Berlin 1989;
Franziska Conrad, Reformation in der bäuerlichen Gesellschaft. Zur Rezeption reformatorischer Theologie im Elsaß, Stuttgart 1984;
Erwin Iserloh (Hg.), Confessio Augustana und Confutatio. Der Augsburger Reichstag 1530 und die Einheit der Kirche, Münster 1980;
Bernd Moeller, Reichsstadt und Reformation. Bearbeitete Neuauflage, Berlin 1987;
Heinrich Richard Schmidt, Reichsstädte, Reich und Reformation. Korporative Religionspolitik 1521–1529/30, Stuttgart 1986;
Ernst Walter Zeeden, Hansgeorg Molitor (Hgg.), Die Visitation im Dienst der kirchlichen Reform, Münster ²1977.

2.4 Vom Augsburger Bekenntnis 1530 zum Augsburger Religionsfrieden 1555

Der Augsburger Reichstag und das Bekenntnis von 1530 hatten die Situation im Reich nicht entschärft; im Gegenteil, der Reichstagsabschied klang für die Protestanten wenig hoffnungsweckend, wenn er ihnen auch eine Bedenkfrist wegen der strittigen Glaubensartikel eingeräumt hatte und der Kaiser ihre Hilfe gegen die Türken brauchte. Als Stärkung und Gegenwehr bot sich ihnen in dieser Situation die Bündnisbildung an; eine Politik, die schon in der zweiten Hälfte der 20er Jahre begonnen hatte, aber jetzt neue Dimensionen annahm und die Reichspolitik zwei Jahrzehnte mitbestimmte. Unter der Führung Hessens und Kursachsens kam 1531 der Schmalkaldische Bund zustande. Er war theologisch am Luthertum orientiert, aber nicht so streng konfessionell gebunden, daß er nicht auch Kontakte mit Frankreich oder dem antihabsburgisch gestimmten Bayern aufgenommen hätte. Dem defensiv konzipierten Bund traten nach dem Tode Zwinglis 1531 oberdeutsche Städte wie Straßburg bei, das 1530 noch ein eigenes Bekenntnis vorgelegt hatte. Trotzdem waren die theologischen Fragen nicht überflüssig geworden, denn um die Integrationsfähigkeit zu erweitern, führten 1536 Verhandlungen unter Beteiligung von Melanchthon und Bucer zur »Wittenberger Konkordie« zwischen den oberdeutschen Städten und den Lutheranern. Wieder einmal erwies sich die Abendmahlslehre als zentraler Streitpunkt, für welche die Verhandlungspartner einen Kompromiß fanden.

War so der Schmalkaldische Bund und damit die protestantische Partei gestärkt, obwohl die Schweizer Reformierten der Konkordie trotz der Anstrengungen Bucers nicht beitraten, so bedeutete das keineswegs eine Lösung der Religionsfrage, sondern erschwerte sie durch die Blockbildung noch mehr. Das von Kaiser und Ständen immer wieder angemahnte Konzil als Mittel der dogmatischen Diskussion und eventueller Verständigung rückte zwar mit dem neuen Papst Paul III. (1534–1549) in greifbare Nähe, konnte dennoch erst 1545 eröffnet werden, aber ohne Teilnahme der Protestanten. In dieser Zeit der Bündnisse und Verhandlungen entschloß sich Karl V., unterstützt von einer auf Ausgleich drängenden »Mittelpartei« (Kurpfalz, Kurbrandenburg, Jülich-Kleve-Berg), zu dem Versuch, mit Religionsgesprächen im Reich zwischen den Religionsparteien eine Einigung herbeizuführen. Sie erhielten ihren besonderen Charakter dadurch, daß sie zwischen vermittlungsbereiten Theologen wie Philipp Melanchthon oder Martin Bucer auf protestantischer, Johannes Gropper, Julius Pflug oder Georg Witzel auf katholischer Seite unter Beteiligung weltlicher Räte geführt wurden. Das beinhaltete allerdings nicht, daß sich die Gespräche einlinig auf eine Einigung zubewegt hätten, denn auch ein Johannes Eck als Vertreter der wenig kompromißbereiten bayerischen Religionspolitik war an ihnen beteiligt. Ihre eigentliche theologisch-kirchliche Problematik lag aber darin, daß die Akzeptanz der Ergebnisse sowohl in Wittenberg bei Luther als auch in Rom fragwürdig blieb.

Nach einem Vorspiel in Leipzig 1539 (Verhandlungspartner: Bucer, Melanchthon, Witzel und weltliche Räte), das als Ausgangsbasis nicht die CA genommen hatte und dem vielleicht die Funktion einer »Bewußtseinsbildung« zukam, verhandelten die Parteien 1540–1541 nacheinander in Hagenau, Worms und Regensburg; die CA, in späteren Gesprächen Grundlage, stand jetzt mehr im Vordergrund. Als Folge von geheimen Gesprächen zwischen Gropper und Bucer in Worms entstand eine Art Durchbruch mit dem Vergleichsentwurf des »Regensburger Buches«, das 1541 auch unter Mitwirkung des päpstlichen Legaten Gasparo Contarini die Einigung am weitesten vorantrieb. Dennoch scheiterten sie schließlich an Fragen um die Messe, Beichte und Kirchenlehre.

Nachdem die Religionsgespräche nicht den gewünschten Erfolg gebracht hatten, änderte sich die kaiserliche Politik und faßte neue Möglichkeiten ins Auge. Wie immer im Ringen um Konfession und Reich verbanden sich die verschiedensten Aspekte unentwirrbar miteinander. Als Weg, die Protestanten zur Kircheneinheit zurückzuführen, bot sich das Konzil als große Kirchenversammlung, als weniger friedliches Mittel aber ein Religionskrieg an. Nachdem ersteres sich ständig verzögerte und zudem von den Protestanten als »päpstlich« abgelehnt wurde, entschied sich Karl V. für letzteren. Nach einer Reihe politischer Schachzüge zur Schwächung des Schmalkaldischen Bundes (1543 Erwerb des Herzogtums Geldern;

Friede mit Frankreich 1544; Neutralisierung Philipps von Hessen und Einwirken durch diesen auf den Schmalkaldischen Bund im Sinne Karls V.; Gewinnung des Herzogs Moritz von Sachsen) führte der Kaiser 1546–1547 den »Schmalkaldischen Krieg« gegen das protestantische Bündnis, nur mühsam kaschiert als Exekution gegen Reichsrebellen. Nach seinem Sieg 1547 in der entscheidenden Schlacht bei Mühlberg gegen den sächsischen Kurfürsten Johann Friedrich suchte der Kaiser auf dem »Geharnischten Reichstag« in Augsburg 1548 die Religionsfrage erneut zu lösen, und zwar diesesmal mit Hilfe des »Interim« als »Der Römisch Kaiserlichen Majestät Erklärung, wie es der Religion halber im Heiligen Reich bis zum Austrag des allgemeinen Concilii gehalten werden soll«. Das Interim sollte die protestantischen Stände zur katholischen Einheit bzw. zum Stillstand und zur Zurücknahme jeglicher Reformation bis zu ihrer Teilnahme an dem umstrittenen Konzil zwingen. Das bedeutete konkret: sie hatten mit der Formel des »Interim« eine dogmatisch weithin katholische Lehre zu akzeptieren, wobei Priesterehe und Laienkelch konzidiert wurden, und durften keinerlei weitere Veränderungen einführen. Den katholischen Ständen legte der Kaiser eine Reformformel vor, die 1548/49 eine Reihe von Synoden bewirkte. Nicht nur wegen politischer Taktiken der protestantischen Fürsten gegen diesen Plan erwies sich das Interim letztlich als undurchführbar. Es zeigte sich, daß in der Zwischenzeit die Bekenntnistreue der Protestanten viel zu tief verwurzelt war, um auf diese Weise die Überzeugungen verändern zu können. Zwar konnte in süddeutschen Reichsstädten das Interim durchgesetzt werden, was z. B. zur Flucht Bucers aus Straßburg nach England führte, aber trotz teilweiser Modifizierung wie im »Leipziger Interim« scheiterte das Unternehmen und führte zur Auswanderung oder Einkerkerung zahlreicher evangelischer Prediger.

Eine autoritäre Lösung hatte also versagt. Zwar konnte Karl noch den Erfolg verbuchen, daß 1551/1552 die Protestanten das Trienter Konzil besuchten, aber zu ernsthaften Verhandlungen kam es dort nicht. Der protestantische »Fürstenaufstand« gegen ihn erzwang schließlich in demselben Jahr den Abschluß des »Passauer Vertrages«, der eine erste reichsrechtliche Lösung der Religionsfrage im Sinne der Anerkennung des Luthertums einleitete.

Die Entwicklung mündete in den Augsburger Religionsfrieden vom 25. September 1555 ein und schloß das 25jährige Ringen seit 1530 ab. Ein Traum wurde jetzt zu Grabe getragen: der von der religiösen Einheit des Reiches. Karl V., der seinem Bruder und Nachfolger Ferdinand (seit 1556) die Leitung des Reichstages überlassen hatte, protestierte dagegen, womit er seinem Gewissen Genüge tat. Juristen, nicht Theologen waren gefragt. Der Friede – besser Kompromiß genannt – gewährte den Anhängern des Augsburger Bekenntnisses unter den Reichsständen die Freiheit der Religionsausübung ohne Nachteile. Er duldete keine anderen Bekenntnisse, weder Calvinisten oder Schweizer Reformierte, noch viel weniger die ungeliebten Täufer. Das säkularisierte Kirchengut blieb bei dem Stand von 1552 im jeweiligen Besitz. Die evangelischen Stände waren von der bischöflichen oder päpstlichen Rechtsgewalt frei. Gemäß dem später geprägten Satz »Cuius regio, eius religio« hatten die Untertanen der Konfession des Landesherrn zu folgen oder konnten auswandern. Eine Ausnahme bildeten die Reichsstädte, in denen konfessionelle Minderheiten bleiben durften. Der sog. »geistliche Vorbehalt« bestimmte, daß beim Konfessionswechsel eines geistlichen Fürsten (Bischof u.a.) das Territorium den Wechsel nicht mitvollzog, sondern ein neuer Bischof zu wählen sei; eine Klausel, der die Realität allerdings keineswegs immer entsprach.
Obwohl die konfessionspolitische Lage nach dem Augsburger Religionsfrieden, der viele Fragen offengelassen hatte und eigentlich nur eine vorläufige Lösung bieten wollte, labil blieb: bis zum Ende des alten Reiches 1802 bot er doch die Grundlage für ein Nebeneinander der Konfessionen im Reich. Diese Grundlage hat der Westfälische Friede 1648 modifiziert, aber nicht aufgehoben.

Literatur:

Martin Heckel, Deutschland im konfessionellen Zeitalter (= Deutsche Geschichte 5), Göttingen 1983, 33–66;

Marion Hollerbach, Das Religionsgespräch als Mittel der konfessionellen und politischen Auseinandersetzung im Deutschland des 16. Jahrhunderts, Frankfurt-Bern 1982;

Albrecht Pius Luttenberger, Glaubenseinheit und Reichsfriede, Göttingen 1982;
Gerhard Müller (Hg.), Die Religionsgespräche der Reformationszeit, Gütersloh 1980.

2.5 *Kontroverstheologen, Reformen, Konzil: die katholische Kirche*

Die altgläubigen Kontroversen mit Luther und bald auch anderen Reformatoren in den ersten Jahrzehnten nach dem Ablaßstreit bieten ein diffuses, schwer zu strukturierendes Bild. Festzuhalten ist, daß die Reformation innerhalb der katholischen Kirche aufbrach und bis zu einem gewissen Grade längere Zeit Bestandteil von ihr war, bis sie sich als eigenständige Kirchen abgrenzte. Das hieß, man bediente sich zunächst der traditionellen und bewährten Mittel zur Bekämpfung von Abweichlern innerhalb der Christenheit, die seit dem spätantiken Kaiserrecht entwickelt worden waren: die Exkommunikation und Reichsacht; Mandate geistlicher und weltlicher Obrigkeiten gegen die Reformatoren und ihre Anhänger; das inquisitorische Nachspüren, wie es vor allem in den spanischen Niederlanden geschah; Verdammungsurteile der Theologischen Fakultäten, z. B. Kölns und Löwens; als Bestrafung die Gefangennahme, Vertreibung und im schlimmsten Falle die Todesstrafe, von der die Täufer am härtesten betroffen waren. Rechtlich-gewaltsames Vorgehen gab es bei allen Beteiligten, denn auch da, wo die Reformation eingeführt wurde, war Toleranz gegenüber Andersdenkenden die Ausnahme. Märtyrer der Reformation schufen ihrerseits ein nicht zu unterschätzendes Identitätsbewußtsein bei ihren Anhängern, die in Schriften und Liedern das harte Schicksal dieser Glaubenstreuen rühmten und so den eigenen Widerstand verstärkten. Das wiederum fügte sich in die »Reformation als Kommunikationsereignis« ein, wovon schon die Rede war [12].

Zu diesem Komplex »Kommunikation« gehörte auch, daß sich seit der Leipziger Disputation, um die eine »Kettenproduktion« von

[12] S. 47–49.

Schriften und Gegenschriften entstand, im steigenden Maße eine antireformatorische Gegenpresse formierte, die sich in Flugschriften, Flugblättern, Lied- und Bildpropaganda derselben Mittel wie die Reformatoren bediente. An dieser Publizistik waren die sog. Kontroverstheologen wesentlich beteiligt, die sich in zahllosen Schriften mit der reformatorischen Theologie, ihrer Lehre und ihrer Praxis auseinandersetzten. Über die Verbreitung ihrer Publikationen wurde schon gesprochen[13]. Die thematische Systematisierung bei ihnen ist schwierig, denn ein Großteil der Schriften, die sie verfaßten, waren Reaktion, nicht Aktion; d.h. ihre Gegner bestimmten das Gesetz des Handelns. So stand 1519 infolge der Leipziger Disputation die Kirchenlehre im Vordergrund; aber auch der Vorwurf, Luther sei ein verborgener Hussit, gehöre also zu dieser seit dem 15. Jahrhundert von der katholischen Kirche abgespaltenen Gruppe von Christen in Böhmen, wurde lange und heftig diskutiert. Bald kamen andere Themen hinzu: die Lehre von den Sakramenten, besonders der Eucharistie, der Beichte und Ehe. Hieronymus Emser in Dresden setzte sich 1521 mit Luthers Ablehnung der nichtbiblischen Traditionen auseinander. Auf dessen Neues Testament reagierte er mit einer heftigen Kritik, die im Zusammenhang mit der Abwehrreaktion des sächsischen Herzogs Georg, dem Landesherrn Emsers, gegen die Übersetzung zu sehen ist. Infolge des Bewußtseinsprozesses, den die Reformation auslöste, versuchte Emser dennoch, in den nächsten Jahren seine Argumente nur aus der Schrift, nicht der Tradition zu nehmen, und gab 1527 Luthers Neues Testament selbst heraus; allerdings mit einigen Korrekturen und vor allem antilutherischen Anmerkungen. Johannes Eck, Theologieprofessor in Ingolstadt, verteidigte zu Beginn der 20er Jahre in einer großen Schrift den Primat des römischen Papstes. Eck, der rund zwei Jahrzehnte nicht nur der führende Theologe der Ingolstädter Theologischen Fakultät war und die bayerische Kirchenpolitik mitprägte, sondern in diesem Zeitraum auch unter den Kontroverstheologen als Schriftsteller und Teilnehmer an den Religionsgesprächen eine bedeutende Stellung einnahm, verfaßte 1525 eine Art Kompendium der strittigen

[13] Siehe S. 47f.

Punkte als »Enchiridion locorum communium adversus Lutherum« (Handbüchlein allgemeiner Stellen und Artikel gegen Luther), das mehrfach überarbeitet und auch ins Deutsche übersetzt eine Vielzahl von Auflagen erlebte und zahlreichen anderen Kontroversschriften als Vorbild diente. Der vielseitige Franziskaner Thomas Murner in Straßburg brachte neben seinen theologischen Streitschriften gegen die Reformatoren 1522 mit »Von dem großen lutherischen Narren« auch die literarische Gattung der Satire in den Streit ein, um wirksam der Reformation zu begegnen.

Natürlich griff dieser Streit von Anfang an über den deutschen Raum hinaus, waren doch schon mit der Ablaßfrage mehr als nur nationale Interessen berührt. In Rom prüfte seit 1517 der päpstliche Theologe Silvester Prierias Luthers Thesen und verfaßte gegen ihn mehrere Schriften. Kardinal Cajetan, der Gesprächspartner Luthers in Augsburg, nahm in diesem Zusammenhang zu kontroversen Fragen wie die über die päpstliche Gewalt Stellung. König Heinrich VIII. von England ließ 1521 eine Schrift erscheinen, von der noch die Rede sein wird[14]. In Frankreich schrieb neben anderen Kontroverstheologen Jodocus Clichtoveus auf hohem Niveau gegen Luther. Die zwinglische Reformation in der Schweiz erforderte neue Argumente und Widerlegungen, die vor allem von süddeutschen Theologen geliefert wurden. Durch das Täufertum erhielt die Kontroverstheologie eine andere Qualität, weil jetzt Altgläubige und Reformatoren genötigt waren, die Kindertaufe zu verteidigen. Der Calvinismus schließlich zwang zu Antworten und ließ vor allem in Frankreich eine intensive, intellektuell hochstehende Kontroversliteratur entstehen, die weit in das 17. Jahrhundert hineinreichte. Auch hier gab es publizierende Frauen, in Augsburg etwa Katharina und Veronika Rem. In Nürnberg bot Caritas Pirckheimer als Äbtissin des Klaraklosters ein Beispiel des Widerstandes gegen die Reformation ihres Klosters, den sie in ihren »Denkwürdigkeiten« literarisch festhielt.

Die anfänglich Luther zugeneigten Humanisten begannen schon zu Beginn der 20er Jahre, sich zu spalten. Während Größen wie Philipp Melanchthon Anhänger der Reformation blieben, wenn

[14] Siehe S. 96.

auch mit eigenem Profil, so wechselten andere in das Lager der altgläubigen Kontroverstheologen. Unter den humanistischen Gegnern Luthers war der später von allen Konfessionen mißtrauisch beobachtete Erasmus von Rotterdam seit 1524 der intellektuell bedeutendste. Im Unterschied zu vielen anderen Kontroverstheologen gelang es ihm, im Streit mit Luther um den freien Willen ein zentrales theologisches Thema aufzugreifen und die Anthropologie zusammen mit der Ethik in den Mittelpunkt der Diskussion zu stellen (»De libero arbitrio« 1524; die Antwort Luthers 1525 »De servo arbitrio«; dagegen Erasmus »Hyperaspistes« 1526–1527). Sein Spätwerk »De sarcienda ecclesiae concordia« (Von der Einigkeit der Kirche) von 1533 plädierte für die Kircheneinheit und bot Lösungsmöglichkeiten an, die Luther zum Anlaß nahm, wegen der seiner Meinung nach skeptizistischen Haltung des Erasmus in dogmatischen Fragen heftig Stellung zur Theologie des großen Humanisten zu beziehen. Ebensowenig Liebe fand der große Humanist bei solchen, die in der katholischen Kirche jede Toleranz und dogmatische Weite mißtrauisch beobachteten.

Den kontroverstheologischen Gegnern der Reformation war klar, daß die kirchlichen Mißstände eine Mitursache für den reformatorischen Erfolg waren, der von Jahr zu Jahr zunahm. Als Johannes Eck 1523 Reformgutachten für die römische Kurie erstellte, schrieb er darin, daß die Mißbräuche der Brennstoff seien, aus dem die Kirchenkritik ihr Feuer beziehe. Da auch die Kirchenpolitik der Fürstenhöfe etwa in Bayern, Jülich-Kleve-Berg oder im herzoglichen Sachsen, mit der ein Teil der Kontroversisten eng verbunden war, auf Reformen drängte, verwob sich das Thema »Reform« immer mehr mit der eigentlichen theologischen Kontroverse. Das verstärkte sich nochmals, als die Bildung der protestantischen Landeskirchen mit ihrer neuen Lehre und religiösen Praxis nach 1525 einsetzte und dazu zwang, neben der Polemik und Abgrenzung Schriften zu verfassen, die in positiv-reformerischer Weise Lehre und Leben der Katholiken zu beeinflussen suchten sowie den attraktiven protestantischen Bibelübersetzungen altgläubige Varianten entgegenstellten. Theologen wie Johannes Eck, Georg Witzel, Friedrich Nausea, Johannes Dietenberger und andere ergänzten durch Katechismen, Predigtdrucke, Erklärungen der Liturgie oder Reformordnungen ab den 30er Jahren die Polemik. Johannes Eck brachte 1537 auf Wunsch der bayerischen Herzöge eine eigene Bibelübersetzung heraus, und Michael Vehe, Stiftspropst in Halle, ließ 1537 ein katholisches Gesangbuch erscheinen.

Zwar handelte es sich auch hier zu einem guten Teil um Reaktion auf die vorausgehende protestantische Literatur und Reformation, aber ebenso um eine Fortführung der spätmittelalterlichen Frömmigkeitstheologie und Reformen. Die pädagogische Ader des Humanismus führte außerdem Kontroverstheologen wie Georg Witzel dazu, immer deutlicher darauf hinzuweisen, daß zur Kirchenreform auch die Belehrung von Klerus und Laien gehöre, damit sie z. B. die Liturgie verstehen und nachvollziehen könnten. Witzel hat in mehreren Reformgutachten diesen Gedanken Ausdruck gegeben. Er, der Niederländer Georg Cassander, der Naumburger Bischof Julius Pflug und andere gehörten zu einer Gruppe von »Vermittlungstheologen« mit Nähe zum Bibelhumanismus des Erasmus von Rotterdam, die ab den 30er Jahren die Vision der Kircheneinheit vorantrieben, wobei der erasmischen Schrift »De sarcienda ecclesiae concordia« eine Art Leitfunktion zukam. Dabei agierte diese Gruppe nicht unpolitisch, sondern es war die Politik des Kaisers und der kompromißbereiten »Mittelpartei« im Reich, an der sie sich orientierte, und die über Jahrzehnte hin den Wunsch nach einer konfessionellen Einheit nicht aufgab.

Als endlich nach vielen Irrwegen, Widerständen und politischen Ereignissen 1545 das Konzil von Trient zustandekam und in drei Perioden bis 1563 tagte, hat es den Wunsch nach der Kircheneinheit nicht erfüllen können, wohl aber alte Reformgedanken aufgegriffen und die katholische Lehre formuliert. Ohne die komplizierte Konzilsgeschichte zu berücksichtigen, sei hier nur auf einige der Dekrete hingewiesen, die Trient verabschiedete. Obwohl Luther in den Dekreten nicht genannt ist, waren sie eine Auseinandersetzung mit seiner, seit den 50er Jahren auch mit Calvins Theologie. Zunächst war als Grundproblem zu klären, wie das Schriftprinzip und die Auslegung der Bibel zu behandeln seien, die sich als äußerst kirchenkritisch und damit gefährlich erwiesen hatten. Das Konzil reduzierte die Bücher des Alten Testamentes nicht auf die in hebräischer Sprache, sondern bezog die griechischsprachigen mit ein. Gegen das Sola-Scriptura-Prinzip deklarierte es Schrift und Apostolische Tradition als Glaubensquellen, wobei eine nähere Kennzeichnung letztlich offen blieb. Die Fragen des Menschenbildes, welche sich durch die Zuspitzung der reformatorischen Theologie auf die Soteriologie und damit die theologische Anthropologie gestellt hatten, kamen in den Dekreten über die Erbsünde und die Rechtfertigung zur Sprache. Nach Trient wird die Erbsünde durch die Taufe ganz getilgt und die Konkupiszenz nicht als bleibende Sünde, sondern als Neigung zum Sündigen angesehen. Das Rechtfertigungsdekret bemühte sich um eine ausgewogene Lehre, um dem Vorwurf der »Werkgerechtigkeit« zu entgehen, den die Reformatoren immer wieder gegen die katholische Kirche erhoben. Wirken Gottes und Mitwirken des Menschen waren in ein Verhältnis zu bringen, das Gottes Macht und Gnade nicht schmälerte, die Mitwirkung des Menschen aber auch nicht völlig ausschloß. Schon im Streit des Erasmus mit Luther um den freien Willen war diese »Quadratur des Kreises« nicht gelungen, so daß auch von Trient ebenso wenig wie von den Reformatoren eine perfekte Lösung zu erwarten war. Das Konzil betonte, daß sich der Mensch beim Beginn der Rechtfertigung der Gnade nicht verschließen dürfte, im übrigen diese aber wirke. Die Rechtfertigung spreche nicht nur gerecht, sondern heilige den Menschen. Gute Werke seien die Frucht der Rechtfertigung und notwendig. Durch sie wachse der Mensch in der Heiligung. Im Bußsakrament werde die verlorene Rechtfertigungsgnade zurückgewonnen, wobei eine Heilsgewißheit, die bei Luther eine große Rolle spielte, nicht notwendig sei. Insgesamt suchte das Dekret in erstaunlich offener Weise dem Anliegen gerecht zu werden, das Wirken der Gnade zu betonen und die Mitwirkung des Menschen so weit wie möglich zurückzudrängen, ohne eine optimistische Anthropologie ganz aufzugeben. Das war eine Weichenstellung, die für eine noch theologisch-heilsgeschichtlich denkende Welt große Bedeutung hatte und zum Beispiel in der Pädagogik des Katholizismus eine wichtige Rolle spielen konnte. In Wahrheit aber brachte auch dieses Dekret nicht die überzeugende Lösung für alle Denkspiele über das Zusammenwirken zwischen Mensch und Gnade, die innerhalb der katholischen Kirche möglich waren, denn kurz nach Trient sollte der Streit erneut ausbrechen und im Jansenismus größte Wirkung entfalten. Weitere Dekrete, die das Konzil beschloß, betrafen die Sakramente, an deren Siebenzahl festgehalten wurde. Das Konzil schrieb im einzelnen ihre Praxis fest. Bei der umstrittenen Lehre vom Opfercharakter der Messe sprach es von der Vergegenwärtigung des Kreuzesopfers, womit die Einmaligkeit dieses Opfers nicht geschmälert werden sollte. Die Lehre vom Fegfeuer blieb bestehen; ebenso die Heiligen- und Bilderverehrung und die Ablässe. Den Ablaß gegen Geldzahlung verbot das Konzil. Reformdekrete wie die Forderung nach der Einrichtung von Seminarien für die Priesterausbildung ergänzten die Dogmatik. Rechts- und sozialgeschichtlich bedeutsam war als Bestimmung gegen die geheimen Ehen, daß die Eheschließung nur noch öffentlich vor dem Pfarrer oder Diakon unter Zuziehung von zwei Zeugen vollzogen werden durfte. Das erlaubte in Zukunft eine stärkere Kontrolle, wobei die Betonung, daß der Ehewille entscheidend sei, zumindest theoretisch den Einfluß der patriarchalischen Familie auf die Eheschließung und Partnerwahl zurückdrängte. Ferner regte das Konzil eine Revision des Meßbuches und des Breviers sowie die Erstellung eines Katechismus für die Pfarrer an; Aufträge, die wenige Jahre später erfüllt waren.

Ab 1564 setzte der Schwur auf die »Professio fidei Tridentina« bei den kirchlichen Amtsträgern die Lehre des Konzils durch. Diese Formel faßte das Glaubensbekenntnis und die tridentinische Theologie zusammen, grenzte daher vom Protestantismus klar ab und hatte im Unterschied zu den protestantischen »Bekenntnissen« stärkeren Rechts- als Bekenntnischarakter. Mehr als in der Reform, für die auch die folgende Zeit nicht einfach auf das Tridentinum zurückgriff, sondern die z. B. in Deutschland als landesherrliche Initiative weiterlebte, beeinflußte das Konzil in Zukunft lehrhaft das katholische Denken. Der Zwang zur theologischen Abgrenzung bedingte allerdings eine Einengung und Verarmung, welche durch die Nichtakzeptanz humanistischer Theologien auf dem Konzil noch verstärkt wurde. Trotz aller negativen Folgen, die die Kirchenspaltung mit sich brachte, hatte sie positive Seiten. Dazu gehörte ein Stück Intensivierung der jeweiligen konfessionalisierten Lehren und Lebensformen, also Vertiefung und bewußterer Vollzug des Glaubens. Aber der Preis dafür war das Aussondern all dessen, was in dieses Raster nicht hineinpaßte, sowie die Betonung konfessioneller Werte unter Hintanstellung des Verbindenden und der Toleranz.

Literatur:

Hubert Jedin, Geschichte des Konzils von Trient I–IV, Freiburg ²1951–1975;
O. de la Brosse u.a. (Hgg.), Lateran V und Trient I, Mainz 1978;
J. Lecler u.a. (Hgg.), Trient II, Mainz 1987.

2.6 Die Schweizer Reformation

Um den eigenen Weg der Schweizer Reformation zu verstehen, ist es notwendig, sich einige der Charakteristika vor Augen zu halten, welche die Lage der Schweiz bestimmten. Als frühester Zusammenschluß von Ländern und Städten in Europa im Sinne eines lockeren Staatenbundes mit unterschiedlich intensiver und herrschaftsgebundener Zugehörigkeit hatte sie sich seit 1499 faktisch vom Reich getrennt. Ihre weithin genossenschaftliche Struktur mit großer Selbständigkeit der einzelnen Gemeinden bot fast allen Männern Gelegenheit, in irgendeiner Form an politischen Entscheidungen mitzuwirken. Wirtschaftlich und kulturell bestanden trotz der Lösung vom Reich enge Beziehungen zum oberdeutschen Raum, die auch das Elsaß einbezogen. Der genuine Schweizer Humanismus trug teilweise nationale Züge, was die Bildung einer eigenen Kirche begünstigen konnte. Basel, das seit 1501 zur Eidgenossenschaft gehörte und das, vor allem seit Erasmus von Rotterdam dort weilte, als Zentrum des Humanismus galt, sorgte zudem mit seinen leistungsfähigen Druckereien für die notwendige Infrastruktur zur Verbreitung neuer Ideen. So ist es kein Wunder, daß sich in der Schweiz eine Reformation entwickelte, die stärker als die lutherische am Humanismus orientiert war, sich nicht auf die

Landesfürsten, sondern auf die Gemeinden stützte, sowie auf Grund ihrer politischen Struktur eine Trennung von kirchlicher und weltlicher Gemeinde kaum kannte.

Initiator der Schweizer Reformation wurde Huldrych Zwingli (1484–1531), dessen Persönlichkeit und Wirken ihr das tragende Profil gaben. Zwingli wurde in Wildhaus (Grafschaft Toggenburg) als Sohn eines wohlhabenden Bauern und Ammanns (Gemeindevorsteher) geboren. Nach Studien in Wien und Basel, wo ihn später Erasmus von Rotterdam beeinflußte, erhielt er 1506 ein Pfarramt in Glarus, 1516 in Einsiedeln. Aber erst die reiche und mächtige Stadt Zürich bot ihm, der dort seit 1519 das Amt eines Leutpriesters am Großmünsterstift innehatte, den Raum für die Entfaltung seiner Reformation. Heilige Schrift und Predigt traten jetzt in den Mittelpunkt seines theologischen Denkens und Wirkens. Seit 1520 entwickelte Zwingli sukzessive eine zwar von Luther und dem Humanismus beeinflußte, aber doch eigenständige Theologie. Sie war ganz an der Bibel ausgerichtet, und von dort bezog Zwingli seine massive Kritik an menschlichen Traditionen, Heiligen- und Marienverehrung, Fastenvorschriften und Bilderkult. Seit 1522 nahm der Bruch mit der alten Kirche konkretere Formen an, aber wirkungsgeschichtlich entscheidend wurde erst eine Disputation mit Vertretern des Bischofs von Konstanz vor dem »Großen Rat« in Zürich am 29. Januar 1523, in der Zwingli 67 Artikel verteidigte, den Rat von der Schriftgemäßheit seiner Lehre überzeugte, und dieser in seinem Bewußtsein, christliche Gemeinde zu sein, die schriftgemäße Predigt für alle befahl. Eine zweite Disputation folgte im Oktober. Damit schuf Zwingli das Instrument der »Ratsdisputationen« als ein Mittel, politische Mehrheiten für die Reformation zu gewinnen, das bald viele Städte nachahmten. Der reformatorischen Erkenntnis, das christliche Leben müsse schriftgemäß sein, und der vom Rat als schriftgemäß gebilligten Theologie Zwinglis folgten in Zürich Taten: Entfernung der Bilder aus den Kirchen; Aufhebung der Klöster und Stifte. Nachdem Zwingli einen großen »Kommentar über die wahre und falsche Religion« verfaßt hatte, der eine Art Summe seiner Theologie darstellte, wurde 1525 in Zürich auch die Messe abgeschafft und das Abendmahl in reformierter Form gefeiert. 1526 folgte die Einrichtung eines Sittengerichtes mit der Funktion der Ehegerichtsbarkeit und der rigiden Durchsetzung christlicher Zucht, was die Trennung von der bisherigen bischöflichen Gerichtsbarkeit vollendete. Mit der »Prophezey«, einer Art Bibelvorlesung für Prediger und Laien am Zürcher Großmünster, errichtete Zwingli eine Institution christlicher Lehre, aus der 1531 die »Zürcher Bibelübersetzung« hervorging.

Bei Zwingli, der sich selbst als schriftgemäßer Prophet in der christlichen Gemeinde verstand, war schon durch die Ratsdisputationen klar geworden, daß für ihn Religion und Politik in eins fielen, was sich auf Grund der städtischen Verhältnisse in Zürich auch nahelegte. Eine Trennung zwischen weltlicher und kirchlicher Gemeinde gab es bei ihm nicht. Vielleicht war der Humanismus Zwinglis mit seinem Interesse an der Moral und dem Staatswesen der Grund dafür, daß in dieser Gemeinde Ethik und Heiligung einen weitaus größeren Raum als im Luthertum einnahmen. Damit zusammenhängend kam ein weiteres Spezifikum hinzu: das Gesetz als Wille Gottes lenkte den Blick stärker als in Wittenberg auf das Alte Testament. Ein wichtiges Element der zwinglischen Theologie war die Pneumatologie, die Lehre von dem in der Gemeinde und im einzelnen Christen wirksamen Heiligen Geist, wie er z. B. in der Bibellektüre beim Verständnis der heiligen Texte wirkte.

Mit dieser Betonung der Pneumatologie und des Gegensatzes zwischen Geist und Fleisch hing es auch zusammen, daß es zu tiefgreifenden zentralen Differenzen über die Abendmahlslehre zwischen Lutheranern und Zwinglianern kam. Zwingli lehnte die Realpräsenz Christi unter den Gestalten von Brot und Wein ab und verstand beides als Symbole. Der Leib Christi konnte nur im Himmel, nicht in den Gestalten wohnen. Im Anschluß an den niederländischen Humanisten Cornelius Honnius (Cornelis Hoen) verstand er die Worte »Das ist mein Leib« als »das bedeutet mein Leib«. Das Abendmahl habe den Charakter einer Erinnerungsfeier, wobei allerdings der Geist Christi in der Gemeinde anwesend sei. Das eigentliche Subjekt der Feier sei daher die Gemeinde. Da somit das Abendmahl an Wert verlor, sollte es nur noch viermal im Jahr gefeiert werden: Ostern, Pfingsten, Weihnachten und Kirchweih.

An der Frage nach der Realpräsenz Christi im Abendmahl zerbrach die Einheit der Reformatoren trotz des Religionsgespräches 1529 in Marburg, auf dem zwischen den Wittenbergern und Oberdeutschen/Schweizern eine Einigung zustandekam, die aber nur eine vorläufige Lösung brachte. Mehr als es diese Streitigkeiten vermuten lassen, dürften eine unterschiedliche Christologie – Zwingli betonte die Gottheit Christi, Luther die Inkarnation, also die Menschwerdung Gottes in Jesus – und ein divergierendes Gemeindeverständnis die Differenzen bedingt haben, welche über Jahrhunderte hin andauerten.

Es gelang Zwingli nicht, seine Reformation auf die ganze Schweiz auszudehnen. Immerhin setzte sie sich wie 1528 in Bern oder 1529 in Basel unter Führung von Johannes Oekolampad auch in zahlreichen anderen Städten und Herrschaften durch. Außerdem hatte sie eine große Ausstrahlung auf Oberdeutschland und das Elsaß, wo in Straßburg unter Führung Martin Bucers ein Zentrum der Reformation entstand.

Die katholischen Orte der Innerschweiz konnten sich konfessionell behaupten. Dazu trug wesentlich ihr Sieg im sog. »Zweiten Kappeler Krieg« gegen Zürich und dessen Verbündete bei, in dessen Verlauf Zwingli 1531 den Tod fand. Sein Nachfolger Heinrich Bullinger verfolgte als Antistes (Oberpfarrer) in Zürich eine ausgewogene, auf Versöhnung abgestimmte Linie, die auch Kompromisse mit den Calvinisten und so eine Brücke in die romanische Schweiz ermöglichte. Ein entscheidender Schritt zur Einigung der reformierten Schweiz war der Consensus Tigurinus (Zürcher Konsens) von 1549, in dem der Ausgleich mit dem Genfer Calvinismus in der Abendmahlslehre, dem »klassischen« Streitpunkt innerprotestantischer Kontroversen, gelang. Das leitende, weitwirkende Bekenntnis für die Schweizer Reformierten wurde schließlich die Confessio Helvetica posterior (Zweites Helvetisches Bekenntnis) von 1566.

Literatur:

Peter Blickle u. a. (Hgg.), Zwingli und Europa, Zürich 1985;
Berndt Hamm, Zwinglis Reformation der Freiheit, Neukirchen-Vluyn 1988;

Ulrich Gäbler, Huldrych Zwingli. Eine Einführung in sein Leben und sein Werk, München 1983;
Martin Greschat, Martin Bucer. Ein Reformator und seine Zeit, München 1990;
Gottfried Hammann, Martin Bucer 1491–1551. Zwischen Volkskirche und Bekenntnisgemeinschaft, Stuttgart 1989;
Gottfried W. Locher, Die Zwinglische Reformation im Rahmen der europäischen Kirchengeschichte, Göttingen – Zürich 1979;
Ders., Zwingli und die schweizerische Reformation (= Die Kirche in ihrer Geschichte III,J1), Göttingen 1982;
Wilhelm Neuser, Dogma und Bekenntnis in der Reformation: Von Zwingli und Calvin bis zur Synode von Westminster, in: Carl Andresen (Hg.), Handbuch der Dogmen- und Theologiegeschichte 2: Die Lehrentwicklung im Rahmen der Konfessionalität, Göttingen 1989 (1980), 167–352;
Jacques-V. Pollet, Zwingli, Genf 1988.
Für die komplizierte Reformationsgeschichte der Schweiz vgl. den entsprechenden Artikel von *Ulrich Gäbler, Hans R. Guggisberg, Hans Berner,* in: Anton Schindling-Walter Ziegler (Hgg.), Die Territorien des Reichs im Zeitalter der Reformation und Konfessionalisierung 5, Münster 1993.

2.7 *Täuferbewegung und Spiritualisten*

Bei der Täuferbewegung, der sich neuerdings eine intensive Forschung widmet, handelte es sich nicht um eine einheitliche Größe, die programmatisch die Erwachsenentaufe praktiziert, ihre Botschaft verkündet und Anhänger geworben hätte, sondern um ein vielschichtiges Phänomen mit den verschiedensten Spielarten, Inspiratoren und Ideen. Schon ihre Wurzeln, soweit sie uns bekannt sind, verraten die Spannungen, welche innerhalb der einzelnen Gruppen und Persönlichkeiten möglich waren. So wäre als ein Strang die mystisch geformte Apokalyptik Thomas Müntzers zu nennen, die sich vor allem über Hans Hut bis zu den Täufern erstreckte. Wesentlichen Anteil an der Entstehung des Täufertums hatte die Zürcher Reformation, und später wirkten die endzeitlichen Ideen eines Melchior Hoffman auf Teile der Bewegung ein.
Mit dieser Konstellation hängt es zusammen, daß eine Reihe von Täufern vor der eigentlichen Gestaltwerdung der Bewegung am Bauernkrieg beteiligt war. Das galt für den genannten Hans Hut ebenso wie für Balthasar Hubmaier und viele andere. Forderungen

der Bauern finden sich dementsprechend in abgewandelter Form auch bei täuferischen Gruppen wieder: die Frage des Zehnten; die freie Pfarrerwahl; die Eidverweigerung gegenüber den Obrigkeiten; der Gedanke der brüderlichen Verbundenheit; Züge des Antiklerikalismus; die Gleichheitsidee. Ob man aus diesen Gründen sagen kann, daß die Täuferbewegung eine Art Transposition des Bauernkrieges in diese religiösen Gruppen war, bleibt offen, ist aber bei einigen von ihnen wie Hans Hut möglich. Schließlich ist darauf hinzuweisen, daß die soziale Schichtung der Täufer am Anfang durchaus Intellektuelle, aber ab ca. 1530 wegen ihres geringen Interesses an der Kultur eher Handwerker und Bauern umfaßte.

Diese unterschiedlichen Wurzeln und Einflüsse machen eine Geschichte der Täufer als in sich geschlossener Größe unmöglich, entstand doch eine Vielfalt von Gruppen und individuell geprägter Einzelpersonen. Ihr Spektrum reichte von friedfertigen, fast pazifistischen Erscheinungen bis zu gewaltsam apokalyptischen Ausbrüchen. Will man unter diesen schwierigen Bedingungen Gemeinsamkeiten festlegen, so lassen sich zwar einige aufzählen, die aber bei der Anwendung auf den Einzelfall durchaus wieder modifiziert werden müßten. Solche Kennzeichen sind: Abwendung von den Großkirchen (katholische und reformatorische) mit dem Vorwurf, diese spendeten die Säuglingstaufe, was einen Abfall vom Evangelium bedeute, und paktierten mit der weltlichen Obrigkeit; Forderung der Glaubenstaufe der Erwachsenen; Praktizierung eines abgesonderten Gemeindechristentums, wobei die Konkretion von sehr unterschiedlicher Qualität sein konnte; starke Betonung der Ethik und Heiligung, was dazu führte, strikt die Exkommunikation (Bann) von Abweichlern zu vollziehen.

Ihren Ursprung hatten die Täufergemeinschaften ca. 1523/25 in Kreisen um Zwingli in Zürich, wo Felix Mantz, Konrad Grebel und andere mit Forderungen nach der »göttlichen Gerechtigkeit«, den Kampf gegen den Zehnten und mit dem Ruf nach einer radikalen Christusnachfolge Kritik am bisherigen Verlauf der Reformation übten. Nachdem der Zürcher Rat sowie Zwingli ihre Forderungen ablehnten und 1525 eine Disputation, auf der sie die Säuglingstaufe verwarfen, für sie erfolglos ausging, begann die Bildung von Gemeinden auf dem Land, z. B. in Zollikon. Die Anrede »Bruder«

untereinander ließ die Bezeichnung »Schweizer Brüder« entstehen. Sie formulierten unter Mitwirkung von Michael Sattler, dem ehemaligen Prior des Benediktinerklosters St. Peter im Schwarzwald, 1527 mit den »Schleitheimer Artikeln« ein Bekenntnis, das wichtige Elemente ihres Selbstverständnisses enthielt. Dabei bildete das Neue Testament und die Bergpredigt, nach der sie leben wollten, einen der theologischen Kerne, während sie dem Alten Testament im Unterschied zu einigen anderen Täufern geringen Wert zuschrieben.

Wie wenig die Täufer eine Einheit darstellten, bewies schon die sog. Augsburger Märtyrersynode desselben Jahres, auf der Hans Hut und seine apokalyptisch-mystischen Ideen im Mittelpunkt standen. Für ihn war die Taufe ein Zeichen, mit dem die in der Apokalypse genannten 144000 Auserwählten versiegelt wurden. Damit unterschied sich Huts Auffassung deutlich von den »Schweizer Brüdern«, welche in der Taufe den Zutritt zu ihrer Gemeinschaft sahen, ihr aber nicht diese apokalyptische Qualität beimaßen. Diese Divergenzen verhinderten daher eine einheitliche Bekenntnisbildung der Täufergemeinschaften schon in den ersten Jahren ihrer Existenz.

Vor allem Straßburg entwickelte sich zeitweise zu einer täuferischen Hochburg. Unter den Gruppen, die sich hier bildeten und deren Vorstellungen untereinander deutlich verschieden waren, ragte diejenige Pilgram Marpecks heraus, der bis 1532 in Straßburg, danach in Graubünden und Augsburg wirkte. Marpeck, der als Baumeister für die Stadt arbeitete und damit die täuferische Absonderung nur im begrenzten Maße praktizierte, suchte trotz der Beeinflussung durch die Schweizer Brüder einen eigenen, weniger biblisch-legalistischen Weg als diese zu gehen.

In Straßburg befand sich auch seit 1529 Melchior Hoffman, ein Kürschner aus Schwäbisch – Hall, der schon unter anderem in Ostfriesland und den Niederlanden gewirkt und dort Anhänger gewonnen hatte. Er vertrat eine kämpferische Apokalyptik und eine eigene Abendmahlslehre, die ihn früh in Konflikt mit den Lutheranern brachte. An seinem jetzigen Aufenthaltsort konnte er sich mit einer Gruppe verbinden, die als »Straßburger Propheten« mit ihrer Lehre vom Vorrang des »inneren Wortes« vor dem äußeren ihn stark beeinflußte. Hoffman entwickelte eine eigene Christologie, nach der Christus nie wirklich Fleisch angenommen habe. Mehr jedoch als diese christologischen Aussagen war seine Lehre von der Wiederherstellung des »Himmlischen Jerusalem«, die nach seiner Meinung durch den kriegerischen Kampf der freien Reichsstädte, vor allem Straßburgs, unter dem Gebetsbeistand der Täufer zu geschehen hatte, dazu geeignet, reale Wirkung zu entfalten. Allerdings dachte der Straßburger Rat nicht daran, solchen Visionen zu folgen, sondern warf Hoffman 1533 wegen einer Reihe theologischer Irrlehren ins Gefängnis, wo er zehn Jahre später starb. Seine Idee, die Gottlosen auszurotten und das »Himmlische Jerusalem« als Theokratie aufzurichten, nahmen aber seine Schüler in den Niederlanden teilweise auf; sie sollten zusammen mit anderen Komponenten im »Täuferreich in Münster« 1534–1535 eine ungeahnte Wucht erhalten.

Dort hatte, auch im Zusammenhang mit einer Opposition gegen den Bischof und sozial-politischen Spannungen in der Bürgerschaft, die Reformation in verschiedenster Form Fuß gefaßt. Der zuerst lutherisch gesinnte Prediger Bernhard Rothmann vertrat bereits eine spiritualistisch gefärbte Theologie und kritisierte die Kindertaufe, als zuerst Gesandte des Jan Matthijs, danach dieser selbst und Jan van Leiden aus den Niederlanden eintrafen und als Schüler Hoffmans (Melchioriten) dessen apokalyptisches Gedankengut verbreiteten. Diese in Münster radikalisierten Ideen, welche bald eine Reinigung der Stadt von Ungläubigen forderten und durch weitere Zuwanderung von außen gestärkt wurden, fanden höchste Resonanz, als der militärische Druck des Bischofs Franz von Waldeck die Stadt bedrohte. Es gelang den Täufern die Errichtung einer Theokratie unter dem Täuferkönig Jan van Leiden, die trotz des Wunsches, die wahre Christenheit wiederherzustellen, bald Züge eines Terrorregimes annahm. Truppen des Bischofs und seiner Verbündeten beendeten durch den Sieg das Täuferreich und vollzogen ein blutiges Gericht.

Die Täufer waren nicht erst seit dem Münsterischen Reich verfolgt worden. Schon 1527 hatte in Zürich als erster Felix Mantz durch Ertränken sein Leben lassen müssen. Ein Speyerer Mandat von 1529 bedrohte sie mit der Todesstrafe, und literarisch kämpften protestantische und katholische Theologen gegen die Täufer. Die Gründe für diese Verfolgungen waren vielfältig. Vor allem dürfte sich das zeitgenössische Corpus Christianum, das geistliche und weltliche Gewalt zusammenschloß, durch diese Gruppen bedroht gesehen haben, welche die Teilnahme am allgemeinen politischen Leben aus christlichen Gründen ablehnten. Die gewaltsamen Täufer waren ebenfalls wenig geeignet, das Mißtrauen gegen das Täufertum zu beseitigen. Wollten sie überleben, war es also notwendig, dieses Mißtrauen abzubauen. Nach der Katastrophe von Münster gelang es daher erst den Mennoniten in einem schwierigen, länger andauernden Prozeß, der Kämpfe mit radikalen, aus Münster geflohenen Kräften einschloß, unter dem Einfluß von Menno Simons in den Niederlanden, ihre Friedfertigkeit und Ungefährlichkeit zu beweisen. Von diesen langfristig beständigen Gemeinden beeinflußt bildeten sich im 17. Jahrhundert in England die Baptisten. In Mähren, wo schon Balthasar Hubmaier täuferisch gepredigt und Anhänger geworben hatte, stabilisierten sich Täufergruppen seit 1533 durch den Einfluß von Jakob Hutter. Sie etablierten mit ihren »Bruderhöfen« eine auch wirtschaftsgeschichtlich bemerkenswerte Gütergemeinschaft, und diese Gruppen leben nach einem schwierigen, wechselvollen Schicksal als »Hutterer« bis heute weiter.

Neben den Täufern bildeten die »Spiritualisten« eine weitere Spielart des nicht großkirchlich gebundenen Christentums. Sie beriefen sich auf die direkte Einwirkung des Heiligen Geistes, waren aber im übrigen gerade aus diesem Grunde sehr unterschiedlich. Zu ihren bekanntesten Vertretern zählte Kaspar Schwenckfeld († 1561) in Straßburg, der ein Gleichförmigwerden des Menschen mit Christus predigte. Einflußreich wurde auch Sebastian Franck, für den die sichtbare Kirche unwesentlich, das Wirken des Geistes als Wort im Innern der Menschen alles war. Die Betonung des Geistes im Innern führte dazu, daß eine ganze Reihe der Spiritualisten, vor allem in Frankreich und Italien, keine Schwierigkeiten hatte, in ihrer jeweiligen Kirche zu bleiben, da ihnen die äußerliche Zugehörigkeit ohnehin bedeutungslos erschien. Diese »verborgenen Spiritualisten« wurden von ihren Gegnern abschätzig »Nikodemiten« nach dem neutestamentlichen Nikodemus, der heimlich zu

Jesus kam, oder »Libertiner« (eine Sekte, die im NT erwähnt ist) genannt. Eine dauerhafte Kirchen- oder Gemeindebildung war ihnen auf Grund der eigenen Voraussetzung nicht möglich.

Literatur:

Christoph Dittrich, Die vortridentinische katholische Kontroverstheologie und die Täufer, Frankfurt u. a. 1991;

Hans-Jürgen Goertz (Hg.), Radikale Reformatoren, München 1978;

Ders., Die Täufer. Geschichte und Deutung, München ²1988;

Marc Lienhard, Die Wiedertäufer, in: Die Geschichte des Christentums Bd. 8, hrsg. von Marc Venard, Heribert Smolinsky, Freiburg u. a. 1992, 122–190;

James M. Stayer, The German Peasants' War and Anabaptist Community of God, Montreal u. a. 1991.

2.8 Johannes Calvin (1509–1564) und der Calvinismus

Mit Johannes Calvin und seinem Lebenswerk erhielt die Reformation seit den 30er Jahren des 16. Jahrhunderts neue Kraft und weltweite Bedeutung. Calvin, der Sohn eines Verwalters der Güter des Domkapitels, wurde am 10. Juli 1509 in Noyon (Picardie) geboren. Zunächst für die Laufbahn eines Klerikers bestimmt, aber wegen eines Zerwürfnisses des Vaters mit dem Domkapitel in andere Bahnen gelenkt, absolvierte Calvin in Paris das Grundstudium der »Artes liberales«, um sich dann in Orléans und Bourges den Rechtswissenschaften zu widmen. Die Präzision und Klarheit des juristischen Denkens bestimmte sein zukünftiges Werk. Weitere Einflüsse übte in der Studienzeit der französische Humanismus auf Calvin aus, dessen auf Kirchenreform ausgerichtetes Sprach- und Bibelstudium er kennenlernte und autodidaktisch fortführte. Ein erstes Ergebnis von Calvins Humanismus war 1532 ein Kommentar zu Senecas Schrift »De clementia«, der auch Werke der Kirchenväter einbezog sowie die Begabung eines eigenständig kritischen Denkers ankündigte. Ein Ringen um den gnädigen Gott, das bei Luther zum entscheidenden Durchbruch reformatorischer Erkenntnis geführt hatte, ist bei Calvin nicht nachweisbar. Später sprach er von einer »subita ad docilitatem conversio« (plötzliche Hinwendung zur Gelehrigkeit), die um 1533 datiert werden kann, aber es ist umstritten, ob damit ein historisch greifbares Ereignis oder die grundsätzliche Hinwendung und Öffnung gegenüber der Bibel und reformatorischen Gedanken zu verstehen ist. Nach der Flucht aus Paris, zu der er 1533 wegen reformatorischer Neigungen gezwungen war, wurden zwei Städte für ihn zum Schicksal: Straßburg und Genf. Als erstes schien ihm die Stadt Genf, die gerade im Begriffe war, sich von der Herrschaft ihres Bischofs und dem Einfluß des Herzogs von Savoyen zu lösen, die Möglichkeit zu bieten, zusammen mit dem dort wirkenden Wilhelm Farel mit Hilfe einer Kirchenordnung die Reformation einzuführen. Als sich dagegen heftiger Widerstand regte, mußten er und Farel 1538 die Stadt verlassen. Die Reichsstadt Straßburg, in der seit den 20er Jahren Martin Bucer ein eigenständig geformtes, reformatorisches Kirchenwesen aufgebaut hatte, bot Calvin Zuflucht. Von 1538–1541 wirkte er hier als Pfarrer der französischen Flüchtlingsgemeinde und nahm in dieser Zeit zusammen mit Bucer auch an den Religionsgesprächen im Reich (Hagenau, Worms und Regensburg 1539–1541) teil.

1541 konnte Calvin nach Genf zurückkehren. Es spricht für seine erstaunliche Arbeitskraft, sein Organisationstalent und Durchsetzungsvermögen, daß es ihm in dieser Zeit gelang, die Stadt durch den Aufbau einer Art »Theokratie« umzuformen. Dabei scheute Calvin aber auch nicht vor Gewalt zurück, wie zahlreiche Todesurteile und Verbannungen zeigen, die zu seiner Zeit in Genf gegen Abweichler durchgeführt wurden; unter ihnen als das Aufsehenerregendste 1553 die Verbrennung des spanischen Arztes Michael Servet (Miguel Serveto), der die Lehre von der Trinitität in Frage gestellt hatte. Calvin selbst versuchte mit Hilfe eines riesigen Briefwechsels, dessen Adressatenliste ganz Europa umfaßte, vor allem führende politische Persönlichkeiten für seine Reformation zu gewinnen und damit den Genfer Raum zu übersteigen. Dem diente auch die Genfer Akademie, die 1559 unter der Leitung des Theodor von Beza (Bèze) entstand, und an der zahlreiche Ausländer studierten wie der Deutsche Caspar Olevianus oder der Schotte

John Knox, welche den Calvinismus in ihre Heimat vermittelten. Die Akademie wurde zudem Vorbild zahlreicher anderer calvinistischer Hochschulen in Europa. Calvin starb 1564 in Genf. Das Grab blieb im Sinne seiner Theologie, die in erster Linie Gott die Ehre geben wollte, unbekannt.
Schon die Diskussion um die »subita conversio« und ihren Inhalt zeigt, daß Calvin als reformatorischer Theologe der zweiten Generation zu verstehen ist, d. h. daß bei ihm eine Reihe von Einflüssen zu berücksichtigen ist, die er von Vorgängern oder den französischen humanistischen Reformkatholiken übernehmen konnte. Vor allem die Schriften Luthers, aber auch die Zwinglis waren ihm bekannt, und in Straßburg sah er die dortige Kirchenorganisation als vorbildhaft an, so daß sie auf seine eigene Ekklesiologie einwirkte. Dennoch formte er aus all dem eine ausgewogene, eigenständige Theologie, in der sich sein eigenes Selbstverständnis als von Gott berufener Prophet ausdrückte, der keiner Legitimation von außen durch ein Amt bedürfe und die reine Kirche des Ursprungs wiederherzustellen habe.
Das wurde erstmals greifbar in einer kleinen Schrift, die 1536 in Basel erschien und den Titel trug »Christianae Religionis Institutio« (Unterweisung in der christlichen Religion). Zunächst als eine Art Katechismus aufgefaßt und beeinflußt von Luthers Katechismen, aber ebenso von Gedanken Zwinglis, legte hier Calvin in sechs Kapiteln programmatisch-systematisch einen ersten Entwurf seiner Theologie vor. Das Büchlein widmete er dem französischen König Franz I. als Verteidigung der reformatorischen Bewegung in Frankreich, die seit 1534 wegen ihrer Angriffe auf die Messe unter starken Druck geraten war. Von Anfang an traten die Themen der Ehre Gottes und der Theozentrik in den Vordergrund, was zur leitenden Frage Calvins führte: »Wie kommt es zur Herrschaft Gottes unter den Menschen?« Calvin arbeitete die Institutio immer wieder um, erweiterte sie bis zur letzten Ausgabe von 1559 auf 80 Kapitel und schuf so ein umfassendes Kompendium seines Denkens, das als reformatorische Leistung einzigartig war. Kirchenordnungen, Katechismen und eine Gottesdienstordnung ergänzten die Institutio und dienten der Formung eines christlichen Lebens in der Gemeinde.

Auf dieses Leben in der Gemeinde legte Calvin besonderen Wert, denn sie sollte der Ort sein, wo ein Stück Gottesherrschaft präsent wurde. Calvin schuf für die Gemeinde vier Ämter: den Pastor für die Verwaltung des Gotteswortes und die Spendung der Sakramente; die Doktoren als Lehrer; den Presbyter (Ältesten) als eine Art »Laienamt«, das wichtige Funktionen im Bereich der Moralkontrolle und Gemeindezucht wahrnahm; den Diakon, der für die Armenfürsorge und die Kranken dasein sollte. Glaubens- und Sittenprüfungen hatten für die Heiligung und Reinheit der Gemeinde zu sorgen und wurden vom Konsistorium (gebildet aus Presbytern und Pastoren) und der Pastorenkonferenz überwacht. Calvin hat das Amt immer als »Dienst«, als »ministerium« in der Gemeinde verstanden, ihm aber höchsten Wert als eine Art Stellvertretung Christi auf Erden zugemessen.

Ebenso wie Luther vertrat der Genfer Reformator die Rechtfertigung allein aus dem Glauben, während sein Hervorheben der Wirkung des Heiligen Geistes und der Heiligung mehr an Zwingli erinnert. Damit bekamen die guten Werke einen höheren Stellenwert. Es wäre möglich, daß sich diese Akzentuierung aus der Situation in Frankreich erklärt, wo Calvin sog. Libertinisten als Gefahr ausmachte, die seiner Meinung nach Moralvorschriften verachteten; ein endgültiges Urteil darüber muß offenbleiben.

Probleme bereitet immer wieder die Lehre Calvins von der Prädestination, der Vorherbestimmung der Menschen durch den Willen Gottes, sei es zum Heil oder zur Verdammnis. Dazu heißt es in der Institutio: »Unter Vorherbestimmung verstehen wir Gottes ewige Anordnung, vermöge derer er bei sich beschloß, was nach seinem Willen aus jedem einzelnen Menschen werden sollte. Denn die Menschen werden nicht alle mit der gleichen Bestimmung erschaffen, sondern dem einen wird das ewige Leben, den anderen die ewige Verdammnis zugeordnet«[15]. Es gibt Überlegungen, ob sich hier nicht ein Stück spätmittelalterlicher Ockhamismus mit seiner starken Betonung von Gottes Willen niedergeschlagen habe, wofür zumindest spricht, daß dieser absolute, unergründliche Wille in Calvins Lehre zu spüren ist. In der Bestimmung ihres Stellenwertes

[15] *Calvin*, Institutio III,21,5.

wurde auch versucht, die Prädestinationslehre als Kernstück seiner Theologie anzusehen; vor allem, nachdem Max Weber ihre Ausprägung im englischen Puritanismus für seine eher fragwürdige Theorie vom Zusammenhang zwischen Kapitalismus und Calvinismus zugrundelegte. Es stimmt zwar, daß Calvin im Laufe der verschiedenen Redaktionen der Institutio die Vorherbestimmungslehre immer weiter ausbaute und so ihr Gewicht betonte, aber sie sollte nicht überbewertet werden. Vor allem erhält sie ihre Relativierung darin, daß ein christliches Leben in der Gemeinde den Trost vermittelte, zur Seligkeit und damit positiv prädestiniert zu sein, so daß sie keine Ängste schürte. Erst Calvins Nachfolger Beza verschärfte das theologische Gewicht der doppelten Prädestination.

In der Abendmahlslehre und der Frage nach der Gegenwart Christi, dem zwischen den Wittenberger und Züricher Theologen so strittigen Punkt, nahm Calvin eine Mittelstellung ein und bemühte sich um einen Ausgleich der Positionen, was ihn dazu brachte, mehrmals seine Auffassungen zu ändern. War für Zwingli Christus im Abendmahl symbolisch zugegen, während Luther die reale Gegenwart annahm, so lehrte Calvin eine Gegenwart, bei der Christus zwar real im Heiligen Geist, aber nur seiner Gottheit, nicht der Menschheit nach anwesend sei. Es ist daher richtig, bei ihm von einer »Spiritualpräsenz« zu sprechen.

Das schwierige Problem, wie sich geistliches und weltliches Regiment zueinander verhielten, hatte Calvin ebenso wie Zwingli und Luther zu lösen. Luther entwickelte in der Zwei-Reiche-Lehre eine relative Trennung und betonte die Eigenständigkeit der Regimenter, Zwingli ließ sie auf Grund der politischen Ausgangsposition in Zürich weithin in eins fallen. Auch hier nahm Calvin eine Zwischenstellung ein. So sehr er in Genf auf eine Art »Theokratie« hingearbeitet hatte, ließ er dennoch nicht die bürgerliche Ordnung in der kirchlichen aufgehen. Die unterschiedlichen Ziele beider erkannte er an. In der geistlichen Zucht der Gemeinde gehe es um die Ehre Gottes, dessen Verehrung und Ruhm; in der weltlichen Gemeinde gehe es um die Bürgerpflichten und ihre Realisierung. Natürlich sollten die Obrigkeiten als Christen in ihrer Person beides vereinen, und auch die weltliche Gewalt hat eine Art christliche Aufgabe zu erfüllen. Verriet sie diese Aufgabe und wurde sie zum Tyrann, war Widerstand möglich; allerdings nicht durch Privatpersonen. Einen interessanten Unterschied zu Luther zeigte in diesem Zusammenhang die Auslegung der Bergpredigt. Während Luther die Erfüllung ihrer Forderungen auf den Bereich der christlichen Privatperson einschränkte, entschärfte Calvin diese Forderungen und behauptete, sie riefen nur zur »Mäßigung« auf (etwa bezüglich des Reichtums). So konnten sie auch im allgemeinen bürgerlichen Bereich zur Geltung kommen.

Literatur:

Pierre Chaunu (Hg.), L'Aventure de la Réforme. Le monde de Jean Calvin, Paris 1986;

A. M. McGrath, Johann Calvin. Eine Biographie, Zürich 1991;

Olivier Millet, Die reformierten Kirchen, in: Marc Venard, Heribert Smolinsky (Hgg.), Die Geschichte des Christentums Bd. 8: Die Zeit der Konfessionen, Freiburg u.a., 1992, 62–96;

Wilhelm Neuser, Dogma und Bekenntnis in der Reformation: Von Zwingli und Calvin bis zur Synode von Westminster, in: Carl Andresen (Hg.); Handbuch der Dogmen- und Theologiegeschichte 2: Die Lehrentwicklung im Rahmen der Konfessionalität, Göttingen 1989 (1980), 167–352;

Ders. (Hg.), Calvinus Servus Christi, Budapest 1988;

Willem Nijenhuis, Calvin, in: Theologische Realenzyklopädie 7 (1981) 568–592;

Robert V. Schnucker (Hg.), Calviniana. Ideas and Influence of Jean Calvin, Kirksville 1988.

2.8.1 Die Wucht der calvinistischen Reformation

Schon die Einigung der Genfer Calvinisten mit den Schweizer Reformierten im »Consensus Tigurinus« (Züricher Konsens) von 1549, in dem für die Abendmahlslehre ein Kompromiß gefunden worden war, und später die Zweite Helvetische Konfession (Confessio Helvetica posterior, 1566) stärkten in der Schweiz die reformierte Kirche entscheidend und verliehen den notwendigen politischen Rückhalt[16], wenn das auch den endgültigen Bruch mit den Lutheranern bedeutete. Es wurde schon gesagt, wie sehr Calvin systematisch daran arbeitete, weit ausgreifend die Reformation mit Hilfe des brieflichen Einflusses und der Schüler der Genfer Akademie zu verbreiten und damit den Schweizer Raum zu überschreiten. Langfristig sollte sich die Reformation in der calvinistischen Gestalt vor allem in Westeuropa verbreiten. Neben der offensiven Art, die Calvin z. B. von Luther bezüglich der systematischen Ausbreitung seiner Ideen unterschied, neben oft schon vorhandenen, aufnahmebereiten reformatorischen Gruppen und Ideen gab es eine Reihe weiterer Faktoren, die den Calvinismus attraktiv erscheinen ließen. Dazu zählten: seine relative Flexibilität und Offenheit bezüglich vieler Lehrpunkte; eine einfachere Rechtfertigungslehre als im Luthertum; ein für viele eingängiges Leistungsdenken sowie ein nachvollziehbarer Rationalismus, die nicht ohne Anziehungskraft waren; die Arbeit für eine einheitliche Front des Protestantismus durch entsprechende Unionen.

Calvins Herkunft, die Sprach- und Kulturgemeinschaft mit der französischen Schweiz und schon vorhandene Ansatzpunkte ermöglichten es, in Frankreich schon früh Fuß zu fassen. Dort hatten Luthers Schriften längst Beachtung gefunden, was zu Abwehrreaktionen des Königs führte, in deren Verlauf Calvin selbst hatte fliehen müssen. Außerdem gab es den sog. »Evangelismus«, Kreise z. B. um den Bischof von Meaux, Guillaume Briçonnet, oder am Hofe der Margarete von Navarra, die sich im Sinne des Bibelhumanismus an der Heiligen Schrift orientierten und einen schwer zu definierenden Reformkatholizismus bildeten, ohne organisierte Gemeinden zu sein. Ab etwa 1555 sandte Calvin Prediger und Pastoren nach Frankreich, um unter Anknüpfung an diese Vorformen die calvinistische Form der Reformation auszubreiten und potentielle Anhänger zu einem klaren Bekenntnis zu bewegen. Die Zahl dieser Prediger betrug zwischen 1555 und 1562 mindestens 88, zwischen 1555 und 1565 eventuell 120. Eine eindeutige schichtenspezifische Zuweisung der Calvinisten in Frankreich ist nicht möglich, aber sie setzten sich am Anfang hauptsächlich aus Bürgern

[16] Vgl. S. 78.

und Handwerkern zusammen. Zu ihnen stießen seit den ausgehenden 50er Jahren Mitglieder des kleinen und mittleren Adels, wobei sich religiöse und politische Motive etwa im Sinne einer Opposition gegen die Krone mischen konnten. Das schloß Resonanz im Hochadel nicht aus, wie das Beispiel der Bourbonen zeigt, die mit Louis de Condé einen Führer der hugenottischen Partei in Frankreich stellten. Bezüglich der Gesamtwirkung der calvinistischen Propaganda sprach Admiral Gaspard de Coligny, bis 1572 eine führende Persönlichkeit des hugenottischen Frankreich, 1562 von 2.150 Gemeinden, von denen aber anzunehmen ist, daß nicht alle wirklich calvinistisch, sondern eine Reihe »evangelistisch« waren. Schon 1559 formulierten die französischen Calvinisten ihr Bekenntnis, die »Confessio Gallicana«. Nach 1560 wurden sie Hugenotten genannt (vielleicht abgeleitet aus »Eidgenossen« = aiguenots). Ihre Verfassung organisierten die Hugenotten anders als in Genf nicht allein über die Gemeinde, sondern auch durch Synoden, die in einer Generalsynode der französischen calvinistischen Kirche gipfelten.

Wie kaum anderswo verwoben sich in Frankreich in den nächsten Jahrzehnten Politik und Religion, was zu mindestens acht grausamen »Religionskriegen« (die oft eher Bürgerkriege waren) führte, die bis 1598 das Land erschütterten und an den Rand des Ruins brachten. Stärkung der Adelsopposition gegen das Königshaus, dessen politische Schwäche und die Bildung von Parteien mit wechselnden Entwicklungen, aus denen die »Heilige Liga« unter Führung der streng katholischen lothringischen Herzöge von Guise herausragten, spielten ebenso eine Rolle wie blutige Verfolgungen und Morde. Phasen des Kampfes wechselten mit versöhnlicheren Zeiten der Duldung und der Ausgleichsbemühungen. Berühmt und berüchtigt wurde die sog. Bartholomäusnacht vom 23. auf den 24. August 1572, in der allein in Paris 3.000 und im ganzen Land mindestens 6.000 Hugenotten umgebracht wurden; unter ihnen auch Admiral Coligny. Der Grund für diese grausamen Massaker, die wegen einer kurz vorher stattgefundenen Hochzeit innerhalb des Königshauses auch als »Pariser Bluthochzeit« in die Geschichte eingegangen sind, könnte unter anderem die Angst der Königinmutter Katharina gewesen sein, daß durch die Annäherung

des Königs Karl IX. an Coligny Frankreich in einen möglichen Krieg gegen Spanien verwickelt werde.
In der Endphase der Religionskriege (1585–1598) spielte die Sorge, daß nach dem Aussterben des Hauses Anjou mit dem Bourbonen Heinrich von Navarra ein hugenottischer Fürst an die Macht käme, eine immer größere Rolle. Die Gefahr wurde gebannt, als Heinrich am 25. Juli 1593 wohl auch aus Gründen der Staatsräson und Einheit des Königreiches dem Protestantismus abschwur und sich zwei Jahre später mit dem Papst versöhnte. Endgültig beendete das Edikt von Nantes am 30. April 1598 die blutigen Konfrontationen, in denen sich konfessionelle, dynastische und adelige Interessen unentwirrbar miteinander verschlungen hatten.
Das Edikt war zunächst eine Art Toleranzakte, die den Hugenotten persönliche Gewissens- und Religionsfreiheit zugestand. In bestimmten Gebieten erlaubte es ihnen öffentliche Gottesdienste (nicht in Paris oder in Bischofsstädten). Sie durften eine eigene Kirchenstruktur entwickeln, und es wurden ihnen ca. 150 »Sicherheitsplätze« eingeräumt, wo sogar eigene Garnisonen und Schulen möglich waren. Auch erhielten sie Zugang zu öffentlichen Ämtern und Staatsstellen. Die große Bedeutung des Ediktes liegt darin, daß es damit erstmals einer organisierten Religionsgemeinschaft möglich war, offiziell in einem staatskirchlich katholischen Staat zu leben, wenn auch nicht mit völlig gleichen Rechten. Das für die frühe Neuzeit so wichtige Prinzip »eine Religion, ein Gesetz, ein König« war durchbrochen in Richtung auf eine gemäßigte Toleranz. Zwar nahm Kardinal Richelieu 1629 den Hugenotten ihre Sicherheitsplätze, aber bis zum Widerruf des Edikts 1685 durch König Ludwig XIV. blieb es in wesentlichen Punkten erhalten. Erst dann begann neben dem Rückzug der Hugenotten z. B. in das Gebiet der Cevennen eine Massenemigration, die sie unter anderem nach Brandenburg, England, in die nördlichen Niederlande und die Schweiz führte.
Gelang dem Calvinismus in Frankreich nur ein Teilerfolg, so konnte er sich in den nördlichen Niederlanden nach schweren Kämpfen mit den katholischen Spaniern/Habsburgern, die die südlichen Teile behielten, durchsetzen und als herrschende Religion etablieren, ohne daß er in seiner Reinform die Mehrheit der

Bevölkerung gewonnen hätte. Seine Gedanken waren über die französischsprachigen Teile der Region bereits in den 40er Jahren eingedrungen, und 1561 verfaßte Guido de Brès, orientiert am französischen Vorbild, in Tournai die »Confession de Foi« (Confessio Belgica) als erstes niederländisch-calvinistisches Glaubensbekenntnis. Für die weitere Entwicklung kam den Calvinisten zugute, daß sich ihre Interessen mit Oppositionsbewegungen gegen die zentralistischen Maßnahmen der spanischen Herrschaft verbinden konnten und das blutige Eingreifen des spanischen Herzogs Alba von 1567 den Widerstand noch verstärkte. Nachdem schon 1566 ein Bildersturm stattgefunden hatte, wurden ab 1572 vor allem die Provinzen Holland und Zeeland Zentren des Freiheitskampfes, in den seit den 60er Jahren auch die sog. Partei der Geusen verwickelt war. 1575 gründeten die Calvinisten in Leiden eine Universität, die für diesen Raum eine ähnliche Funktion wie die Akademie für Genf einnahm. Nach zum Teil bürgerkriegsähnlichen Zuständen konnte sich 1609 der Norden von Spanien lösen und entwickelte langfristig eine beeindruckende religiöse Toleranz, wovon allerdings die durchaus vorhandene katholische Minderheit ausgespart blieb.
Über die Niederlande und deren Exulanten kam der Calvinismus schon früh an den Niederrhein und nach Emden. Wesel und Duisburg wurden unter anderen seine Zentren. Er gab sich auf einer Synode in Emden eine synodale Struktur und unterschied sich so von dem Genfer Vorbild. Für die territoriale Religionspolitik im Reich brachte das Jahr 1563 einen wichtigen Einschnitt. Obwohl im Augsburger Religionsfrieden für die Konfessionswahl nur das Luthertum reichsrechtlich den Ständen möglich war, führte zu diesem Zeitpunkt Kurfürst Friedrich III. von der Pfalz den Calvinismus in seinen Territorien ein. Da diese »Zweite Reformation«, wie schon Zeitgenossen die Einführung des Calvinismus in ein lutherisches Territorium nannten, einer eigenen Organisation bedurfte, entstand die »Pfälzer Kirchenordnung«. Sie enthielt auch den »Heidelberger Katechismus«, der eine gemilderte Lehre z. B. bezüglich der Prädestination darbot und vorbildhaft für andere deutsche Territorien sowie die Niederlande wurde, wo ihn die wegweisende Dordrechter Synode 1618/19 rezipierte. Seine Wirkung

reichte sogar bis Ungarn, Polen sowie Amerika und ließ ihn zu einem wichtigen Dokument der Ökumene werden. Gleichzeitig zu diesen kirchenorganisatorischen Maßnahmen entwickelte sich in Heidelberg die Universität zu einer bedeutenden calvinistischen Hochschule mit führenden Theologen wie Caspar Olevianus und Zacharias Ursinus.

Für die Einführung des Calvinismus in Schottland war die überragende Gestalt des John Knox († 1572) von Bedeutung. Als Schüler der Genfer Akademie und zeitweiliger Pastor der englischen Emigrantengemeinde in Genf war Knox in vielen seiner Ansichten radikaler als Calvin selbst, der in ihrem Briefwechsel ihm oft zur Mäßigung riet. Knox legte in strikter Form die Bibel auf gegenwärtige Verhältnisse aus, was dazu führte, daß er sogar das englische Volk mit dem Volk Israel gleichsetzte und eine ausgeprägte Bundestheologie (Föderaltheologie) entwickelte. 1560 entstand unter wesentlicher Mitwirkung von Knox die »Confessio Scotica« als entscheidendes Bekenntnis; der Calvinismus wurde Staatsreligion. Es war eine Eigenart Schottlands, daß in der Kirchenstruktur lange die Institution der Bischöfe neben dem demokratischeren Presbyterianismus bestehen blieb, was zu zahlreichen Spannungen führte.

Schließlich bildete Ungarn in Südosteuropa vor allem mit der Stadt Debrecen ein Zentrum des Calvinismus, dessen Eigenheit unter anderem darin bestand, daß trotz der Ausrichtung an dem Vorbild Zürich und der Übernahme der »Zweiten Helvetischen Konfession« ein Bischof an der Spitze dieser Kirche stand.

Literatur:

Für die Ausbreitung des Calvinismus sind die Reformationsgeschichten der entsprechenden Länder zu konsultieren.

2.9 Ein »Mittelweg«: die englische Kirche

Einen interessanten eigenen Verlauf nahm die Reformation in England. Ihr Ausgangspunkt war die im Grunde völlig untheologische Entscheidung eines einzelnen, ihr Fortgang ein Zusammenspiel von König, Parlament und großen Teilen der Kirche. Ihre endgültige Stabilisierung mündete in eine Staatskirche, die dogmatisch, liturgisch und organisatorisch einen »Mittelweg« zwischen Katholizismus und Protestantismus darstellte und so genügend Raum für eine Vielzahl christlicher Lebensformen bot.

Schon die Vorbedingungen dafür unterschieden sich von der deutschen oder schweizerischen Situation. Die englische Kirche hatte bereits im Spätmittelalter Züge einer »Nationalkirche« angenommen, die ihre Belange weithin unabhängig von Rom regelte. Praemunire – Dekrete des Parlaments suchten, die Anrufung der römischen Gerichtsbarkeit zu verhindern. Stellenbesetzungen lagen teilweise in der Hand des Königs, der sich zeitweilig der Kleriker in wichtigen Staatsfunktionen bediente. Das Lollardentum, eine klerikerkritische, an der Bibel orientierte, im wesentlichen von Laien der Unterschichten getragene fromme Bewegung, lebte in einigen Regionen rudimentär weiter, ohne daß klar zu bestimmen ist, ob diese Reste wirklich die spätere Reformation förderten. Einen kräftigen Antiklerikalismus, in Deutschland mitverantwortlich für die Resonanz der Reformation, gab es in England nicht, sieht man von den Ausnahmen London und einiger Städte ab. War auf diese Weise schon die Situation ambivalent, so fehlte vor allem die mitreißende Persönlichkeit eines großen Reformators, der die fördernden Elemente zusammengefügt, die hinderlichen überwunden hätte. Daher mußte die englische Reformation andere Wege gehen, sich prozeßhaft, kaum als Massenbewegung gestaltet, und ohne eigentlich inhaltliche theologische Mitte entwikkeln, wie sie etwa die Rechtfertigungslehre bei Luther darstellte. Gerade dadurch aber gewann die »Ecclesia anglicana« ihre eigentümliche Gestalt.

Am Anfang der Kirchenspaltung stand die machtvolle Persönlichkeit König Heinrichs' VIII. (1509–1547) und dessen Wunsch, daß seine Ehe mit Katharina von Aragón, die ohne männlichen Erben

geblieben war, von der Kirche für nichtig erklärt würde. Das sollte den Weg für die Heirat mit der Hofdame Anna Boleyn freimachen; einer Ehe, auf die vier weitere folgten (Johanna Seymour, Anna von Kleve, Katharina Howard, Katharina Parr). Die sechs Ehen Heinrichs trüben leicht den Blick dafür, daß er keineswegs ein reiner Sinnenmensch war, wie er oft hingestellt wurde. Humanistisch interessiert hatte Heinrich sich 1521 sogar, wenn auch mit Hilfe von Mitarbeitern, als Theologe betätigt und eine Schrift gegen Martin Luther verfaßt, in der er die Siebenzahl der Sakramente verteidigte, den Wittenberger Reformator zu heftigen Reaktionen provozierte und vom Papst den Titel eines »Defensor fidei« (Verteidiger des Glaubens) erhielt. Auch später schloß er sich dogmatisch nicht wirklich der lutherischen Lehre an. Allerdings besaß er in Fortführung der früheren Entwicklungen ein ausgeprägtes staatskirchliches Bewußtsein, daß es ihm erleichterte, den jetzt aufbrechenden Konflikt mit den römischen Autoritäten zugunsten der königlichen Gewalt zu lösen.
Als seine Bemühungen um die Nichtigkeitserklärung, bei denen ihn Kardinal Wolsey unterstützte, am Nein der Römischen Kurie scheiterten, ließ Heinrich das Parlament im »Act in Restraint of Appeals« die Anrufung der römischen Gerichtsbarkeit verbieten. Thomas Cranmer, der neue Erzbischof von Canterbury, erklärte 1533 die Ehe endlich für nichtig und machte den Weg zur neuen Heirat frei. Die Exkommunikationsdrohung des Papstes Clemens VII. blieb erfolglos. Das für die englische Reformation typische Zusammenspiel von königlicher Gewalt, Parlament und Teilen der Kirche hatte begonnen. Eine entsprechende literarische Propaganda sicherte die einzelnen Schritte ab, begründete sie und erhöhte so die Akzeptanz in der Öffentlichkeit.
Ein erster einschneidender Schritt war 1534 die Suprematsakte, die den König zum »Obersten Haupt« der Kirche von England erklärte. Königin Elisabeth I. schwächte später diesen Titel auf »Obersten Leiter« ab, was aber in der Sache keine große Änderung darstellte. Ihren Widerspruch gegen die Suprematsakte, die den endgültigen Bruch mit der bisherigen Kirche bedeutete, mußten der Bischof von Rochester, John Fisher, und der Kanzler Thomas Morus 1535 mit dem Leben bezahlen.

Die Suprematsakte bedeutete zwar einen tiefen Eingriff in die Kirchenstruktur, brachte aber darüber hinaus keine grundlegende dogmatische Änderung. Auf Dauer war diese aber nicht zu vermeiden, wenn die englische Kirche ein eigenes Profil gewinnen wollte. In diesem Bereich erfolgten erste Schritte 1536 mit den »Zehn Artikeln«, einer Art Glaubensbekenntnis, das auch lutherische Gedanken aufnahm, ohne eindeutig einer der bestehenden Konfessionen zugezählt werden zu können. Von weitreichender Bedeutung war es, daß in den folgenden Jahren in einer Art Zusammenspiel von Forderungen von unten und Anordnungen von oben die Bibel ein Mittelpunkt englisch-kirchlicher Frömmigkeit wurde und bis zu einem gewissen Grade die fehlende reformatorische Mitte ersetzte. An ihrer Lektüre und Auslegung konnte sich immer wieder in der Geschichte der englischen Kirche individuelle Frömmigkeit in neuen Formen bilden. Die weitere Lehrentwicklung unter Heinrich VIII. war eher zögerlich, und zwar um so mehr, als er in seiner Spätphase unter anderen wegen einer Annäherung an Frankreich und des Sturzes der Regierung Cromwells rekatholisierende Tendenzen zeigte. Das schlug sich z. B. im »Bishop's Book« nieder, einer Erklärung religiöser Praxis und Lehre mit stark katholischen Zügen.

Auf einem anderen Gebiete schritt unterdessen die Reformation voran und schuf neue Strukturen: in der Klosteraufhebung. Heinrichs Kanzler Thomas Cromwell, der als »Generalvikar in kirchlichen Angelegenheiten« fungierte, ließ 1536 die reichen Klöster auflösen, was nicht nur die Stellung des Weltklerus, sondern auch die königliche Kasse stärkte. Jetzt regte sich allerdings Widerstand in Form von Aufständen im konservativeren Norden Englands, die als »Gnadenwallfahrt« unter Führung von Robert Aske bekannt sind, letztlich aber keinen Erfolg hatten. Im Unterschied zu den nördlichen Regionen öffnete sich der Süden schneller der Reformation, da er mit London sowie den Hafenstädten für Beeinflussungen z. B. aus den Niederlanden zugänglich war. Bedingt durch die politischen und sozio-kulturellen Verhältnisse verlief sie aber letztlich in den einzelnen Regionen Englands unterschiedlich.

Heinrichs Nachfolger Eduard VI. (1547–1553) trieb über den für ihn regierenden Protektor Eduard Seymour, den Herzog von So-

merset, die Reformation weiter voran. Sie war jetzt in der Lehre auch beeinflußt von Exulanten, die wegen des Interims nach England geflohen waren, und nahm stärker calvinistische Elemente auf, ohne den englischen Mittelweg zu verlassen. Zur Vereinheitlichung der Liturgie entstand das »Book of Common Prayer« (1549, 1552 eine stärker protestantisierte Ausgabe). In 42 Artikeln ließ Eduard 1553 die Dogmatik zusammenfassen. Ein interessantes, wenn auch umstrittenes Phänomen der Frömmigkeit bildeten die jetzt entstehenden »prophesyings«, also Gruppen, in denen Prediger und Laien die Bibel lasen und predigten.
Das Zwischenspiel der Rekatholisierung unter Maria Tudor (1553- 1558), unterstützt von Kardinal Reginald Pole, hatte keinen Erfolg. Im Gegenteil: die Brutalität mancher Maßnahmen mit zahlreichen Hinrichtungen (z. B. der Bischöfe Cranmer, Ridley, Latimer) stärkte den reformatorischen Widerstand und schuf Märtyrer, die John Foxe in seinem »Book of Martyrs« verherrlichte. Zahlreiche englische Protestanten flohen und bildeten in Frankfurt und Genf einflußreiche Exilgemeinden. Marias Verbindungen zu Spanien – sie war die Ehefrau Philipps' II. – bedingten sogar, daß in dieser Periode englisches Nationalbewußtsein und anglikanischer Protestantismus enger zusammenwuchsen.
Unter der langen Regierungszeit Elisabeths I. (1558–1603) stabilisierte sich endgültig die anglikanische Staatskirche. Die sinnlose Exkommunikation und Absetzung der Königin durch Papst Pius V. 1570 bewirkte eine verstärkte Verfolgung der Katholiken und beschleunigte nochmals den Prozeß eigener Kirchenbildung. Dogmatisch legten die 39 Artikel von 1563 die Grundlagen für die Zukunft, die das Parlament 1571 ratifizierte. Die Bischofsverfassung blieb trotz mancher Spannungen erhalten, und die Liturgie war katholisierend, während die Lehre Anlehnungen an den Calvinismus zeigte, aber nicht dessen Prädestinationslehre übernahm. Innerkirchliche Spannungen mit den Puritanern als Vertretern eines missionarisch-praktischen Evangelismus mit Berührungen zum Calvinismus, die auf Beseitigung der »katholischen Reste« bedacht, aber in sich selbst keineswegs gleichförmig waren, oder mit den die Staatskirche bekämpfenden Separatisten ließen die anglikanische Kirche nicht zerbrechen. Sie bewies damit ihre Integra-

tionsfähigkeit, die sie nicht zuletzt der »via media« (ihrem Mittelweg) und deren Toleranz verdankte. In Schottland, das erst 1603 unter Jakob I. mit England vereinigt wurde, setzte sich langfristig der Calvinismus durch[17].

All das bedeutete nicht, daß die katholische Kirche auf den britischen Inseln völlig untergegangen wäre. So blieb Irland unter starkem Widerstand katholisch, was allerdings immer wieder zu schweren Spannungen im Laufe der Geschichte führte. Aber auch in England selbst gab es vor allem auf dem Land beim niederen Adel sowie in den Städten Möglichkeiten des Überlebens für Katholiken. Für den katholischen englischen Klerusnachwuchs sorgte das Auslandsseminar in Douai sowie die römischen Ausbildungsstätten. Auch Ordensleuten war es möglich, in England zu wirken; so den wegen ihrer Bevorzugung der spanischen Politik zeitweilig wenig geliebten Jesuiten oder den Benediktinern. Die »Pulververschwörung« von 1605, ein Plan der Katholiken, das Parlament zu sprengen, und die damit einsetzenden Verfolgungen zerstörten ihre Hoffnungen endgültig, die sie auf den Stuartkönig Jakob I. gesetzt hatten. Überhaupt ist bei der immer wieder ausbrechenden Unterdrückung der Katholiken die politische Dimension einschließlich ihrer Kontakte zu Spanien, welche aus englischer Sicht auf höchste Weise gefährlich waren, zu beachten und erklärt teilweise die Härte der Maßnahmen.

Literatur:

Viviane Barrie-Curien, Die anglikanische Reformation. Die Reformation auf den Britischen Inseln, in: Marc Venard, Heribert Smolinsky (Hgg.), Die Geschichte des Christentums Bd. 8, Freiburg u.a. 1992, 191–238. 524–572 (mit weiterer Literatur);

Patrick Collinson, Eamon Duffy, England IV–V, in: Theologische Realenzyklopädie 9 (1982) 636–651;

Günther Gaßmann, Die Lehrentwicklung im Anglikanismus: Von Heinrich VIII. bis zu William Temple, in: Carl Andresen (Hg.), Handbuch der Dogmen- und Theologiegeschichte 2: Die Lehrentwicklung im Rahmen der Konfessionalität, Göttingen 1989 (1980) 353–409.

[17] Siehe S. 94.

3 Das konfessionelle Zeitalter

Unter »konfessionellem Zeitalter« versteht man den Zeitraum, in dem der langandauernde Prozeß einer Durchdringung des religiösen, sozio-kulturellen und politischen Bereiches mit den Lehren und Normen der jeweiligen Konfessionen stattfand. Über seine Chronologie besteht in der Forschung, die auf diesem Feld nach wesentlichen Anregungen durch Ernst Walter Zeeden[1] von Wolfgang Reinhard, Heinz Schilling sowie anderen vorangetrieben wurde, keine einheitliche Meinung. Ein möglicher, im folgenden gewählter Rahmen ist die Zeit vom Augsburger Religionsfrieden bis zum Westfälischen Frieden 1648, was nicht ausschließt, daß andere das konfessionelle Zeitalter zwischen 1530 (Augsburger Konfession) und ca. 1730 (Vertreibung der Protestanten aus dem Salzburger Gebiet) ansetzen und damit die Epoche des Absolutismus teilweise einbeziehen[2]. Inhaltlich spricht die bisherige Diskussion eine Fülle von Fragen an, die von der »Gegenreformation als Modernisierung«[3] über den Zusammenhang zwischen der Konfessionalisierung und der Entstehung des frühneuzeitlichen absolutistischen Staates oder den Auswirkungen auf den Lebensrhythmus der Menschen bis hin zur Umformung des Christentums in Stadt und Land reichen. Ein wichtiges Charakteristikum der neueren Forschung ist es, auf die Gleichartigkeit der historischen Prozesse in allen Konfessionen hinzuweisen und damit eingefahrene Bewertungen bezüglich der Progressivität oder Rückständigkeit einzelner Konfessionskirchen zu relativieren.

[1] Die Entstehung der Konfessionen, München-Wien 1965.

[2] *Wolfgang Reinhard*, Die lateinische Variante 250.

[3] *Wolfgang Reinhard*, Gegenreformation als Modernisierung? Prolegomena zu einer Theorie des konfessionellen Zeitalters, in: Archiv für Reformationsgeschichte 68 (1977) 226–252.

Literatur:

Wolfgang Reinhard, Zwang zur Konfessionalisierung? Prolegomena zu einer Theorie des konfessionellen Zeitalters, in: Zeitschrift für Historische Forschung 10 (1983) 257–277;

Ders., Reformation, Counter – Reformation, and the Early Modern State. A Reassessment, in: The Catholic Historical Review 75 (1989) 383–404;

Ders., Die lateinische Variante von Religion und ihre Bedeutung für die politische Kultur Europas, in: Saeculum 43 (1992) 231–255, bes. 248–253;

Hans-Christoph Rublack (Hg.), Die lutherische Konfessionalisierung in Deutschland, Gütersloh 1992;

Heinz Schilling (Hg.), Die reformierte Konfessionalisierung in Deutschland – Das Problem der »Zweiten Reformation«, Gütersloh 1986;

Ders., Nation und Konfession in der frühneuzeitlichen Geschichte Europas. Zu den konfessionsgeschichtlichen Voraussetzungen der frühmodernen Staatsbildung, in: Klaus Garber (Hg.), Nation und Literatur im Europa der Frühen Neuzeit, Tübingen 1989, 87–107;

Heinrich Richard Schmidt, Konfessionalisierung im 16. Jahrhundert, München 1992.

3.1 Konfessionalisierung, katholische Reform und Gegenreformation

Die Konfessionalisierung der katholischen Kirche bedeutete nicht einen völligen Neubeginn. Sie baute auf den spätmittelalterlichen Entwicklungen auf, erhielt durch den Humanismus, die fortgeführte Reform und den Kampf mit der Reformation neue Impulse und formte langsam die einzelnen Elemente zur Konfessionskirche um. In diesem Zusammenhang ist als Ausgangspunkt auf die »katholische Reform« zurückzugreifen. Immer wieder angemahnt, hatte sie durchaus vor und während der Reformationszeit gegriffen und Langzeitwirkung entfaltet, wenn auch am wenigsten in Deutschland. Ihre Schwerpunkte lagen in Spanien und Italien; beides Länder, die weniger von der eigentlichen Reformation, wohl aber vom Erasmianismus erfaßt waren, der auf Gedanken des Erasmus von Rotterdam aufbaute und im Zuge der Gegenreformation als sog. »Häresie« abgestoßen wurde. Dazu kamen andere

Reformströmungen, die im Zeitalter der Konfessionalisierung weiterlebten. Zu nennen sind das intensive Bruderschaftsleben in Italien mit seiner aktiven caritativen Tätigkeit, vorbildhafte Bischöfe wie Matteo Giberti in Verona, vor allem aber religiöse Gemeinschaften und Orden. In Rom entstand nach Vorformen 1564/1575 das »Oratorium« des Philipp Neri als Weltpriestervereinigung, das später in Frankreich mit einigen Abwandlungen gegenüber den italienischen Formen als »französisches Oratorium« eine bedeutende spirituelle Zukunft haben sollte. Weitere Vereinigungen waren die Barnabiten, Theatiner und Kamillianer. Angela Merici gründete 1536 die Ursulinen, die in Zukunft für die Frauenbildung wichtig werden sollten. Mit den Kapuzinern entstand 1528 die dritte große Gruppierung der Franziskaner, die seit der provokativen Regel ihres Gründers ständigen Reformen unterlagen. Eine Spiritualität, die als spanische Mystik bezeichnet werden kann, entwickelten Teresa von Avila (Die Seelenburg) und Johannes vom Kreuz (Dunkle Nacht der Seele). Sie ist mit dem Begriff »konfessionalisiert« kaum zu charakterisieren, sondern war eine eigenständige religiöse Lebensform. Ebenfalls aus der katholischen Reform heraus entstand der Jesuitenorden. An seinem Beispiel läßt sich der Zusammenhang zwischen Modernisierung und Konfessionalisierung gut belegen, so daß auf ihn näher eingegangen werden soll.

Ignatius von Loyola (eigentlich Iñigo López de Oñaz y Loyola, 1491–1556) wurde im Baskenland geboren. Als Adeliger erhielt er eine standesgemäße Erziehung und schlug die Offizierslaufbahn ein. Eine Verwundung bei Pamplona zwang ihn 1521 zu langandauernder Bettruhe. Während dieser Zeit entwickelte sich einer der Entscheidungsprozesse, die für Ignatius typisch werden sollten. Die Langeweile ließ ihn zu frommen Büchern greifen, deren Lektüre zusammen mit dem Krankenlager eine erste Gesinnungsänderung bewirkte. Dabei ist kaum an eine blitzartige Bekehrung zu denken, sondern an einen länger andauernden Prozeß, worin die von der Lektüre und der eigenen Phantasie hervorgerufenen Stimmungen des Trostes oder der Niedergeschlagenheit eine Rolle spielten. Mit der für ihn typischen Willensentscheidung entschloß sich Ignatius, in Zukunft Gott zu dienen.

Auf dem Berg Montserrat, dem katalanischen Nationalheiligtum, gab er symbolisch die Soldatenkarriere endgültig auf. Im nahe gelegenen Manresa blieb Ignatius als Pilger und legte in mystischen Erfahrungen und Kämpfen den Grund für sein bekanntestes Buch, die »Geistlichen Exerzitien«. Sie bauten auf Vorgängern auf, die er genuin verarbeitete und umformte. Wichtig und neu war, daß er in seine Konzeption der geistlichen Übungen die Person des »Seelenführers« (Exerzitienmeisters) integrierte, der die Exerzitien zu leiten hatte. Es war eine Art gewollter »Erfahrungstheologie«, die Ignatius anstrebte und die den ganzen Menschen mit all seinen Sinnen einbezog. »Gott in allen Dingen suchen« wurde von nun an ein Prinzip seines Lebens.

Nach einer Pilgerfahrt in das Heilige Land und verschiedenen Zwischenstationen und Studien in Spanien, die ihn zeitweilig in Konflikt mit der Inquisition brachten, studierte Ignatius ab 1528 in Paris. Hier lernte er die entscheidenden Gefährten (Laínez, Franz Xaver und andere) kennen, mit denen er 1534 in einer Kirche auf dem Montmartre das Gelübde der Armut und Keuschheit ablegte sowie eine Wallfahrt nach Jerusalem versprach. Als die Wallfahrt nicht zustandekam, begann die Gruppe eine Seelsorgetätigkeit in Italien. In Venedig empfingen sic die Priesterweihe. Als nach einigen Jahren Arbeit in Rom (ab 1537) die Gefahr bestand, daß sich die kleine Gruppe wegen anderer Aufgaben wieder zerstreute, kam es 1540 endgültig zur Ordensgründung mit dem Namen »Compañía de Jesús«, latinisiert »Societas Jesu« (Gesellschaft Jesu). Zusätzlich zu den klassischen drei Gelübden band die Jesuiten ein viertes gegenüber dem Papst eng an die hierarchische Kirche. Nachdem eine Satzung erstellt war (Prima Instituti Summa), anerkannte Papst Paul III. mit der Bulle »Regimini militantis ecclesiae« 1540 die Jesuiten als Orden, dessen erster Generaloberer Ignatius selbst wurde. Mit großer Willenskraft leitete er bis zu seinem Tode 1556 das Werk und erarbeitete bis ins Detail genau Konstitutionen.

Diese Bestimmungen waren es auch, die der Gesellschaft Jesu ihre Struktur und Schlagkraft gaben. Dazu kam die innere Formung ihrer Mitglieder durch die eigentlich eng mit den Konstitutionen verbundenen »Exerzitien«. Als Ignatius 1556 starb, zählte der Orden über 1000 Mitglieder. Unter seinem Nachfolger Diego Laínez waren es bald über 3000.

Die Jesuiten waren ein »moderner Orden«, nicht als Mittel der Gegenreformation und Konfessionalisierung gegründet, aber bald ihr Exponent. Ihre Modernität zeigte sich in Funktionalität und Mobilität. Die für viele alten Orden typische Ortsbeständigkeit, eine spezifische Ordenskleidung, das gemeinsame Chorgebet und die verpflichtende Lebensform in einem Konvent entfielen. Das nach einer strengen Auslese aufgenommene Mitglied durchlief eine lange Eliteausbildung, wodurch es im hohen Maße einsatzfähig wurde und nicht gefesselt war an hinderliche Vorschriften bezüglich Kleidung oder enge Bindung an eine Kommunität.

Die innere Struktur stimulierte durch die Einteilung der Patres in verschiedene Klassen (Professen und Koadjutoren; höhere Ämter nur an Professen, die allein das vierte Gelübde des Gehorsams gegen den Papst ablegten) das Konkurrenzdenken und das Leistungsbewußtsein. Mit den »Exerzitien« gelang es, die Werte der katholischen Kirche dem Inneren des einzelnen einzuprägen und so individuell überzeugte Katholiken zu schaffen. Die Betonung der persönlichen Entscheidung durch einen dezidierten Willensakt kam durchaus einer Tendenz der Neuzeit zur Individualität entgegen, denn hier waren Freiheit und Gestaltungskraft angesprochen, die sich allerdings wiederum völlig an die Ziele der Gesellschaft Jesu binden sollten.

Der Sinn für zentrale Schaltstellen der politischen sowie kirchlichen Macht ließ die Jesuiten ihr Wirkungsfeld an Höfen suchen und mit Schulen, Kollegien und Universitäten die konfessionalisierte Bildung vorantreiben. Der Orden erkannte früh die Notwendigkeit, gerade für die von der Reformation bedrohten Gebiete Priester heranzubilden, so daß auf sein Drängen 1552 das »Collegium Germanicum« gegründet wurde. Die intensive Erziehungsarbeit wurde ergänzt durch die Beeinflussung der öffentlichen Meinung in Wort und Schrift, welche die Jesuiten z. B. zu Hauptautoren der Druckereien in Dillingen und Ingolstadt werden ließ. Eine Institution, die in Universitäten, Schulen und beim städtischen Bürgertum auf Elitebildung abzielte, waren die Marianischen Kongregationen[4], eine Art Bruderschaften mit umfassend geregeltem Leben, deren Konzentration auf die marianische Frömmigkeit einen Aspekt der katholischen Konfessionalisierung zeigt, mit der sie sich vom Protestantismus dezidiert absetzte.

Die Ausbreitung des Ordens ging rasch voran. Kurz nach 1540 hatte er in Spanien, Frankreich und Deutschland Niederlassungen. In Köln war er ab 1544 am Ort, und in Bayern begann 1549 Petrus Canisius seine Arbeit. Der Mangel an Lehrkräften in den deutschen katholischen Universitäten war mit ein Grund, daß die Jesuiten bald an den Hochschulen Fuß faßten und einige sogar völlig in die Hand bekamen. Bei den Missionen, welche z. B. Franz Xaver 1542 in Indien begann, und die bald auf Japan (1549), den Kongo, Lateinamerika oder später kurzfristig Abessinien ausgedehnt wurden, versuchten die Jesuiten nach ersten Anläufen eine weitgehende Inkulturation des Christentums, ohne in diesem Punkte wirklich zum Ziel zu kommen[5].

Zu Veränderungen, Modernisierungen und gezielter konfessioneller Aktivität kam es in unserem Zeitraum auch bei den Päpsten und der Römischen Kurie. Dem an machtvoll politischem Heroentum orientierten Renaissancepapsttum folgte mit Pius V. (1566–1572) eine strenge, heiligmäßige Gestalt, die eine neue Generation von Päpsten ankündigte. In den ikonographischen Herrscherstilisierungen erschien der Papst zwar nach wie vor als Regent, aber nicht mehr wie bei Julius II. als Persönlichkeit, die sogar auf die Intervention der himmlischen Mächte bauen konnte, sondern bei Urban VIII. (1623–1644) als ganz dem Geistlichen zugewandter Stellvertreter Christi, dessen persönliches Überschreiten alles Irdischen ihn geradezu für eine überparteiliche Ausübung von Herrschaft zu prädestinieren schien[6].

Eine Modernisierung mit dem Ziele höherer, durch die gegenreformatorische Situation auch notwendiger Effizienz brachte unter

[4] Zur Formung einer katholischen Gesellschaft durch die Jesuiten vgl. *Louis Châtellier*, L'Europe des dévots, Paris 1987.

[5] Vgl. S. 121.

[6] Vgl. *Volker Reinhardt*, Moses und der Gekreuzigte. Zur Funktion päpstlicher Kunstbeauftragung und Selbstdarstellung unter Julius II. und Urban VIII., in: August Buck (Hg.), Höfischer Humanismus, Weinheim 1989, 133–160.

Sixtus V. (1585–1590) die Umorganisation der kurialen Behörden, vor allem die Schaffung von 15 Kardinalskongregationen. Schon seit 1568/73 gab es eine kurzlebige »Deutsche Kongregation«, und 1622 entstand unter Gregor XV. (1621–1623) die »Propagandakongregation« (Congregatio de Propaganda Fide), welche die Mission aus der kolonisatorischen Umklammerung lösen und die Ordensaktivitäten in den Missionen koordinieren sollte[7]. Da auch die protestantisch gewordenen Gebiete Europas ihr unterstanden, spielte sie über die eigentliche Mission hinaus eine wichtige Rolle. Als Mittel der Diplomatie, der Durchsetzung des konfessionalisierten Katholizismus und der Kontrolle errichtete die Kurie ständige Nuntiaturen, z. B. in Luzern 1578/81, in Graz 1580, in Wien 1581, in Köln 1584 und in Brüssel 1597.

Der verbesserten und vereinheitlichten Priesterausbildung dienten die römischen Seminarien und Studienanstalten, die nach Trient entstanden. Das von Jesuiten geleitete Collegium Romanum wurde unter Gregor XIII. Universität (Gregoriana). Seminare für eine Reihe von Ländern (Griechisches Kolleg 1576, Englisches 1579, Schottisches 1600, Irisches 1628) entstanden, die mit dem schon 1552 errichteten Collegium Germanicum vergleichbar sind. Damit war eine gesteuerte Ausbildung ermöglicht mit dem Ziel, Schaltstellen in den Lokalkirchen zu besetzen.

Der Prägung eines konfessionalisierten Bewußtseins diente eine weitere Reihe von Maßnahmen, angefangen bei der neu bearbeiteten, als authentischer Text deklarierten Ausgabe der lateinischen Bibel (Sixto-Clementina 1592) über das Römische Martyrologium bis zu den revidierten liturgischen Büchern, deren Ausgaben 1614 mit dem Rituale Romanum abgeschlossen waren. Wie stark konfessionelles Denken auch nichtreligiöse Bereiche ergriff, zeigt der Streit um die Kalenderreform. Als Gregor XIII. im Oktober 1582 den neuen Kalender einführte, weigerten sich protestantische Gebiete und die orthodoxe Kirche, diese sinnvolle Reform mitzumachen.

Die ineinander verschmolzene Reform und Gegenreformation, verstanden als konfessionalisierte katholische Kirche, setzte sich

[7] Vgl. S. 202ff.

über Synoden, Visitationen, landesherrliche Verordnungen und Modernisierung der Verwaltungsbehörden in geistlichen sowie weltlichen Territorien durch. In Bayern schuf Kurfürst Maximilian ein Land, von dem der Jesuit Matthäus Rader 1615 sagte, die ganze Region sei nichts als Religion (tota regio nil nisi religio). Das mochte ein Stück Wunschtraum sein, war aber nicht ohne Realitätsbezug. Territoriale Einheit, katholischer Glaube und Lebenspraxis sowie die Wittelsbacher Dynastie verbanden sich hier untrennbar miteinander. Im Würzburger Stiftsgebiet baute Fürstbischof Julius Echter von Mespelbrunn im Zuge der Konfessionalisierung die Kirchenorganisation sowie die Landesherrschaft aus. Deutlich greifbar wird bei ihm die konfessionelle Lebensdisziplinierung, die sich in umgreifenden Ordnungen niederschlug. Als Echter 1576/79 in Würzburg das Juliusspital gründete, dekretierte er eine fast klösterliche Ordnung für die Insassen und verband so die Sozialfürsorge mit Lebensdisziplinierung. Im Erzbistum Köln war Ferdinand von Bayern derjenige, welcher Reform und Gegenreformation durchsetzte; in Österreich griff Kaiser Ferdinand II. hart zu und disziplinierte die protestantisierenden Stände. Das Spanien Philipps' II. mit seiner in vielen Punkten faszinierenden, aber auch rigiden, intoleranten Kirchlichkeit ist nochmals ein Beispiel der konfessionalisierten katholischen Kirche in der frühen Neuzeit.

3.2 *Öffentlichkeit, Kontrolle und Bildung als Mächte der Konfessionalisierung*

Im Prozeß der Konfessionalisierung kam der Gestaltung von Öffentlichkeit und Bildung in allen Konfessionen ein hoher Stellenwert zu. Schon in Kreisen des Humanismus, vor allem des religiös interessierten Bibelhumanismus unter dem Einfluß des Erasmus, war früh erkannt worden, daß Gelehrsamkeit sowie Bildung von Klerus und Laien nicht ein Teil, sondern die Grundlage einer jeden Reform sein mußte. Ähnlich wie protestantische Kirchenordnungen, die Schule, Universität, Predigt und Katechese in ein Gesamtkonzept integrierten, wollten sie die Bildung und Belehrung zu einer Größe machen, die Kirche und Staat umgriff[8]. Bezüglich der religiösen Unterweisung traten der gebildete Kleriker und vor allem der »belehrte Laie« in den Mittelpunkt. Die Reformentwürfe forderten eine breite religiöse Publizistik und intensivierte Predigt, um so zu erreichen, daß die Gläubigen die Riten der Kirche verstanden und als sinnvoll ansahen. Das bedeutete eine Pädagogisierung der Sakramente und den verstärkten Einsatz der Volkssprache z. B. bei der Spendung der Taufe. Rechte Belehrung und Bildung sollten den Mißbrauch verhindern und schließlich die katholische Kirche auch für solche attraktiv machen, die dem Protestantismus zuneigten. Mit Sanktionen wie der, daß man ohne eine katechetische Prüfung nicht zur Kommunion gehen dürfe, verschärften diese Vorschläge die Kontrolle, um auf diese Weise den nötigen Leistungsdruck auf die Laien auszuüben. Examina bezüglich der religiösen Bildung und des Bekenntnisses übertrugen dieses System auf die Prediger und Pfarrer.

Waren diese Humanisten im allgemeinen an Toleranz interessiert und bemühten sie sich um die Kircheneinheit, so setzte im Zuge der Konfessionalisierung mit dem Beginn der 60er Jahre des 16. Jahrhunderts ihre massive Verdrängung ein. Zugleich machte sich ein zunehmendes Mißtrauen gegenüber den Laien breit, etwa was ihre Bibellektüre und ein Zuviel an theologischem Wissen betraf. Der Konvertit Friedrich Staphylus schrieb 1561 ein Buch »Christlicher Bericht an den Gottseligen gemeynen Laien«, in dessen zweiter Auflage 1573 es hieß: »Zum anderen sieht man auch wohl, was für ein Schaden der ganzen Christenheit daraus erwächst, wenn den ungelehrten Laien ›in der Bibel irem gefallen und fürwitz nach zu wülen und zu sudeln soll zugelassen werden‹« (S. 96). Der Dominikanertheologe Melchior Cano wandte sich 1559 gegen seinen Ordensbruder Bartolomé Carranza, den Erzbischof von Toledo, der in seinem Katechismus die Theologie dem einfachen Volk nahebringen wollte. Unkontrollierte Bildung erschien als Gefahr und galt als mögliches Einfallstor für den Protestantismus, dem entgegengewirkt werden mußte.

So entstand eine Zeit des Überganges, die bis in die 70er Jahre des

[8] Vgl. S. 57 ff.

16. Jahrhunderts dauerte und sukzessive den irenischen Erasmianismus durch Bücherverbote oder die Inquisition, wie für Italien gezeigt wurde[9], zurückdrängte. Schon in ihr und verstärkt danach etablierten sich eine neue Öffentlichkeit und ein Bildungssystem, die immer mehr ein konfessionalisiertes Christentum widerspiegelten und vorantrieben. Als wichtige Institution dienten dem die Schulen, vor allem das von den Jesuiten getragene System der Kollegien und Gymnasien. Über den Orden war eine gezielte Steuerung der Inhalte und der Pädagogik möglich. So entstanden 1556 in Ingolstadt, 1559 in München und zwischen 1590 und 1630 in zahlreichen anderen Städten Jesuitenkollegien. In Köln übernahmen die Jesuiten das Gymnasium Tricoronatum, in Trier und Koblenz gründeten sie 1560 bzw. 1580 Gymnasien. Sie integrierten den Humanismus und seine Hochschätzung der Rhetorik und Sprachen in ihr Bildungssystem. So gelang es den Jesuiten, ein modernes, allen Anforderungen der zeitgenössischen Bildung entsprechendes Erziehungssystem zu entwickeln und konkurrenzfähige Schulen gegenüber den protestantischen Gymnasien zu schaffen. Gleichzeitig instrumentalisierten sie den Humanismus im Sinne der konfessionalisierten Kirche, d.h. er war ein Mittel zur Rechtfertigung der eigenen Positionen in Abgrenzung zu den Protestanten. Modernisierte Bildung und Konfessionalisierung waren eins, wobei zu betonen ist, daß die Jesuiten hier nur beispielhaft genannt sind und nicht die einzigen Träger des Schulwesens waren. Für die Mädchenbildung wären vor allem die Ursulinen zu nennen sowie 1609 die Gründung Mary Wards, die »Englischen Fräulein«, die aber wegen großer Schwierigkeiten nur dank der Hilfe Maximilians von Bayern überleben konnten und langfristig eine bedeutende Wirkung hatten.
Neben der Schule, aber oft eng mit ihr verzahnt entstanden landesherrliche neue Universitäten: 1551/1553 in Dillingen, die bald den Jesuiten ganz übergeben wurde; 1582 in Würzburg. Zu Beginn des 17. Jahrhunderts folgte eine zweite Gründungswelle. Die Theologie erhielt die Aufgabe, Verteidigung der eigenen Position und

[9] *Silvana Seidel Menchi*, Erasmus als Ketzer. Reformation und Inquisition im Italien des 16. Jahrhunderts, Leiden 1993.

Fachstudium für Seelsorger zu sein. Wo die Jesuiten Einfluß nahmen, schuf ihre »Ratio Studiorum« (Studienordnung, endgültige Fassung 1599) klare Strukturen und vereinheitlichte die Ausbildung.

Innerhalb der Schule spielten die Schuldramen für die religiöse Belehrung und Veränderung eine wichtige Rolle. Sie waren nicht auf die Jesuitenschulen beschränkt – z. B. gab es bedeutende benediktinische Dramen –, aber diese pflegten sie am intensivsten. Pro Gymnasium ist mit jährlich fünf bis acht Theaterstücken zu rechnen. Die Sprache blieb Latein und dokumentierte die Gelehrtenkultur der Neuzeit. Beliebt waren Stücke über alttestamentliche Themen wie die Josefsgeschichte, aber auch die Schicksale von Märtyrern, die für ihren Glauben starben. Natürlich zielte das auf die eigene Bekenntnisfreudigkeit der Spieler und Zuschauer ab. Allerdings dienten die Dramen auch der Verarbeitung konkreter Zeitfragen, was z. B. Ende des 17. Jahrhunderts zu beobachten ist, als die Türken erneut eine gefährliche Bedrohung darstellten, die das Theater entsprechend behandelte.

Über die Schule hinaus hatten Wallfahrten, Prozessionen oder Bilder ebenfalls belehrende Funktion. Vor allem sprach die religiöse Literatur ein breites Publikum an. In Paris nahm sie z. B. 1643–1645 rund 48 % der Gesamtproduktion ein. Aus dem Briefwechsel des Jesuiten Georg Stengel in Ingolstadt bzw. Dillingen mit seinem Bruder Karl in der ersten Hälfte des 17. Jahrhunderts ergibt sich eine geradezu hektische Aktivität in der Bücherproduktion. Georg verfaßte über 100 lateinische Werke, die sein Bruder teilweise ins Deutsche übersetzte. Als Verlagsort bot sich Ingolstadt an, dessen Drucker Wolfgang Eder z. B. von 1577–1596 zunehmend Jesuitenautoren verlegte, wobei wissenschaftliche Literatur dominierte.

Die Druckereien in München und Dillingen dagegen produzierten vor allem religiöse Gebrauchsliteratur. Eine Stiftung, die 1614 der Jesuit Emmeran Welser in München gründete und die den Titel »Güldenes Almosen« trug, bestand bis 1773. Sie gab kostenlos lateinische sowie deutsche geistliche Literatur ab und wurde von den bayerischen Herzögen bzw. Kurfürsten gefördert. In Würzburg, Köln und Wien entstanden ähnliche Einrichtungen. Als Zielgruppe nannte Welser Schülereltern, Priester, Pfarrer, Stadtschreiber, Marktschreiber, Kaufleute, Wirte, Handwerker, Soldaten, Eheleute und Schulkinder.

Es ist kein Wunder, daß sich bei so viel Bildungseinsatz ein Typus entwickelte, den man den konfessionalisierten, gelehrten Laien nennen könnte. Beispielhaft sei hier der Münchner Hofrat Aegidius Albertinus († 1620) genannt. Er stammte aus den Niederlanden und beherrschte neben seiner Muttersprache noch Deutsch, Latein, Französisch, Spanisch und Italienisch. Ab 1593 übersetzte Aegidius vor allem spanische religiöse Literatur ins Deutsche. Das Spektrum war groß und reichte von einer »Hauspolicey« (Hausstandslehre) über Fürstenspiegel und Heiligenlegenden bis zu Laster- und Tugendspiegeln. Wie stark es auf die Verinnerlichung und den Primat der Frömmigkeit bei der Lektüre ankam, zeigt eine Passage aus der von Aegidius 1605 herausgegebenen Schrift »Weiblicher Lustgarten«, der mit Lust wenig, mit rigider Standesmoral viel zu tun hatte. Dort hieß es: »Was den Junckfrauen für großer Schaden erfolge auß dem lesen der Prophanischen, Weltlichen und verlognen Büchern; hingegen was ihnen für ein großer Nutz aus dem Lesen der heiligen und guter bücher entspringe«. Das Mißtrauen gegenüber unkontrollierbaren Einflüssen wird deutlich, wozu die gängige Meinung der Zeit trat, daß geistliche Lektüre als Arbeit, alle andere als unnötiger Müßiggang zu werten sei. Kündigte sich hier nicht schon das Arbeitsethos der bürgerlichen Gesellschaft an?

Ein anderes Element läßt ebenfalls erkennen, in welche Richtung sich gesellschaftliche Verschiebungen langfristig entwickeln würden, wenn sie jetzt auch noch völlig religiös geprägt waren: die wachsende Moralisierung des Christentums. Jesuitentheater, Buchproduktion und Predigten lehrten zunehmend Moral. Unwissenheit und moralisches Versagen seien der Grund für die Reformation gewesen; so lautete der Leitgedanke des 1614 in Dillingen aufgeführten Theaterstückes »Otto redivivus«. Religiöses Wissen, abgezweckt auf die eigene Konfession, und moralisch einwandfreies Verhalten erbrachten den Beweis für die Wahrheit, und nur in diesem Sinne galt eine »erudita pietas« (gelehrte Frömmigkeit) als erstrebenswert.

Alle Konfessionen waren sich bewußt, daß man das religiöse Leben einer Kontrolle zu unterstellen habe, sollte die Konfessionalisierung gelingen. Daher ließ die katholische Kirche seit 1559 in immer neuen Fassungen die verschiedenen Arten des »Index« als Verzeichnis der verbotenen Bücher erscheinen, um so unliebsame Autoren wie Erasmus von Rotterdam zu verdrängen und den Büchermarkt zu regulieren. Aber auch die religiöse Praxis unterlag einer rigiden Aufsicht. Die Religionsgesetze Maximilians von Bayern etwa befahlen die Kontrolle von Osterbeichte und -kommunion durch die Staatsbeamten. Sie beinhalteten scharfe Moralmandate, schrieben für Hofbeamte und Minister den täglichen Meßbesuch vor und setzten Strafen für Verstöße fest. Ein Spitzelsystem diente der Information. Im Sinne der Betonung katholischer Marienfrömmigkeit »marianisierte« Maximilian sein Territorium und erklärte Maria zur »patrona Bavariae«. So fügte sich das Land in eine Art »katholische Kulturlandschaft« ein, die durch Europa von Antwerpen bis Wien reichte.

3.3 *Probleme der Theologie und Wissenschaften*

Die Wissenschaftsgeschichte des konfessionellen Zeitalters ist voller Spannungen, aufgeladen mit Kontroversen zwischen und in den Konfessionen, belastet mit dem Streit um das heliozentrische Weltbild oder Fragen des Skeptizismus und Möglichkeiten des Unglaubens, aber auch den langsamen Ablösungsprozessen der sog. »Profanwissenschaften« von der Theologie. Tatsächlich brachte aber all das nicht nur negative Entwicklungen hervor, sondern regte neue Methoden, Erkenntnisse und Fortschritte an, ohne die die Neuzeit nicht denkbar ist.

Die Fülle der Universitäts- und Kolleggründungen, von denen schon die Rede war[10], beschränkte sich nicht auf Deutschland, sondern erfaßte ganz Europa und betraf alle Konfessionen. Allein in den calvinistischen Niederlanden entstanden nacheinander die Universitäten Leiden (1575), Franeker (1585), Groningen (1614)

[10] Vgl. S. 109.

und Utrecht (1636). Ebenso gründeten die französischen Hugenotten nach dem Genfer Vorbild Hochschulen, etwa in Saumur. Diesen »institutionellen Bildungsschub« ergänzten vor allem im 17. und 18. Jahrhundert die Akademien (z. B. Academia dei Lincei in Rom 1603; Academie française 1635; Royal Society in London 1662), deren Bedeutung für das geistige Leben ständig wuchs, an denen z. B. ein Isaac Newton wirkte und deren Förderung sich Gottfried Wilhelm Leibniz widmete. Es entstand der Typ des barocken Gelehrten mit weit gespannten Interessen und Beziehungen, wie ihn katholischerseits der Jesuit Athanasius Kircher darstellte. Die wissenschaftliche Tätigkeit der Orden sowie die Aktivitäten der großen Barockabteien mit ihren Büchersammlungen und ihrem Interesse an Naturwissenschaften und Geographie sind ein weiteres Indiz für die Bildungs- und Gelehrtenlandschaft der Zeit.

Für die Theologie stellte sich eine Reihe methodischer und inhaltlicher Probleme, die diese langfristig veränderten. Da die Reformation die Bibel in den Mittelpunkt gerückt hatte, entwickelte sich in allen Kirchen die Frage nach den korrekten Texten in den Ursprachen. Die Regeln der Interpretation waren zudem konfessionell umstritten: galt die Schrift allein und war sie in sich klar, oder mußte sie im Kontext der kirchlichen Tradition verstanden werden? Auf jeden Fall regten die konkurrierenden Methoden zu neuen, weiterführenden Überlegungen an. Ähnliche Probleme stellten sich bezüglich der Geschichte, die als Wahrheitsbeweis der eigenen Position nicht mehr einfach eine Chronik oder eine nach Jahren gegliederte Aufzählung sein durfte, sondern reflektierter, alle überzeugender Methoden bedurfte. Mit Hinblick auf die neue Bekenntnissituation und den hohen Stellenwert der Moral im christlichen Leben als Ausweis der Rechtgläubigkeit rückten schließlich der menschliche Glaubensakt und seine Analyse sowie die individuelle moralische Entscheidung, ihr Zustandekommen und ihre Richtigkeit als bedeutsame Fragen der Dogmatik und Moraltheologie in den Mittelpunkt des Interesses.

Das löste Prozesse aus, die in ihren Wirkungen über die eigentliche Zeit der Konfessionalisierung hinausreichten. In diesem Abschnitt werden nur einige Aspekte behandelt, so daß zur weiteren Übersicht auch die Kapitel zur späteren Wissenschaftsgeschichte heranzuziehen sind[11]. Für die systematische Theologie ist zunächst zu sagen, daß allmählich die »Theologische Summe« des Thomas von Aquin – Papst Pius V. erhob 1567 Thomas zum Kirchenlehrer – die bis dahin in den Universitäten benutzten Sentenzen des Petrus Lombardus ablöste. Diese »Thomasrenaissance« bedeutete aber keineswegs eine einheitliche Auslegung der Texte des Aquinaten, sondern setzte unterschiedliche Richtungen (Jesuiten, Dominikaner) und kreative Überlegungen frei. Für die Vermittlung des Thomas spielten die Schule von Salamanca und ihr Hauptvertreter Franz von Vitoria († 1546) eine entscheidende Rolle. Obwohl fast nichts von Vitoria gedruckt wurde, wirkten über seine Vorlesungen die Anstöße zum Völkerrecht und zur Kolonialethik, die auf der Basis der Naturrechtslehre auch für die Völker der neuentdeckten Welt die Menschenwürde forderten, in Salamanca und darüber hinaus weiter. Der Jesuit Franz Suarez († 1617) bedachte Fragen der Volkssouveränität und vertrat ebenso wie sein Ordensbruder Robert Bellarmin die indirekte Gewalt des Papstes über die weltlichen Herrscher. Bellarmin, den diese Lehre beinahe auf den Index brachte, schrieb mit den »Disputationes de controversiis« die wohl wirksamste katholische Kontroverstheologie; Suarez beeinflußte über den Raum der katholischen Kirche hinaus durch seine Metaphysik die protestantische Orthodoxie und wirkte in der Rechtstheorie auf den bedeutenden niederländischen Völkerrechtler Hugo Grotius ein. Melchior Cano († 1560), ein Schüler Vitorias, der keineswegs in allem mit diesem übereinstimmte und der Inquisition nahestand, schrieb mit dem erst 1563 publizierten Werk »De locis theologicis« eine für die katholische Theologie wegweisende Methodenlehre und verband so die Anliegen des Humanismus mit der scholastischen Theologie.

Interessanterweise regten auch die französischen Religionskriege trotz ihrer Brutalität und Verrohung in die Zukunft weisende Reflexionen an. Unter dem Eindruck des Königsmordes in Frankreich stellte sich die Frage nach der Legitimität des Tyrannenmordes, die der Jesuit Juan de Mariana 1599 in allerdings wenig glück-

[11] Siehe S. 152ff., 165ff.

licher Form positiv beantwortete. Umfassender und weiterführender entwickelte sich die Diskussion um das Widerstandsrecht allgemein. Hier waren es die sog. Monarchomachen (Bekämpfer der Monarchie), aber auch dominikanische und jesuitische Völkerrechtslehrer, die unter Rückgriff auf eine – allerdings nicht im Sinne der modernen Demokratie verstandenen – Idee der Volkssouveränität der absoluten Gewalt des Herrschers Grenzen setzten. Bei der Begrenzung der monarchischen Macht war es auch möglich, auf Vorstellungen des spätmittelalterlichen Konziliarismus zurückzugreifen, der die Souveränität des Papstes einschränkte und damit ein Modell lieferte, das in die Politik übertragbar war. Im Laufe der Religionskriege hatte sich zudem eine ausgleichende Mittelpartei entwickelt, die als »Partei der Politiker« Wege aus der Krise suchte, indem sie die konfessionelle Frage von den Interessen der Politik trennte. Zu ihnen gehörte als bekanntester der Staatstheoretiker Jean Bodin. Er vertrat in seinen »Sechs Büchern von der Republik« 1576 den Gedanken der absoluten Staatssouveränität, die sich nicht mehr auf einzelne konfessionelle Bedürfnisse, sondern auf das Wohl des Gesamten zu richten habe und über den religiösen Parteien stehe. In diesem Punkte wirkte Bodin positiver als durch sein Hexenbuch, von dem noch zu sprechen ist, und zeigte Wege der Konfliktlösung, die langfristig wirkten und die politische Theorie vom neuzeitlichen Staat wesentlich beeinflußten.

Insgesamt erhielt die sog. »positive Theologie«, die an der Schrift und Tradition arbeitete, gegenüber der Spekulation einen höheren Stellenwert als bisher. Das machte sich auch bei der historischen Theologie bemerkbar, die im Streit der Konfessionen eine wichtige Rolle spielte. Väterausgaben, Sammlungen von Konzilsdokumenten, christliche Archäologie und Altertumswissenschaften erhielten die Funktion einer Beweisführung für das Alter und die Rechtgläubigkeit der eigenen Kirche, was dem Ausbau der methodisch abgesicherten Geschichtsschreibung und der Erschließung neuer Quellen zugute kam.

historische Theologie

Die auch in Trient nicht voll gelösten Probleme über den genauen Stellenwert der Gnade und des menschlichen Willens im Handeln des Menschen führten schließlich zum »Gnadenstreit«, bei dem die Dominikaner und Jesuiten mit ihrer unterschiedlichen Thomas-

und Humanismusrezeption aufeinanderprallten. Den Auslöser bildete ein Buch des spanischen Jesuiten Luis de Molina (Liberi arbitrii cum divinae gratiae donis... concordia, 1588), in dem er den freien Willen hervorhob und den Thomaskommentar des Dominikaners Domingo Báñez angriff. Damit war die Grundlage für eine langandauernde Kontroverse zwischen »Molinisten« und den Dominikanertheologen gelegt, die sogar die Einrichtung einer eigenen Kongregation an der römischen Kurie mit sich brachte (Congregatio de auxiliis). Paul V. verbot 1611 salomonisch weitere Diskussionen, ohne damit die Frage wirklich aus der Welt zu schaffen.

Literatur:

Guy Bedouelle, Bernhard Roussel (Hgg.), Le temps des Réformes et la Bible (= Bible de tous les temps 5), Paris 1989;

François Laplanche, Die intellektuelle Bewegung und die Kirchen, in: Marc Venard, Heribert Smolinsky (Hgg.), Die Geschichte des Christentums 8, Freiburg u. a. 1992, 1108–1172;

Jan Rohls, Geschichte der Ethik, Tübingen 1991.

3.4 Frömmigkeit, Leben und Sterben im Barock

Frömmigkeit, Leben und Sterben durchdrangen sich für die Christen des konfessionellen Zeitalters aufs engste. In der religiösen Praxis griff dabei die katholische Kirche vielfach auf Formen des Spätmittelalters zurück, spitzte sie aber im Sinne der Zeit auf ein konfessionelles Christentum mit klarer Abgrenzung gegenüber den anderen Kirchen zu und verstärkte eine Reihe von Elementen wie Eucharistie- und Heiligenverehrung oder die Lehre vom Fegfeuer, die für die Protestanten als theologisch suspekt, ja sogar abergläubisch galten. Das Konzil hatte Latein als Sprache der offiziellen Liturgie festgeschrieben und durch die Ausgabe neuer liturgischer Bücher eine möglichst umfassende weltweite Vereinheitlichung unter Beseitigung lokaler Traditionen angestrebt. Das hatte zur Folge, daß außerliturgische Formen wie Andachten, Prozessionen, Wallfahrten usw. verstärkt der Ort waren, wo sich die Volksfrömmigkeit wiederfand, an der das Volk kreativ mitarbeiten konnte und die unter kräftiger Förderung durch Ordens- und Weltpriester weit über die eigentlich nüchterne Form der römischen Liturgie hinauswuchs. Diese Entwicklungen bedingten regionale und zeitliche Differenzierungen, so daß von einer »frommen Einheit« innerhalb der gesamten katholischen Kirche keine Rede sein kann[12].

Die Frömmigkeit entfaltete sich weithin als Teil der letzten großen, umfassenden neuzeitlichen Stilperiode des Abendlandes, des Barock[13]. Das bedeutete, daß sie an den Elementen teilhatte, die den Barock charakterisieren: Verbindung von Architektur, Plastik und Malerei, Literatur und Musik zu einer Art Gesamtkunstwerk; im Kirchenbau die Verbindung von Langhaus und dem oft mit einer Kuppel versehenen Zentralbau; Steigerung des Affektiven, des Sensualismus und der Dynamik. Auf die religiöse Praxis angewandt beinhalteten diese barocken Charakteristika eine Steigerung der frommen Gefühle, die Vorliebe für das Ekstatische und die Verzükkung der Heiligen in der bildlichen Darstellung; letztlich der Versuch, unter Einbeziehung aller Mittel der Kunst ein Stück des Himmels auf die Erde zu holen und dort dramatisch präsent zu halten.

Diese Elemente lassen sich zunächst an der Passionsfrömmigkeit beobachten. Für sie war das Leiden nicht historisches, vergangenes Geschehen, was der zeitgenössischen Denkweise auch keineswegs entsprochen hätte, sondern gleichsam präsent und eine Art zeitloser Akt als schreckliche Qual des Gottessohnes. Diese sollte Wirkungen hervorrufen. Die Passion Jesu diente der Erschütterung der Gefühle, dem Mitleiden, der Trauer und Selbstanklage als

Barock -> religiöse Praxis

[12] Daher ist die französische Spiritualität in einem gesonderten Kapitel behandelt. Vgl. S. 139ff.

[13] Der Begriff (vom Portugiesischen »barroca« oder »baruco«, im Italienischen »barocco« = schiefrunde, unregelmäßige Perle; im französischen Klassizismus »baroque« = absonderlich, um den Stil der vorausgehenden Epoche negativ zu qualifizieren) dient zwar in erster Linie dazu, die Kunst und das höfische Leben der Zeit zu charakterisieren, ist aber auch geeignet, große Teile der frommen Praxis zu kennzeichnen. Allerdings wäre es falsch, ihn nur auf die katholische Kirche zu begrenzen oder rein als konfessionalistisch zu bezeichnen. Es gab durchaus einen evangelischen Barock, auf den hier nicht weiter eingegangen werden kann.

Sünder und Sünderin, um dann zur Nachfolge Christi aufzurufen. So entstanden nicht nur die großen musikalischen Passionen, tiefempfundene Choräle und Lieder, sondern auch Andachtsgottesdienste wie die »zur Schulterwunde Christi« oder neue Darstellungen wie die Figur des »Schauerchristus«, der über und über mit Wunden bedeckt war. Die Darstellung des Lebens Jesu des Kapuziners Martin von Cochem konnte sich nicht genug tun, Schmerz und Leid des Heilands konkret und mit großer Phantasie auszumalen. Zahllose gedruckte Passionspredigten und -betrachtungen dienten demselben Ziel. Die Jesuiten förderten die Karfreitagsprozessionen mit lebenden Bildern, die durch Schauspieler den Sündenfall Adams und Evas, Passion und Kreuzigung Jesu darstellten. Eine alte Praxis belebten die Bußprozessionen mit öffentlichen Geißelungen, welche die Zuschauer erschüttern und zur Umkehr bewegen sollten.

Hatte die Passionsbetrachtung als solche durchaus eine Entsprechung im Luthertum, wie schon die große Musik Bachs zeigt, so trug die katholische Marienverehrung betont antiprotestantische Züge. Maria erschien jetzt als Himmelskönigin und Siegerin über die Häresie. Das Rosenkranzgebet war fester Bestandteil einer frommen Praxis, in die gedruckte Rosenkranzmeditationen einführten, wobei auch Laien ihre literarische Ader zeigten wie der Breisacher Stadtmedikus Zacharias Joß, der 1596 das Büchlein »Deß Geistlichen Rosenkrantz newe vast [sehr] nutzliche Außlegung und christlicher Underricht« in Freiburg drucken ließ. Besonders die Marianischen Kongregationen der Jesuiten pflegten die Verehrung Mariens und verbreiteten sie weltweit, aber sie war auch wesentlicher Bestandteil der bayerischen und habsburgischen dynastischen Frömmigkeit und nahm in der religiösen darstellenden Kunst zusammen mit der übrigen Heiligenverehrung einen zentralen Platz ein.

In ähnlicher Form spiegelte die eucharistische Verehrung einen konfessionalisierten Katholizismus. Das Verständnis der Messe als Repräsentation des Kreuzesopfers erhielt im Sinne der tridentinischen Theologie eine immer zentralere Bedeutung, während ihr Mahlcharakter, den die reformierte Theologie so sehr betonte, in den Hintergrund trat. Entsprechend lief die feierliche Zelebration als Schauspiel vor den Augen der Zuschauer ab, denen die Meßandachten das Geschehen am Altar als Passion Christi auslegten, während der ausgemalte Kirchenraum ihnen Christus, Maria und die Heiligen als große himmlische Einheit vor Augen stellte. Der Tabernakel, im Mittelalter als Sakramentshäuschen außerhalb des Altares, wurde jetzt dessen Mittelpunkt. Während man sich im 16. Jahrhundert z. B. im Herzogtum Kleve noch gegen die Fronleichnamsprozessionen gewandt hatte, waren sie in der Barockzeit eine machtvolle Demonstration eucharistischer Frömmigkeit, die laut dem Trienter Konzil die Ungläubigen vernichten oder bekehren sollte. Ihr diente auch die neue, aus Italien kommende Andachtsform des 40-stündigen Gebetes vor der öffentlich ausgestellten Monstranz mit der Hostie, das besonders die Jesuiten förderten.

Die Aufzählung der Vielfalt barocker Frömmigkeitsformen ließe sich fortsetzen. Zu denken ist an die Wallfahrten, etwa zum Heiligen Haus nach Loreto als »Modewallfahrt« der Zeit, oder an die Konjunktur der Heiligsprechungen, mit denen unter anderem die Orden den Ruhm, die Vorbildhaftigkeit und den Heroismus ihrer Mitglieder feierten, sowie an die Propagierung von Heiligen wie des Johannes von Nepomuk als Martyrer des Beichtgeheimnisses, was die katholische Beichtpraxis unterstützte. Bemerkenswert ist auch, daß die fromme Praxis und die damit verbundene Moral »nach unten« nur sehr langsam zu vermitteln war, wie die Auswertung von Visitationsberichten zeigt. Trotzdem lassen sich Erfolge beobachten. Im Landkapitel Mergentheim z. B. erhöhte sich innerhalb weniger Jahrzehnte die Häufigkeit von Beichte und Kommunion deutlich, nachdem Bischof Julius Echter mit Ordnungen und Visitationen die kirchlichen Normen durchgesetzt hatte.

Eine eigentümliche, durch die französische Geschichtsschreibung gut erforschte Seite der Barockfrömmigkeit war ihr Verhältnis zum Sterben und zum Tod. Auch hier schuf sie nicht etwas völlig Neues, sondern griff auf ältere Traditionen zurück. Den Anknüpfungspunkt bildeten die längst vorhandenen »Sterbekünste« und die Sorge um den Tod im Spätmittelalter[14]; den umfassenden Rahmen bot das Motiv der Melancholie und »Vanitas«, also der Eitelkeit

[14] Vgl. S. 18.

und Vergänglichkeit der Welt, das sich in der Renaissancezeit langsam entwickelt hatte und tief in die darstellende Kunst eingedrungen war. Dazu trat, daß die Massaker der französischen Religionskriege, aber auch Epidemien, Wirtschaftskrisen und Hungersnöte in der zweiten Hälfte des 16. Jahrhunderts sowie die geringe Lebenserwartung das Sterben als beständige Bedrohung erscheinen ließen, die es religiös zu bewältigen galt. Darauf aufbauend drang um 1600 die Frage nach dem Tod in bisher ungekannter Form konfessionsübergreifend in die abendländische Mentalität ein. Die Theologie konfessionalisierte in der zweiten Hälfte des 16. Jahrhunderts das Sterben, indem z. B. die Predigten auf einen dezidiert »katholischen« Tod mit den entsprechenden Riten wie Kommunion und Beichte, katholischem Glaubensbekenntnis und Begräbnis drängten. Gleichzeitig betonte sie den hohen Wert der Sterbestunde, in der sich alles für das Jenseits entscheide, und verkündigte die Lehre vom Fegfeuer, die das Trienter Konzil erneut festgeschrieben hatte. Die von den Predigern um 1600 empfohlene Frömmigkeit zielte daher in eine doppelte Richtung: Einmal sollten die Katholiken für das eigene Sterben und die Sterbestunde Sorge tragen, zum anderen den Armen Seelen durch Beten und Meßstiftungen beistehen.

Blieb das im wesentlichen noch im Rahmen spätmittelalterlicher Heilsvorsorge, so kam es im Laufe der nächsten Jahrzehnte zu einer Verschiebung. Sie betraf einmal die erstaunliche Produktion von »Sterbekünsten«, die in der zweiten Hälfte des 17. Jahrhunderts Hochkonjunktur hatten und ein existentielles Interesse der lesefähigen Bevölkerung an dieser Literaturgattung zeigten. Zweitens drang das Motiv des Todes noch tiefer als bisher in die religiösen Darstellungen und Gebrauchsgegenstände ein; etwa bei den Rosenkränzen, die anstatt der Perlen Totenköpfe hatten. Drittens suchte die religiöse Praxis den Bedrängnissen des Todes mit einer wachsenden Pädagogik zu begegnen. Nicht Verdrängung und Tabuisierung des Sterbens war ihr Ziel, sondern es wurde ein öffentlicher, erbaulicher Akt, an dem möglichst viele teilnehmen sollten. Die Prediger rieten, den Tod ständig zu meditieren und vor Augen zu haben. Das sollte die Gläubigen zu einem guten Leben motivieren, aber auch anregen, das Leben in seiner Vergänglichkeit und die Ewigkeit als die eigentlich entscheidende Größe zu sehen. Ebenso sollte die Sorge für die Verstorbenen, möglichst mit individueller Bindung an die jeweiligen Toten, intensiviert werden. Prediger der Jesuiten wandten die meditativ-psychologische Methode der Exerzitien an und empfahlen, das Sterbezeremoniell durch die Vorstellungskraft des Bewußtseins vorwegzunehmen, um so die Frömmigkeitspraxis zu vertiefen und moralisch verdienstvoller handeln zu können. Auf diese Weise instrumentalisierte die barocke Predigt den Tod und setzte ihn als Mittel ein, christliches Leben zu formen. Damit ist aber eine wichtige Veränderung verbunden: Nicht mehr die Sterbestunde als letzter Kampf war entscheidend, sondern das ganze Leben als ständige Todesreflexion mit Blick auf die Ewigkeit. Franz von Sales formulierte es in einem Brief so: »Was nicht für die Ewigkeit ist, das ist Nichtigkeit«.

Es wundert nicht, daß eine solche »Todeszentriertheit« und der durch sie erzeugte Druck nicht durchzuhalten waren. Die französische Mentalitätsforschung kann nachweisen, daß etwa ab 1730 in den Formulierungen der religiösen Testamente bemerkbar wird, daß sich ein neues Verhältnis zum Religiösen und zum Sterben ankündigte. Die frommen Formeln traten zurück, die Innerweltlichkeit des Sterbens und der Nachlaßregelung begannen zu dominieren. Obwohl der religiöse Betrieb ungestört weiterlief, waren mit ziemlicher Sicherheit Einbrüche in dieser festgefügten katholischen Mentalität geschehen, die z. B. mit einem neuen Verhältnis zum Körper auf Grund der medizinischen Fortschritte oder dem Verstehen bisher unverstandener Phänomene durch die Naturwissenschaften erklärt werden könnten, so daß schließlich in der Aufklärung der entscheidende Umschwung, die Hinwendung zum innerweltlichen Glück stattfand.

Wenn wir uns fragen, wer diese vielfältige barocke Frömmigkeit abgesehen von Pfarrern und Seelsorgern noch steuerte, so ist zunächst auf die Bruderschaften hinzuweisen, die jetzt mehr als im Spätmittelalter durch Kleriker geleitet wurden und sich verstärkt rein kirchlichen Aufgaben zuwandten. Sie kristallisierten sich um die Eucharistie, den Rosenkranz, die Herz-Jesu-Verehrung, die Passion, die Verehrung Mariens und anderer Heiliger, konnten aber auch als Totenbruderschaften fungieren und waren oft nach

Ständen gegliedert, z. B. nach Zünften oder als Priesterbruderschaften.

Andere setzten es sich zur Aufgabe, breitere Volksschichten zu unterrichten. So entstanden die Katechismusbruderschaften (Christenlehrgesellschaften, wesentlich angestoßen durch Carlo Borromeo in Mailand) oder entsprechende Weltpriestervereinigungen wie die von César de Bus in Frankreich gegründeten Doktrinarier (Kongregation von der christlichen Lehre), die religiöse Bildung durch Katechismusunterricht, Liedkatechese und vielfältige andere Methoden vermittelten. Bei der religiösen Erziehung konnten Frauen trotz mancher Widerstände wichtige Positionen erringen. Dies galt für die Tätigkeit der Ursulinen, die vor allem in Frankreich eine große Rolle spielten, die Katharinerinnen im Ermland, die französisch-lothringischen »Welschnonnen« oder die »Englischen Fräulein« der Mary Ward. In Köln entstand 1606 die »Ursulagesellschaft« für den Katechismusunterricht; ähnlich wie andere der genannten Vereinigungen kein Orden, aber auch nicht völlig ohne Bindungen[15]. Einige Initiatorinnen solcher Gemeinschaften wie Mary Ward oder Anne de Xainctonge in Dole nahmen sich die aktive religiose Lebensform der Jesuiten zum Vorbild, so daß von »Jesuitinnen« gesprochen wurde. Hier öffnete sich Frauen in der Mädchenerziehung ein Raum, in dem sie ohne die Bindung an eine klösterliche Klausur aktiv und gestaltend tätig werden konnten, was auch ein Stück Emanzipation bedeutete.

Über diesen Aktivitäten darf die Predigt nicht vergessen werden, deren Intensivierung schon im 16. Jahrhundert eingesetzt hatte und die von der regulären Pfarrpredigt bis zu den Hofpredigten oder den Volksmissionen reichte. Weil sich die Prediger mit den Lehren der Reformation auseinandersetzen mußten, dominierte nach dem Trienter Konzil inhaltlich zunächst die Kontroverse, also die Behandlung strittiger Glaubensfragen und die Polemik gegen andere Konfessionen. Nachdem die eigene Position lehrhaft gefestigt war und zudem die Moral ein Indiz für den rechten

[15] Vgl. *Anne Conrad*, Zwischen Kloster und Welt. Ursulinen und Jesuitinnen in der katholischen Reformbewegung des 16./17. Jahrhunderts, Mainz 1991.

Glauben schien, schoben sich im Laufe des 17. Jahrhunderts moralische Inhalte thematisch immer mehr in den Vordergrund. Im Sinne des humanistisch-rhetorischen Prinzips »prodesse et delectare« (nutzen und erfreuen) dienten Exempel und »Predigtmärlein« der Unterhaltung der Zuhörer und waren Vehikel für die jeweiligen Inhalte. Abraham a Sancta Clara († 1709) oder Prokop von Templin († 1680) stehen als markante Bespiele für eine Fülle von Barockpredigern, die bei weitem noch nicht alle untersucht sind. Für die Verbreitung der Predigt dürfte die gestiegene Lesefähigkeit und die Praxis, gedruckte Predigtsammlungen in den Familien vorzulesen, eine große Rolle gespielt haben. So erreichten sie, zu Hunderten gedruckt, ein großes Publikum und konnten den Lesern und Leserinnen zur Verfügung stehen, wenn das in ihnen angesprochene Thema im konkreten Leben auftrat.

Für das lesefähige Publikum entwickelte sich schließlich eine breitgefächerte Gebrauchsliteratur, von deren Anfängen im Spätmittelalter schon die Rede war, deren Inhalt aber jetzt die konfessionalisierte Frömmigkeit spiegelte. Dazu zählten Stunden- und Andachtsbücher, Standeslehren (z. B. Ehe- und Fürstenspiegel), Laster- und Tugendkataloge, Exempelbücher, Sterbekünste, das Leben Jesu und der Heiligen. Einflußreiche Autoren waren der Dominikaner Ludwig von Granada, der eine praktische pädagogisierte Frömmigkeit lehrte, zeitweilig auf dem Index stand und um 1600 auch in Deutschland bekannt wurde. Einfluß hatte auch »Der geistliche Kampf« des Italieners Lorenzo Scupoli. Eine ausgewogene, humanistischer Tradition verpflichtete Laienspiritualität lehrte Franz von Sales († 1622) in der »Anleitung zum frommen Leben« (Philothea). Sie erschien 1608/09 in Französisch und wurde innerhalb kürzester Zeit in 17 verschiedene Sprachen übersetzt. Frömmigkeit mitten im weltlichen Beruf zu lehren war ihr Ziel. Im Sinne der allgemein zu beobachtenden Pädagogisierung der Frömmigkeit bot sie Regeln und Praktiken, die der Individualität und den konkreten Situationen Rechnung trugen und so den Bedürfnissen der Zeit entgegenkamen. Es ist interessant zu sehen, daß es für Deutschland Frauen waren, nämlich die bayerischen Fürstinnen Henriette Adelheid (Frau des Kurfürsten Ferdinand Maria) und Mauritia Febronia, die seit ca. 1660 die französische spirituelle Literatur – nicht nur des Franz von Sales – in München förderten.

Insgesamt erscheint die frühneuzeitliche Barockfrömmigkeit mit ihren verschiedenen Spielarten als ein großer Versuch, die Welt zu theologisieren und zu sakralisieren. Eucharistische Prozessionen durch die Städte und die Natur dienten diesem Ziel, aber auch die Wallfahrten, die so etwas wie »heilige Mobilität« einer frommen Gesellschaft waren und je nach Anliegen ebenso wie die Heiligenanrufungen auch ein Mittel, Probleme des Lebens (z. B. bei Krankheit, Kinderlosigkeit etc.) zu bewältigen. Die noch von Erasmus von Rotterdam oder der Devotio Moderna geübte Kritik an veräußerlichten Frömmigkeitsformen und übertriebener Heiligenverehrung war zurückgedrängt, um dann in der Aufklärung um so heftiger und radikaler wiederzukommen. Läuten und Beten sakralisierten den Tagesablauf und teilten ihn ein. Statuen, Säulen, Bildstöcke und Wegkreuze schufen eine »fromme«, konfessionsspezifische Geographie, die den Lebensraum des katholischen Christen in der frühen Neuzeit bestimmte.

Über den »barocken Zügen« dieser Entwicklung könnte leicht vergessen werden, daß die frühneuzeitliche Frömmigkeit auch ein Stück Rationalisierung und Disziplinierung des Lebens mit sich brachte sowie dazu beitrug, ein für viele plausibles Mittel der Weltbewältigung an die Hand zu geben. Zur tatsächlichen Akzeptanz der barocken Frömmigkeit wissen wir zu wenig, um endgültige Urteile fällen zu können, aber die französischen Untersuchungen zum Tod haben gezeigt, daß zeitweilig die kirchlich vorgeschriebene Praxis in das Innerste des persönlichen Lebens eindrang. Einer der Gründe dafür dürfte sein, daß die barocke Frömmigkeit mit ihrer Vielfalt einen Raum schuf, welcher der individuellen Entfaltung des einzelnen durchaus entgegenkam. Erst als sich eine neue Weltsicht, welche die Phänomene des Lebens innerweltlich erklären konnte und ihr Ziel nicht unbedingt in der Transzendenz suchte, durchzusetzen begann, trat auch die Krise der Barockfrömmigkeit auf.

Vor allem bei der religiösen Elitebildung ist eine Erziehung zu beobachten, die auf kalkulierte Wirkung abzielte, ein hohes Maß an Disziplin des Christen anstrebte und das fromme Leben rational organisierte. Als Beispiel sei noch einmal die Marianische Kongregation genannt. Eine Anleitung für ihre studentischen Mitglieder (Sodalen) in Freiburg, die 1626 verfaßt wurde und sich an den allgemeinen Prinzipien der Kongregation ausrichtete, zeigt das hohe Maß an geistlicher Disziplin und Willenskraft, das sie verlangte. Täglich sollten die Sodalen nach dem psychologischen Schema der Ignatianischen Exerzitien meditieren. Die Selbstbeobachtung und -kontrolle war nach dieser Anleitung ein fester Bestandteil des streng gegliederten Tagesablaufes. Für die religiöse Lektüre schrieb sie einen Kanon von Autoren vor, die bis auf den bayerischen Jesuiten Jeremias Drexel und die »Nachfolge Christi« des Thomas von Kempen alle dem spanisch-italienischen bzw. spanisch-niederländischen Raum zugehörten. Das Studium sollte nach einem festen Rhythmus erfolgen und war methodisch zu ordnen. Zumindest dieses Buch band Frömmigkeit und Leben zu einer Einheit zusammen, in der das neuzeitliche Ordnungsdenken deutlich wiederzuerkennen ist. Die gegliederte und genutzte Zeit erhielt einen neuen Stellenwert, so daß der Jesuit Franz Coster, einer der großen Förderer der Marianischen Kongregationen im Rheinland, schreiben konnte: »Die Zeit muß gemessen (d.h. genau eingeteilt) werden«.

In gewisser Weise ist diese Intention, die auf Beherrschung seiner selbst und Unabhängigkeit von Naturabläufen hinauslief, insgesamt bei der frühneuzeitlichen Frömmigkeit zu beobachten. Christliche Feste und religiöse Übungen richteten sich nicht unbedingt nach dem Naturrhythmus, die Askese suchte ihn z. B. durch freiwilligen Schlaf- und Nahrungsentzug geradezu zu stören und drängte auf Selbstdisziplinierung. Durch die Möglichkeit der Ordenseintritte, durch Eheverbote bei bestimmten Verwandtschaftsgraden und durch das kirchenrechtliche Zurückdrängen des patriarchalischen Elternrechtes bei Heiraten wuchs zumindest juristisch (faktisch gab die Standesliteratur andere Ratschläge) die Möglichkeit, alte Familienbindungen zu überwinden und so ein Stück Freiheit zu gewinnen. Aber der Preis dafür war die Abhängigkeit von neuen Autoritäten, seien es kirchliche oder weltliche.

Literatur

Dieter Breuer (Hg.), Frömmigkeit in der frühen Neuzeit. Studien zur religiösen Literatur des 17. Jahrhunderts in Deutschland, Amsterdam 1984;
Urs Herzog, Geistliche Wohlredenheit. Die katholische Barockpredigt, München 1991;
Benno Hubensteiner, Vom Geist des Barock, München ²1978;
Michel Vovelle, La mort et l'Occident de 1300 à nos jours, Paris 1983;
Heribert Smolinsky, Kirchliche Predigt – am Volk vorbei? Erfolge und Grenzen der Formung von Frömmigkeit in der Barockzeit, in: Gemeinsam Kirche sein. Festschrift für Erzbischof Dr. Oskar Saier, hg. von Günter Biemer, Bernhard Casper, Josef Müller, Freiburg-Basel-Wien 1992, 286–300.

3.5 Hexenverfolgungen im konfessionellen Zeitalter

Wie eine Art Gegenbild zur intensivierten Frömmigkeit des konfessionellen Zeitalters erscheinen die Wellen furchtbarer Hexenverfolgungen, die von ca. 1560–1660 große Teile Europas und in einer Spätform 1692 Salem (Massachusetts) in Amerika erschütterten. Die theoretischen Voraussetzungen dazu waren im 15. Jahrhundert im wesentlichen voll entwickelt und beinhalteten die Lehre vom Pakt der Hexer sowie Hexen mit dem Teufel, vom Geschlechtsverkehr mit Dämonen, die Qualifizierung der Hexerei als Ketzerei und den damit zusammenhängenden kollektiven Hexenbegriff (Annahme einer »Satanskirche«, deren Mitglieder im Prozeß zu ermitteln waren). Die Scholastik hatte spekulativ für Teile dieser Lehre den Boden bereitet; Bibelstellen wie Ex 22, 17 »Eine Hexe sollst du nicht am Leben lassen« und die Dämonologie der Kirchenväter wirkten verstärkend. Papst Innozenz VIII. erließ 1484 die Bulle »Summis desiderantes affectibus« und rief zur Verfolgung durch die Inquisition auf. Der Dominikaner Heinrich Institoris brachte 1487 den »Malleus maleficarum« (Hexenhammer) auf den Markt. Institoris griff alle Elemente eines negativen Frauenbildes auf, reduzierte von daher die Hexerei auf Frauen und stellte deren »Schadenzauber« in den Vordergrund, den sie mit Hilfe des Teufels begingen.
In der zweiten Hälfte des 16. Jahrhunderts erweiterte eine blühende

Konjunktur der Hexenliteratur diese theoretische Basis und verbreitete ihre Lehre im lesefähigen Publikum, unterstützt durch Hexenpredigten und »Hexenzeitungen«. Allein der »Hexenhammer« erlebte nach 1574 über 16 Auflagen; Autoren aller Konfessionen verfaßten Schriften und riefen zur Verfolgung auf. Dazu zählten der Jesuit Martin Delrio, der Calvinist Lambert Daneau, der lutherische Jurist Benedikt Carpzov, der Trierer Weihbischof Peter Binsfeld oder der französische Staatstheoretiker Jean Bodin.

Es wäre falsch zu meinen, die Befürworter der Hexenverfolgung seien irrationale Fanatiker gewesen. Unter der Voraussetzung eines Weltbildes, das den Dämonen Einflußmöglichkeiten auf die Natur und das Leben der Menschen zugestand, entwickelten sie ein in sich schlüssiges, durchaus »rationales« System, das alle Mittel der damaligen Wissenschaften einzusetzen wußte. Die Angst, daß Hexerei im Pakt mit dem Teufel die positive Ordnung der Welt auflösen und durch eine Art »Gegenwelt« der Bosheit vernichten wolle, trieb einen sonst für religiöse Toleranz und Fortschritt bekannten Humanisten wie Jean Bodin dazu, sein unheilvolles Hexenbuch »De daemonomania magorum« 1580 zu veröffentlichen (deutsche Übersetzung durch Johann Fischart »Vom außgelasnen wütigen Teuffelsheer«). Es wandte sich gegen den Arzt Johannes Weyer, der ein Gegner des Hexenglaubens war, und verwertete »Tatsachenmaterial«, d.h. die Geständnisse konkreter Prozesse, welche die Existenz und Gefährlichkeit des Hexenwesens beweisen sollten. Wie sehr die Hexerei als Realität gefürchtet war, zeigt der Jesuit Petrus Canisius, bekannt als kirchlicher Reformer in Deutschland, der 1563 an den Jesuitengeneral Laínez schrieb: »Überall bestraft man die Hexen, welche merkwürdig sich mehren. Ihre Freveltaten sind entsetzlich. Sie beneiden die Kinder um die Gnade der Taufe und berauben sie derselben. Kindesmörderinnen finden sich unter ihnen in großer Anzahl... Sie schaffen viele durch ihre Teufelskünste aus der Welt und erregen Stürme und bringen furchtbares Unheil über Landleute und andere Christen...«[16].

Reichsrechtlich lieferte die »Peinliche Halsgerichtsordnung« Kai-

[16] Zit. in: *Wolfgang Behringer* (Hg.), Hexen und Hexenprozesse 139.

ser Karls' V. (Constitutio Criminalis Carolina) von 1532 die Grundlage für die Verfolgungen. In den Artikeln 21, 44, 52, 109 und 116 stellte sie Schadenzauber und Sodomie unter Todesstrafe, wobei sie die Indizien für einen Verdacht auf Zauberei sehr weit faßte und damit die Eröffnung eines Prozesses erleichterte. Zwar war nach kaiserlichem Recht zuerst die Untersuchung vor einem geistlichen Gericht notwendig, weil dieser Fall geistliche und weltliche Gerichtsbarkeit berührte (delictum mixti fori), aber oft genug trat nur der Staat als Betreiber der Prozesse auf, was sich z. B. im Bamberger und Würzburger Gebiet nachweisen läßt. Neben dem Reich kam es auch in Territorien wie 1572 in Kursachsen vor allem in der zweiten Hälfte des 16. Jahrhunderts zu einer ausgefeilten Gesetzgebung und Prozeßordnung. Juristen und juristische Fakultäten waren als Gutachter, denen die Akten vorgelegt wurden, maßgeblich an den Verfahren beteiligt.
Dieser Zunahme einer Literatur über Hexen und Zauberer sowie den gesetzlichen Vorgaben entsprachen die Prozesse und Verfolgungswellen. Zwar liegen erste Belege für Hexenwahn und -prozesse bereits aus dem 15. Jahrhundert vor, aber erst im sich konfessionell stabilisierenden Zeitalter brachen die großen Verfolgungen aus. Ihr Zentrum in Europa bildeten die Schweiz, das Deutsche Reich, Frankreich, die spanischen Niederlande und Schottland mit Spitzen ca. 1590 und 1630/40. Zeitlich später und deutlich schwächer kam es zu Hexenprozessen in den nordischen Ländern (Dänemark, Finnland) sowie in Osteuropa (Polen, Estland, Livland, Ungarn). Innerhalb Deutschlands bildeten z. B. die geistlichen Hochstifte Würzburg, Bamberg, Kurtrier, Kurköln (seit 1529), Eichstätt, Augsburg, Teile von Kurmainz und das Herzogtum Westfalen Zentren, während etwa das Herzogtum Bayern oder die vereinigten Herzogtümer von Jülich – Kleve – Berg kaum Verfolgungen kannten. Aber auch der deutsche Südwesten und protestantische Regionen wie Schaumburg, Lippe oder Minden waren betroffen. Savoyen und Lothringen erlebten ebenfalls Verfolgungswellen. Dagegen gab es im von der Inquisition kontrollierten Spanien oder in Italien, von einigen Ausnahmen abgesehen, keine Hexenprozesse. Präzise Zahlen zu nennen ist schwierig. Die neuestens intensiv vorangetriebene Hexenforschung hat astronomische Angaben früherer Zeiten

weit nach unten korrigiert; eine Zahl unter 100000 könnte realistisch sein. Bei einer geschlechtsspezifischen Zuordnung wäre an ca. 20% Männer und 80% Frauen als Opfer zu denken.

Ursachen für Verfolgungen dürften zusammen mit den theoretischen und rechtlichen Grundlagen in erster Linie Verdächtigungen wegen angeblichen Schadenzaubers gewesen sein, den einzelne oder Gruppen bei Unfällen, unerklärlichem Wetter etc. vermuteten. Reagierte die Obrigkeit, ohne welche Prozesse kaum möglich waren, positiv auf Anzeigen, die oft »von unten« aus dem Volk kamen, konnte das schreckliche Geschehen seinen Lauf nehmen. Der oder die Beschuldigte »besagte« unter der Folter andere Hexen und Hexer, so daß mit deren Verhaftung die Massenprozesse in Gang kamen, wenn auch dieser Punkt allein nicht den Verlauf der Prozesse erklärt. Freiwillige Geständnisse boten der Hexenliteratur Material, ihre Thesen von der Realität einer bösen »Gegenwelt« zu erhärten. Wie gefährlich und in sich geschlossen die Vorstellungswelt über Hexen war, zeigt eine Anleitung, die der Freiburger Theologe Jodokus Lorichius 1593 gab. Er warnt ausdrücklich davor, einer verdächtigen Frau in irgendeiner Form Glauben zu schenken, wenn sie sich als hilfsbereit oder mitleidsvoll gegenüber durch Krankheit oder Ähnlichem Geschädigten verhalte, denn alles, was Hexen täten, sei Verstellung im Dienste des Bösen, um Anhänger zu gewinnen.

Auch konnten sich Konflikte, die durch die Auflösung festgefügter Sozialverbände entstanden oder nicht mehr im üblichen Sinne lösbar waren, in Hexenverfolgungen entladen. Sozial schwache Frauen, oft alt, alleinstehend und marginalisiert, waren ebenso die Opfer wie Landfahrer und andere Randgruppen. Möglich wäre auch, daß die mehr von Frauen ausgeübte magische Praxis etwa in der Heilkunde mit den Verfolgungen getroffen wurden; aber bei all dem bewegen wir uns im Raume von Vermutungen[16]. Ebenso schwierig dürfte es zu beweisen sein, daß mit den Hexenverfolgungen eine sog. Elitekultur die Volkskultur habe treffen wollen.

[16] Das gilt erst recht für Theorien wie die, daß mit den Verfolgungen die Hebammen durch eine gelehrte Ärztekultur verdrängt werden sollten oder eine Bevölkerungspolitik damit verbunden gewesen sei.

Mit dem hypothetischen Charakter vieler Schlußfolgerungen auf diesem Forschungsfeld hängt es zusammen, daß in der Zwischenzeit zwar eine Reihe von Erklärungsmodellen vorliegt, aber keines von ihnen vollständig befriedigt. Neben den schon genannten Hinweisen ist anzunehmen, daß apokalyptische Ängste um 1600, geschürt von den Theologen, sich mit einer Zeit wirtschaftlicher langanhaltender Krisen, Seuchen und Epidemien trafen, was in gewisser Weise für diese Periode einer ersten großen Verfolgungswelle Plausibilität bietet. Auffallend ist die Klage über den moralischen Verfall, die gleichzeitig geführt wurde. Es wäre möglich, daß die Hexenverfolgungen, entstanden aus Haß, Angst sowie einem Zusammenspiel von Volk und Obrigkeit, in einer Zeit der »Moralisierung« der Konfessionen dem entgegenwirken und abschreckend sein sollten. Dann wäre ein Zusammenhang zwischen den Verfolgungen und der Entstehung der Konfessionen anzunehmen, der sich aber bei einer Untersuchung einzelner Territorien nur teilweise bestätigt, wie das Beispiel des konfessionalisierten Bayern mit dem Fehlen größerer Verfolgungen zeigt.

Die Verfolgungswellen traten in den 20/30er Jahren des 17. Jahrhunderts erneut auf. So gab es von 1627–1629 in Würzburg unter dem Fürstbischof Philipp Adolf von Ehrenberg 900 Opfer, und das Reichskammergericht in Speyer mußte den fanatischen Bischof durch ein Verbotsmandat bremsen. Der letzte Prozeß, schon ein Einzelfall, fand 1749 in Würzburg gegen die Subpriorin des Klosters Unterzell, Maria Renata Singer, statt. Für Deutschland ist wohl als letzter Hexenprozeß die Hinrichtung der Magd Maria Anna Schwägelin 1775 im Fürststift Kempten anzunehmen.

Von den Prozessen mit tödlichem Ausgang wurden vor allem die Unter- und Mittelschichten betroffen, weniger der Adel, Militärs oder andere Oberschichten. Letztere waren in der Lage, Gegenmittel bei Verdächtigungen zu finden. Sie schöpften das Recht aus und mobilisierten die Öffentlichkeit für sich.

Das Ende der jeweiligen Verfolgungswellen wäre einzeln zu untersuchen. Viele Faktoren spielten hier mit, bis hin zu finanziellen Fragen, daß etwa die Prozeßkosten zu hoch wurden und damit ein Weiterführen der Prozesse erschwerten.

Überhaupt gab es immer Gegner der Prozesse und des Hexenwahns, wenn sie auch lange Zeit wenig Wirkung erzielten. Dazu zählte der Leibarzt des Herzogs von Kleve–Jülich–Berg, Johannes Weyer, der 1563 in seinem Buch »Über die Blendwerke der Dämonen und über Zaubereien und Giftmischereien« die Theorie vertrat, wer sich als Hexe fühle, leide unter Einbildungen und sei krank. Im 17. Jahrhundert trat neben anderen der lutherische Pfarrer Johann Matthäus Meyfart als Kritiker auf. Am bekanntesten wurde der Jesuit Friedrich Spee, dessen »Cautio criminalis seu de processibus contra sagas« (Rechtliches Bedenken wegen der Hexenprozesse) 1631 zunächst anonym in Rinteln, 1632 nochmals fingiert (Frankfurt statt vermutlich Köln) erschien. Spee bezweifelte eventuell nicht die Existenz von Hexen, griff aber die Prozeßpraxis an. Die Folter mit dem Ziel, immer neue Namen von Verbündeten aus den Angeklagten herauszupressen, sei eine Hauptursache für den Tod Unschuldiger.

Die vordringende Aufklärung spielte schließlich eine entscheidende Rolle. In ihrem Sinne brachte der niederländische Calvinist und Pfarrer in Amsterdam, Balthasar Bekker, in seinem dreibändigen Werk »De betooverde Wereld« (1691–1693; 1693 deutsche Übersetzung »Die bezauberte Welt«) theologisch die Frage auf den Punkt: »Wo bleibt nun Gottes gnädiger Bund der Vorsehung, der auf das Blut seines Sohnes bestätigt ist? Wo bleibt der Ruhm des Neuen Testamentes...«[18], wenn dem Teufel solche Macht eingeräumt wird? Der Glaube an die Größe Gottes und der rechte Gebrauch der Vernunft waren Bekkers Ratschläge gegen Teufelsglauben und Ignoranz. Wie sehr die Entzauberung der Welt und ihre rationale Interpretation bei ihm wirkte, zeigen seine Auslegungen der Phänomene der Besessenheit im Neuen Testament, die er als Krankheiten erklärte. Ein neues Weltbild war im Kommen. Die Theologen lohnten Bekker sein Buch allerdings nicht. Obwohl in den niederländischen Generalstaaten die Hexenverfolgungen schon kurz nach 1600 endeten, setzte die Provinzialsynode von Alkmaar den Amsterdamer Pfarrer 1692 nach Erscheinen eines Teiles seines Werkes von seinem Amte ab.

[18] Deutsche Ausgabe III,102.

Literatur:

Ingrid Ahrendt-Schulte, Schadenzauber und Konflikte. Sozialgeschichte von Frauen im Spiegel der Hexenprozesse des 16. Jahrhunderts in der Grafschaft Lippe, in: Heide Wunder, Christina Vanja (Hgg.), Wandel der Geschlechterbeziehungen zu Beginn der Neuzeit, Frankfurt 1991, 198–228;

Wolfgang Behringer, Erträge und Perspektiven der Hexenforschung, in: Historische Zeitschrift 249 (1989) 619–640;

Ders. (Hg.), Hexen und Hexenprozesse, München [3]1995 (Quellensammlung und neueste Literatur);

Eva Labouvie, Zauberei und Hexenwerk. Ländlicher Hexenglaube in der frühen Neuzeit, Frankfurt 1991;

Gerhard Schormann, Hexenprozesse in Deutschland, Göttingen [2]1986;

Ders., Hexen, in: Theologische Realenzyklopädie 15 (1986) 297–304;

Ders., Der Krieg gegen die Hexen. Das Ausrottungsprogramm des Kurfürsten von Köln, Göttingen 1991;

Marc Venard, Die Angst vor den Dämonen, in: Ders., Heribert Smolinsky (Hg.), Die Geschichte des Christentums 8, Freiburg u. a. 1992, 1074–1107.

3.6 *Der Dreißigjährige Krieg und der Westfälische Frieden von 1648*

Die gewaltsame Lösung religiöser Konflikte, die in Frankreich und den Niederlanden zu jahrzehntelangen Verwicklungen geführt hatte, erreichte im Dreißigjährigen Krieg nochmals einen Höhe-, aber auch ihren Wendepunkt und ihr vorläufiges Ende. Begonnen als Ständeaufstand in Böhmen, waren zum Schluß fast alle europäischen Mächte in dieses Ringen verwickelt. Deutschland wurde weithin verwüstet, so daß es in manchen Teilen lange brauchte, um sich zu erholen, und der Westfälische Frieden schuf Voraussetzungen, welche die Mächtekonstellation im Reich und in Europa bis zur Französischen Revolution wesentlich bestimmten.

Der Weg in diesen letzten großen Krieg, der unter dem Vorzeichen der konfessionellen Konflikte begonnen wurde, war durch eine Reihe von Ereignissen bestimmt, von denen hier nur die Bündnisbildungen seit 1608 genannt werden. Unter Führung der calvinistischen Kurpfalz entstand als Reaktion auf die von dem bayerischen

Herzog Maximilian durchgeführte, den Religionsfrieden verletzende Exekution der Reichsacht gegen Donauwörth (wurde Bayern einverleibt) die protestantische Union, der ein Jahr später Bayern die katholische Liga entgegensetzte. Da beide Bündnisse Verbindung zum Ausland hatten, zeichnete sich ab, daß ein möglicher gewaltsamer Konflikt fast notwendig die europäischen Mächte mobilisieren würde. Der kritische Punkt war erreicht, als im »Prager Fenstersturz« am 23. Mai 1618 zwei kaiserliche Statthalter auf der Prager Burg aus dem Fenster geworfen wurden und 1619 im Zuge eines Ständeaufstandes Friedrich V. von der Pfalz anstelle des österreichischen Ferdinand zum böhmischen König gewählt wurde.
Auf den Sieg Kaiser Ferdinands über die Böhmen in der Schlacht am Weißen Berg (8. 11. 1620) folgten Jahre der härtesten Phase der Gegenreformation. Die Oberpfalz kam zu Bayern und wurde rekatholisiert. Neben dem Erwerb der Oberpfalz konnte Bayerns Herzog Maximilian auch die Kurwürde erlangen. Kaiser Ferdinand II. stellte in seinen Landen, dessen Stände weithin der lutherischen Reformation zuneigten, den Katholizismus wieder her. Als eine Art Höhepunkt dieser Entwicklung verlangte das kaiserliche Restitutionsedikt von 1629, daß alles seit 1552 entfremdete Kirchengut, also z. B. protestantisch gewordene Bistümer und Stifte, rekatholisiert würden, was vor allem für die Situation in Norddeutschland, wo die Reformation weit vorangeschritten war, dramatische Konsequenzen gehabt hätte.
Eine Ständeopposition gegen den Kaiser, in deren Folge dieser z. B. den Feldherrn Wallenstein fallen lassen mußte, verhinderte den vollständigen Sieg. Als im Juli 1630 die Schweden unter König Gustav Adolf in den Krieg eingriffen, erhielt das Geschehen eine weitere Dimension. Bis zu einem gewissen Grade gelang es Gustav Adolf, den bedrängten Protestantismus zu retten, aber er selbst fiel bereits 1632 in der Schlacht bei Lützen. Ab 1635 trat auch das katholische Frankreich Richelieus, der eine Vormacht der Habsburger verhindern wollte, gegen Spanien in den Krieg ein und gab ihm damit endgültig eine neue Qualität. Spätestens zu diesem Zeitpunkt war die Religionsfrage wohl endgültig sekundär geworden, hatte der Krieg aber europäische Dimensionen erreicht.
Nach Vorfriedensschlüssen, unter denen der von Prag 1635 heraus-

ragt, und langwierigen Verhandlungen kam es 1648 zum Frieden von Münster (mit Frankreich) und Osnabrück (mit Schweden). In der Religionsfrage hielt er grundsätzlich an der Augsburger Regelung von 1555 fest, anerkannte aber jetzt reichsrechtlich neben den Lutheranern auch die Calvinisten. Das Prinzip »Cuius regio, eius religio« blieb bestehen, doch mußten bei einem Konfessionswechsel des Landesherrn die Untertanen nicht mehr folgen. Für die konfessionellen Grenzen galt 1624 als »Normaljahr« (der Stand dieses Jahres galt als Norm), was aber nicht die kaiserlichen Erblande und die Oberpfalz betraf. Damit waren die Restitutionsforderungen von 1629 hinfällig geworden und ein schwieriges Problem gelöst. Der Reichstag sollte in Zukunft bei Religionsfragen in ein Corpus Evangelicorum und Corpus Catholicorum geteilt werden, die als solche getrennt beraten konnten (itio in partes). Voll in den Frieden mit einbezogen wurden die Reichsstädte, die dadurch eine Aufwertung erhielten. Für das Bistum Osnabrück galt die aus heutiger Sicht kuriose Bestimmung, daß in Zukunft abwechselnd ein katholischer und ein evangelischer Bischof gewählt werden sollte. Es bedeutete einen wichtigen Einschnitt für das Reich, daß den Fürsten Allianzen mit auswärtigen Mächten erlaubt wurden. Ihre Macht sowie die der Stände überhaupt war durch diesen Friedensschluß deutlich gestärkt und die konfessionellen Grenzen bis zum Untergang des Reiches weithin festgeschrieben.
Es entsprach der inzwischen eingetretenen Situation im europäischen Mächtesystem, daß der Protest von Papst Innozenz X. wirkungslos blieb, wohl auch gar nicht wirksam werden konnte. Die europäische Politik hatte eine Eigendynamik entwickelt, die sich nicht mehr am mittelalterlichen Bild der von Kaiser und Papst getragenen einheitlichen Christenheit orientierte, sondern neue Wege ging.

Literatur:

Johannes Burkhardt, Der Dreißigjährige Krieg (=edition suhrkamp NF 1542), Frankfurt 1992.

4 *Vom Barock zur Aufklärung: Die katholische Kirche im 17. und 18. Jahrhundert*

Eine Reihe von Rahmenbedingungen bestimmten das Schicksal der katholischen Kirche im 17. und 18. Jahrhundert, worunter zunächst einmal die politischen Entwicklungen, und hier vor allem die Folgen des Westfälischen Friedens von 1648 sowie des Pyrenäenfriedens zwischen Spanien und Frankreich 1659 fallen.

Die schweren Schäden des Dreißigjährigen Krieges in Deutschland wurden langsam beseitigt. Fast alle reichskirchlichen Territorien hatten gelitten und waren hoch verschuldet. Zwar hatte Spanien/Habsburg durch den Pyrenäenfrieden einen Teil seiner Vormachtstellung verloren, aber durch die Siege über die Türken, besonders 1683 bei der Schlacht am Kahlenberg bei Wien und durch den Frieden von Karlowitz 1699 mit Gewinnen in Ungarn, Slawonien und Kroatien griffen die österreichischen Habsburger weiter nach Südosteuropa aus. Das Kaisertum konnten sie ebenfalls behaupten, sieht man von dem kurzen Zwischenspiel des Wittelsbacher Karl VII. (1742–1745) ab. Allerdings war es nicht möglich, 1700 nach dem Tod des spanischen Habsburgers Karl II. den französischen König Ludwig XIV. davon abzuhalten, mit Philipp V. von Anjou in Spanien einen Bourbonen als Nachfolger durchzusetzen. Im Reich wuchs als protestantischer Staat Brandenburg durch den Erwerb des Herzogtums Preußen und die kluge Politik Friedrich Wilhelms I. sowie Friedrichs' II. zur Großmacht heran und wurde ein traditioneller Gegenspieler der katholischen Mächte.

Im Koordinatensystem europäischer Politik spielte Frankreich seit Richelieu und dessen Nachfolger Mazarin, besonders aber durch die ausgreifende Politik Ludwigs XIV. eine entscheidende Rolle. In dem Maße, in dem Frankreich aufstieg, verlor Spanien als führende katholische Großmacht an Gewicht. Schon 1588 war es durch die Niederlage der Armada von den Engländern als erste Seemacht verdrängt worden. Portugal, das unter Philipp II. 1580 mit Spanien geeint worden war, machte sich 1640 wieder selbständig. Im Westfälischen Frieden 1648 waren Spanien endgültig die nördlichen Niederlande verlorengegangen. Als 1659 der Pyrenäenfriede mit Frankreich geschlossen wurde, bedeutete das eine weitere Schwächung. Das Riesenreich, das von Südamerika bis zu den Philippinen und Indien (Goa) reichte, zerbröckelte, weil es nicht mehr regierbar war und unfähige Herrscher wie Philipp IV. zu seinem Ruin beitrugen. War die große politische Zeit Spaniens das 16. Jahrhundert, so ging im ausgehenden 17. Jahrhundert auch das »Goldene Zeitalter« (Siglo de oro) in Kunst und Literatur in Spanien zu Ende und verlor es auch in der Theologie seine Vormachtstellung an Frankreich.

Der Norden Europas war dagegen protestantisch, wenn auch nicht unter einer einheitlichen Konfession. Die Niederlande, sich immer mehr neben England zu einer führenden Wirtschafts- und Seemacht entwickelnd, boten unter der Führung des Calvinismus ein konfessionell buntes Bild. In Schweden, Finnland, Dänemark, Norwegen und Island hatte sich das Luthertum durchgesetzt, während sich der englische Protestantismus im 17. Jahrhundert im Streit mit den Puritanern und Dissenters zersplitterte, so daß es 1689 notwendig wurde, mit einer »Toleranzakte« den Frieden zu ermöglichen. Dennoch verstand sich England als Beschützer des europäischen Protestantismus, nachdem es unter Königin Elisabeth I. (1558–1603) seine dauerhafte Kirchenform gefunden hatte. Den englischen Katholiken, die in der Toleranzakte ausgenommen worden waren, gelang die Emanzipation erst Ende des 18. Jahrhunderts. Am meisten hatten die katholischen Iren unter den Gewaltmaßnahmen Oliver Cromwells in der Mitte des 17. Jahrhunderts zu leiden, die zu schweren Zerstörungen führten. Sie konnten sich aber soweit erholen, daß sie sogar 1795 in Maynooth ein Priesterseminar errichteten und damit die Ausbildung im eigenen Land garantierten.

In Osteuropa beschränkte sich der Protestantismus im wesentlichen auf das Herzogtum Preußen, Livland und Ungarn, während es ihm in Polen nicht gelungen war, letztlich den Adel zu gewinnen, dessen politisch starke Stellung innerhalb der polnischen »Adelsrepublik« ausschlaggebend für den Erfolg einer Reformation gewesen wäre.

Nach dem Aufstieg, den das Papsttum im 16. und beginnenden 17. Jahrhundert noch einmal erlebte, machte sich eine deutliche Schwäche und Abhängigkeit von den politischen Gewalten bemerkbar. Die drei großen katholischen Mächte Spanien, Österreich und Frankreich nahmen immer stärkeren Einfluß auf die Papstwahlen, wobei sie sich der sog. Exklusive, des »Ausschließungsrechtes«, bei einem ihnen nicht genehmen Kandidaten bedienten.

Zu diesen Einflüssen von außen kam, daß sich innerkirchlich die Stellung der Päpste ebenfalls eher als schwach erwies. Das war einmal bedingt durch die politische Situation des Kirchenstaates, der im Konzert der europäischen Mächte keinerlei gestaltende Kraft darstellte, aber auch durch neue Ideen und ekklesiologische Konzeptionen wie den Gallikanismus, Episkopalismus und Josephinismus, welche an Boden gewannen und dem Papsttum eine mehr marginale Rolle innerhalb der katholischen Kirche zuwiesen.

Zwei Päpste ragten in dieser Zeit besonders hervor. Innozenz XI. (1676–1689), der gegenüber Ludwig XIV. von Frankreich einen schweren Stand hatte, gelang es, im Kampf gegen die Türken den polnischen König Jan Sobieski mit Kaiser Leopold I. zu einer Union zu bewegen und so wesentlich zur Abwehr der Gefahr beizutragen. Die zweite große Papstgestalt war Benedikt XIV. (1740–1758; Prosper Lambertini), ein bedeutender Kirchenrechtler, der durch kluges Maßhalten und eine Politik der Mitte die Schwierigkeiten seines Pontifikates meisterte. Sein Weitblick erlaubte ihm, z. B. für die Niederlande eine vorbildhafte Regelung für konfessionsverschiedene Ehen zu finden, die sogar für das 20. Jahrhundert wegweisend wurde.

Am Ende des 18. Jahrhunderts stand schließlich die Aufhebung des Jesuitenordens 1773 durch Clemens XIV. (1769–1774), die nach längerem Vorspiel wesentlich unter dem Druck der katholischen Mächte zustande gekommen war und für die Missionen sowie das Unterrichts- und Erziehungswesen, wo der Orden eine große, wenn auch nicht unumstrittene Rolle spielte, einen wichtigen Einschnitt darstellte.

4.1 Entwicklungen in der französischen Kirche und die große Zeit ihrer Spiritualität

Eigentlich war die Ausgangssituation für die katholische Kirche nach den Religionskriegen[1] in Frankreich denkbar schlecht. Die Kämpfe hatten sie schwer geschädigt, denn kirchliche Gebäude waren verwahrlost, mehrfache hohe Geldforderungen der Krone hatten die finanziellen Ressourcen angegriffen, und im Laufe der Zeit stellte sich auf Grund der unsicheren Karriereaussichten sowie strengerer Auswahl auch ein Klerikermangel ein, der nur langsam behoben werden konnte.

Gemäß der eigenen Tradition war die Kirche Frankreichs in das politische System eingebunden. Theorie und Praxis des Gallikanismus[2] betonten, daß die französische Kirche ihre Angelegenheiten weithin selbständig regelte, was trotz mehrfacher Anstrengungen seitens der Bischöfe, des Nuntius und des Papstes verhinderte, daß die Beschlüsse des Trienter Konzils offiziell angenommen wurden. Das Parlament in Paris weigerte sich, sie zu registrieren und damit zum Staatsgesetz zu erheben. So blieb die Verwirklichung des Tridentinums zahlreichen Privatinitiativen überlassen, und lediglich eine Klerusversammlung beschloß 1615 in Paris die Durchführung.

Es gehört zu den erstaunlichen Phänomenen der Geschichte, daß es trotz dieser Probleme und der schweren Krise der Religionskriege Kreisen der französischen Kirche gelang, kurz nach 1600 eine innere Lebenskraft und Spiritualität zu entwickeln, die Lehre und Praxis befruchteten, zu zahlreichen neuen religiösen Institutionen führten und weit über Frankreich hinausstrahlten.

Sieht man von den in Frankreich einflußreichen Jesuiten ab, so bildete den wirkmächtigen Ausgangspunkt eine Gruppe von Laien, Klerikern und Ordensleuten, die sich seit 1597 im Haus von Barbe Acarie, der Frau eines hohen Beamten, in Paris traf. Zu diesem Kreis gehörten unter anderen der Kapuziner Benedikt von Canfield, ein englischer Konvertit, Pierre Bérulle († 1629) und Franz von Sales († 1622), der spätere Bischof von Genf. Hatte zu-

[1] Vgl. S. 91 f.
[2] S. 185 ff.

nächst die rheinisch-flämische Mystik Einfluß auf diesen Kreis (parti dévot oder milieu catholique genannt), so rezipierte er seit Beginn des 17. Jahrhunderts die spanische Mystik, besonders die Gedanken der Teresa von Avila. Vor allem bei Pierre Bérulle und einigen anderen von ihm beeinflußten Persönlichkeiten entwikkelte sich eine Spiritualität, die in der Geschichtsschreibung »Ecole française« genannt wurde; ein Begriff, der in dieser Form allerdings zu hoch gegriffen ist und falsche Vorstellungen einer etablierten Schule weckt. Diese Spiritualität war im Sinne der spanischen Mystik an den Geheimnissen des inkarnierten Christus interessiert und führte damit zu einer christologischen Konzentration. Konsequenzen praktischer Art waren die zunehmende Herz-Jesu- und Kind-Jesu-Verehrung in Frankreich, die frömmigkeitsgeschichtlich für die Neuzeit von größter Bedeutung war. Man versuchte, die Frömmigkeit in das jeweilige persönliche Leben des einzelnen zu integrieren, von daher die ganze Persönlichkeit zu formen und alle denkbaren Lebensbezüge einzubeziehen.

Konnte dies gegenüber barocken Auswüchsen schon als Korrektiv wirken, so kam sie auch der neuzeitlichen Tendenz zur größeren persönlichen Individualität entgegen, was ihre Rezeption förderte. Die Wirkung steigerte sich außerdem dadurch, daß sie sich mit einem christlichen Schöpfungsoptimismus verband, der im Frankreich des 17. Jahrhunderts sowohl bei den für die Erziehung, als Prediger, Kontroverstheologen und Beichtväter bedeutsamen Jesuiten als auch in dem genannten Kreis zu finden ist. Vertreter dieser Theologie waren der Jesuit Louis Richeome, Franz von Sales, dessen Freund Bischof Jean-Pierre Camus oder der Kapuziner Yves von Paris. Gott und der Mensch als Gottes Ebenbild spielten in ihren Schriften und Predigten eine große Rolle, wobei die Fähigkeiten der menschlichen Natur relativ optimistisch eingeschätzt wurden. Diese Theologie betonte die Liebe, hatte einen praktischen Zug und die Tendenz, den Menschen in seiner Ratio und zugleich in seinen Affekten zu erfassen. Eine heitere und gelöste Geisteshaltung des Menschen war angestrebt, der Gott in allen Dingen der Schöpfung begegnete.

Es gelang dieser Frömmigkeit, sich in mehreren Institutionen zu etablieren und damit ihre eigentliche Wirkungsgeschichte zu entfalten. Das gilt vor allem für die Gründung des französischen Oratoriums und den mit ihm zusammenhängenden weiteren Einrichtungen, aber auch für die eigenständige Wirkung des Vinzenz von Paul und für Franz von Sales und dessen Einfluß.

Das französische Oratorium war ein Werk Pierre Bérulles. Er war sehr früh von einer durch Augustinus geprägten Mystik erfaßt worden, gehörte zum engsten Kreis um Madame Acarie und wurde 1599 Priester, 1627 Kardinal. Mit Richelieu, dem Leiter der französischen Politik, verband ihn zunächst Freundschaft, die dann wegen der antihabsburgischen Politik Frankreichs in Ablehnung umschlug. Nach dem Vorbild des von Philipp Neri in Rom gegründeten Oratoriums schuf Bérulle 1611 in Paris das französische Oratorium. Er übernahm zwar die Grundkonzeption Neris, erweiterte sie aber ganz im Sinne des französischen Zentralstaates zu einem Gesamtverband, den ein Generalsuperior leitete. Damit waren Bedingungen hergestellt, die dem französischen Oratorium weitaus mehr als der italienischen Form zu Breitenwirkung und Gestaltungsmöglichkeiten sowie einer Eigendynamik verhalfen, die mit Hilfe der zentralen Steuerung eine Art gleichartige Spiritualität in Frankreich verbreiten konnte. Das geschah durch die Formung des Klerus und die Leitung der reformierten Karmelitinnen, die 1604 auf Betreiben des Kreises um Madame Acarie nach Frankreich gekommen waren. Da die Oratorianer auch die Leitung von Schulen übernahmen, entwickelten sie sich zudem als bedeutsamer Faktor im französischen Erziehungswesen und traten in ernsthafte Konkurrenz zu den Jesuiten, was manche Spannungen hervorrief. Für ihre Erfolge spricht, daß sie bei der Aufhebung des Oratoriums in der Französischen Revolution 70 Häuser mit ca. 750 Mitgliedern besaßen.

Die Abzweigungen der von Jean-Jacques Olier gegründeten »Compagnie de Saint-Sulpice«, die einen Großteil der französischen Priesterseminare übernahm und den lange nachwirkenden Typus des sulpicianischen Klerus schuf, sowie die von Jean Eudes in Caen ins Leben gerufenen »Congrégation de Jésus et Marie« gaben oratorianische Spiritualität in breite Kreise weiter.

Beeinflußt von Bérulle, aber im letzten doch selbständig war das vielschichtige Werk des Vinzenz von Paul († 1660). Vor allem die Gründung der »Filles de la Charité« 1633, besser bekannt als Vinzentinerinnen, durchbrach die durch bisherige kirchenrechtliche Vorschriften bedingte spirituelle Enge von Frauenorden und schuf eine für die Sozialgeschichte Europas höchst bedeutsame Institution. Die Vinzentinerinnen kannten weder feierliche Gelübde noch eine strenge Klausur. Das machte sie funktional und effizient einsetzbar im caritativen sowie sozialen Bereich und entsprach den Notwendigkeiten der frühneuzeitlichen Gesellschaft, in welcher der Orden eine erstaunliche Resonanz fand.

Während es Vinzenz von Paul gelang, eine Modernisierung der Frauenorden zu erreichen, scheiterte Franz von Sales bei einem rund zwanzig Jahre früheren Versuch. Der Bischof von Genf mit Sitz in Annecy wollte zusammen mit Johanna Franziska von Chantal eine Gemeinschaft ins Leben rufen, die für die Bedürfnisse der Armen und Kranken verfügbar war und für Frauen offenstand, die aus gesundheitlichen oder sozialen Gründen nicht in einen der klassischen Orden eintreten konnten. Der 1610 gegründete Orden trug den Namen »Von der Heimsuchung« (Visitantinnen) und spielte auf den Besuch Marias bei Elisabeth an. Damit war ein Programm verbunden, denn die Arbeit der Schwestern sollte in ähnlicher Weise aktive Hilfe für andere sein. Ab 1615 lehnte der Erzbischof von Lyon, Denis-Simon de Marquemont, diese Konzeption ab. Auf seinen Druck hin übernahmen Johanna und Franz 1618 die Augustinerregel und die strenge Klausur für ihre Schwesterngemeinschaft. Trotz dieses Rückschritts fand die Gründung in Frankreich ungewöhnliche Resonanz, zählte dort im 18. Jahrhundert über 100 Niederlassungen und spielte durch die Schulen, die sie bald übernahm, in der Bildungs- und Sozialgeschichte eine große Rolle.

Da die Nationalbibliothek in Paris eine Sammlung von Briefen enthält, welche Mitglieder des Ordens untereinander austauschten (sog. lettres circulaires) und 156 Bände ausmachen, ist es möglich, im Falle der Visitantinnen einen Einblick in die innere Struktur und Frömmigkeit eines frühneuzeitlichen französischen Frauenordens zu gewinnen. Jean Delumeau hat sie für den Zeitraum von 1667–1767 ausgewertet, d.h. für die Zeit, wo der Orden bereits etabliert war und seine Gründer längere Zeit nicht mehr lebten[3].

Es ergab sich bei der traditionellen Zweiteilung eines solchen unter strenger Klausur lebenden Konventes, daß von den Dienstschwestern, welche die Wirtschaft besorgten und Kontakte nach außen halten mußten, 39% der unteren, 57% der mittleren und nur 4% der höheren Gesellschaftsschicht angehörten. Die Berufsschichtung der Herkunftsfamilien zeigte ein deutliches Übergewicht der Bauern, Arbeiter, Handwerker und Kaufleute.

Die soziale Schichtung der Gesellschaft spiegelte sich damit im Kloster wider. Das bestätigt eine Analyse der Chorschwestern, die eine höher entwickelte Spiritualität besaßen sowie für das Chorgebet und die Schule größere Bildung benötigten. Bei ihnen entstammten 20,8% der unteren, 22,8% der mittleren und 52% höheren Schichten (Verschiedene 4,4%). Dem Bauern-, Arbeiter- und Handwerkerstand entstammten kaum Chorschwestern. Aus den freien Berufen (ohne Kaufleute) kamen 3,3%, aus dem kleinen Beamtentum 10%. Von Kaufleuten stammten 10,7%, von Soldatenfamilien 10,7% und von dem im Frankreich des 17. und 18. Jahrhunderts immer wichtigeren Beamtenadel 62,6% der Chorschwestern (Verschiedene 2,7%). Für die unteren Gesellschaftsschichten war also ein sozialer Aufstieg nur als Dienstschwester möglich. Die innere Hierarchie des Klosters entsprach damit der Struktur der französischen Gesellschaft erstaunlich genau.

Die Spiritualität der Schwestern, soweit sie aus den Briefen erhoben werden kann, läßt sich nicht eindeutig festlegen. Für die Berufung spielte oft die Religiosität der Mutter und der Tag der Erstkommunion ein große Rolle, der vielen Schreiberinnen als erster Wendepunkt des Lebens erschien. Erzwungene Klostereintritte, wie sie zu Beginn des 17. Jahrhunderts noch üblich waren, gab es nach Aussagen dieser Quellen nicht. Ebensowenig waren die Klöster der Visitantinnen ein Ort, wo der Adel seine nachgeborenen Töchter versorgte, wie es in dieser Zeit oft genug praktiziert wurde. Letzteres erklärt sich, wenn die Askese der Schwestern analysiert wird. Härteste Bußübungen mit freiwilligem Nahrungs-

[3] *Jean Delumeau*, Un chemin d'histoire, Paris 1981, 209ff.

und Schlafentzug spielten hierbei ein Rolle, was ein bequemes Leben ausschloß. Das bedeutete aber auch: Ein Grundanliegen salesianischer Frömmigkeit war verschwunden und hatte aus nicht klar durchschaubaren Gründen neuer Rigorosität Platz gemacht.

Literatur:

Henri Bremond, Histoire litteraire du sentiment religieux en France depuis la fin des guerres de religion jusqu'à nos jours, Bd. 3, Paris 1923;

Louis Cognet, La spiritualité moderne. I. L'essor: 1500–1650, Paris 1966;

Jean Delumeau, Naissance et affirmation de la Réforme, Paris ³1973;

Jacques Le Goff, René Rémond (Hgg.), Histoire de la France religieuse II: Du christianisme flamboyant à l'aube des Lumières, Paris 1988;

Jean Mesnard, La culture du XVIIe siècle, Paris 1992.

4.2 Der Jansenismus – konservative Reaktion oder vorantreibende Reform?

Im Jansenismus begegnen wir einem der interessantesten, vielschichtigsten und wirkmächtigsten Phänomenen der Kirchengeschichte des 17. und 18. Jahrhunderts. Dabei stellt er sich auf den ersten Blick widersprüchlich und ungereimt dar. So lebte der Jansenismus von der humanistischen Hinwendung zur Theologie der Kirchenväter und hier speziell zu Augustinus, nahm aber keineswegs das im allgemeinen optimistische humanistische Menschenbild auf, das z. B. bei den Jesuiten eine große Rolle spielte. In der Gnaden- und Prädestinationslehre sowie der puritanischen Lebensführung näherte sich der Jansenismus dem Calvinismus, war aber in Frankreich einer der härtesten Gegner der Hugenotten. Er bekämpfte in seinen ersten Jahrzehnten das gallikanische Staatskirchentum unter Ludwig XIV., verband sich aber ab ca. 1710 zu einer Koalition in den Parlamenten mit den Gallikanern. Die Jansenisten waren eigentlich Gegner der Aufklärung, und doch stimmten sie in ihrer Spätphase in vielen Punkten mit ihr überein. Sie galten als konservativ, bereiteten aber mit ihren Ideen die Anfänge der Französischen Revolution vor allem in bezug auf die Zivilkonstitution des Klerus mit vor. Es ist daher kein Wunder, daß die historische Forschung eine Reihe von Theorien entwickelte, wie diese Widersprüche zu erklären sind.

Sachlich war der Jansenismus eine Fortsetzung des nie völlig ausgetragenen Gnadenstreites seit dem Trienter Konzil[4]. In diesem Kontext vertrat in Löwen der Universitätstheologe Michael Bajus († 1589) eine vom Augustinismus geprägte Theologie, die der göttlichen Gnade fast alles, dem menschlichen Willen beinahe nichts zuschrieb. Die Verurteilung des Bajus 1567 durch den Papst und die Entscheidung des Gnadenstreits zu Beginn des 17. Jahrhunderts drängte die damit verbundene Diskussion um einen Raum natürlicher Sittlichkeit, in dem der Mensch das Gute oder Böse frei wählen könne, zunächst einmal zurück.

Das änderte sich, als Cornelius Jansenius (Jansen) der Jüngere (1585–1638) in Löwen diese Gedanken aufs neue durchdachte. Geboren in Leerdam – die Familie kam aus Akkoy (Holland) –, gehörte er seiner Herkunft nach zur katholischen Minderheit in den niederländischen Generalstaaten. Jansenius studierte von 1602–1604 und 1607–1609 Theologie an der katholischen Universität Löwen. Entscheidend für seine Entwicklung wurde die Begegnung mit dem Franzosen Jean Duvergier de Hauranne, der ab 1620 Kommendatarabt des Klosters Saint-Cyran bei Poitiers war und deshalb in der Literatur meist Saint-Cyran genannt wird. Gemeinsam lasen sie intensiv jahrelang die Kirchenväter, was ihre Theologie formte. Jansenius erhielt 1618 eine Professur in Löwen und 1630 den dortigen Lehrstuhl für Exegese. Im Jahre 1636 wurde er Bischof von Ypern, eines 1559 von Philipp II. neu errichteten und 1801 wieder untergegangenen Bistums. Schon zwei Jahre später starb er im Alter von 53 Jahren.

Jansenius stand in der Tradition des Augustinismus, wie er seit Bajus in Löwen lebendig war und sich traditionsgemäß gegen die Jesuiten und ihr optimistisches Menschenbild richtete. Seit 1627 arbeitete er an seinem Lebenswerk, einem riesigen Opus mit dem programmatischen Titel »Augustinus«, das besonders die antipela-

[4] Siehe S. 73.

gianischen Schriften des großen Kirchenvaters auswertete. Kurz vor seinem Tode konnte er die Schrift vollenden, die wegen der Opposition der Löwener Jesuiten in seinem Bischofspalast in Ypern gedruckt werden sollte. Jansenius erlebte den Druck nicht mehr, und das Werk erschien 1640 doch in Löwen. Die zweite Auflage wurde bereits 1641 in Paris gedruckt; ein Indiz dafür, daß Frankreich in Zukunft der Raum sein würde, wo der Jansenismus seine größte und umstrittenste Wirkung entfalten konnte.

Inhaltlich ging es im »Augustinus« im wesentlichen um folgende Punkte: 1. Der Kirchenvater Augustinus, aus dessen Schriften Jansenius einseitig die antipelagianischen zitierte, wurde als zentrale theologische Autorität akzeptiert. 2. Jansenius lehnte die Philosophie als erhellende Wissenschaft innerhalb der Theologie ab, was eine deutliche Frontstellung gegen die Scholastik bedeutete. 3. Für ihn hatte der Mensch nur eine Freiheit zum Bösen, nicht aber zum Guten. 4. Die Gnade wirke unfehlbar, hebe aber trotzdem die menschliche Freiheit nicht durch einen Zwang auf. Dadurch, daß der Mensch Gott als liebenswert erkenne, werde er gleichsam notwendig zu ihm hingezogen. Dagegen beinhalte die »Liebe zur Welt« nur Schlechtes. 5. In einem Anhang zum »Augustinus« griff Jansenius die Gnadenlehre der Molinisten[5] und damit die Jesuiten scharf an und setzte sie mit den altkirchlichen Pelagianern gleich, die die natürliche Kraft des Menschen überschätzten und deshalb zu Häretikern wurden.

Diese Aussagen, die auf den ersten Blick als rein innertheologische Streiterei erscheinen und das Problem der Wirksamkeit der Gnade ebensowenig wie alle anderen derartigen Systeme wirklich lösten, hatten in einem Zeitalter, das noch ganz der religiösen Weltinterpretation verpflichtet war, weitreichende Auswirkungen. Die Situation verschärfte sich dadurch, daß schon vor der Veröffentlichung des »Augustinus« und vor allem bald danach Saint-Cyran die Stufe der reinen Reflexion über Gnade und menschliche Freiheit verließ, und daß zusammen mit anderen Umständen langfristig die Gedanken des Jansenius auf die Ebene der Moral sowie der praktischen Frömmigkeit transponiert wurden. Das aber bedeutete im

[5] Vgl. S. 116.

letzten eine rigorose Kritik aller weltlichen Freuden und ihres Wertes sowie religiös die Tendenz zur spartanischen, das Sinnliche mißtrauisch beobachtenden Strenge. Nimmt man noch hinzu, daß der einflußreiche Jesuitenorden angegriffen war, der dies keineswegs passiv hinnahm, dann wird erklärbar, warum sich innerhalb kürzester Zeit eine in der Wurzel innertheologische Streitfrage zum »Jansenismus« entwickelte, dessen Folgen weit über die Theologie hinausgriffen und bis zur Französischen Revolution Wirkung entfalteten. Seine Stoßkraft erhielt er, weil sich begabte und einflußreiche Persönlichkeiten in Frankreich die Lehre zu eigen machten und ihnen für einige Zeit sogar eine Art »Institutionalisierung« des Jansenismus gelang. Dagegen zeigte die Verurteilung durch Papst Urban VIII. 1642/43 in der Bulle »In eminenti« wenig Wirkung.

Zu den Rezipienten im weitesten, d. h. uneigentlichen Sinne gehörten einmal Bérulle und das einflußreiche französische Oratorium, die Augustinus ohnehin zugeneigt waren und sich für die Ideen des Jansenismus aufgeschlossen zeigten, ohne sie wirklich zu übernehmen. Zweitens konnten sich die Anhänger des Jansenius mit einer antijesuitischen Haltung in der Gesellschaft verbünden, was soweit führte, daß die Gefahr bestand, in der aufgeheizten polemischen Atmosphäre der Zeit jeden Gegner der Jesuiten als Jansenisten zu bezeichnen. Drittens verband sich spätestens seit 1635 der Jansenismus mit der politischen Opposition, als Jansenius in der Schrift »Mars gallicus« das Eintreten Frankreichs in den Dreißigjährigen Krieg kritisierte und sich Richelieu zum Gegner machte; eine Feindschaft gegenüber den Jansenisten, die sich unter Mazarin fortsetzte.

Eine Art institutionelle Anbindung erhielt der Jansenismus, als der auch mit Bérulle in Kontakt stehende Saint-Cyran ab ca. 1635 Seelenführer des Zisterzienserinnenklosters Port-Royal in Paris unter seiner einflußreichen Äbtissin Angélique Arnauld wurde. Dabei ging er selbständig vor, wenn er mit Rückgriff auf länger bestehende, nicht direkt jansenistische reformerisch-rigoristische Methoden den Schwestern die Lossprechung und die Kommunion um eines »psychologischen Schockes« willen längere Zeit verweigerte. Das sollte die Sehnsucht nach Gott und den Heilsmitteln steigern,

die Meditation anregen und das Bewußtsein der eigenen Sündhaftigkeit im Sinne jansenistischer Anthropologie anregen. Bald gruppierte sich um Port-Royal und dessen »Einsiedler« (solitaires), die dem nicht in der Stadt liegenden Zweitkloster Port-Royal des Champs angeschlossen waren, ein einflußreicher Kreis französischer Jansenisten. Zu ihm gehörte der Bruder der Äbtissin, Antoine Arnauld, dessen Bedeutung für die Wirkung des Jansenismus vermutlich größer war als die von Saint-Cyran selbst, aber auch Blaise Pascal. Arnauld war es, der das jansenistische Ideengut in die Moraltheologie hineintrug, wobei die jansenistische Moral bald in Streit mit der angeblich laxistischen der Jesuiten geriet. Damit entstand eine Koalition der Jansenisten mit rigoristischen Gruppen der Gegenreformation, die – in diesem Falle eins mit den Calvinisten – den sog. Libertinismus in Frankreich bekämpfte, der in ihren Augen für falsche religiöse und moralische Freiheiten eintrat. Wie sehr gleichzeitig die Politisierung voranging, zeigt die Einkerkerung Saint-Cyrans durch Richelieu 1638 wegen seiner Kritik an einer Politik, die am reinen raison d'état, also am Wohle des Staates orientiert war, aber auch wegen des von Richelieu ungeliebten rigorosen Augustinismus. Die Zusammenarbeit von Kreisen innerhalb der Gegenreformation, theologisch jansenistischer Anthropologie, moralischem Rigorismus und damit verbundener politischer Kritik kündigte sich an, die dem Jansenismus in Frankreich sein vielschichtiges Profil verlieh.
Einen ersten großen Sieg erlangten die Gegner der Jansenisten, zu denen die Jesuiten zählten, als Papst Innozenz X. auf Drängen antijansenistischer Bischöfe sowie Mazarins 1653 mit der Bulle »Cum occasione« fünf Sätze, die dem »Augustinus« entstammen sollten, als häretisch verurteilte. Arnauld und andere Jansenisten akzeptierten die verurteilten Sätze zwar als häretisch, bestritten aber, daß sie in der Schrift des Jansenius gelehrt würden. Sie boten ein »silentium obsequiosum«, d. h. ein ehrfurchtsvolles Schweigen über die Bulle an, was bedeutete: sie würden weder literarisch noch in Predigten oder sonstwie dazu Stellung nehmen.
Damit war die dogmatische Seite teilweise tabuisiert, aber das hinderte nicht die Weiterentwicklung des Streites in zwei Richtungen: in die politische und in die moralische. Letztere vertrat der geniale

Mathematiker und Philosoph Blaise Pascal († 1662), dessen Schwester Nonne in Port-Royal war, seit 1656 mit Hilfe Arnaulds und zusammen mit dem befreundeten Pierre Nicole in wirksamer Sprache sowie faszinierender Logik in anonymen, fiktiven Briefen als »Lettres provinciales« gegen die Jesuiten. Er warf ihnen moralischen Laxismus vor, der z. B. den Wünschen des Adels weit entgegenkäme und beinahe jedes Handeln legitimiere. Im Laufe eines guten Jahres erschienen 17 Briefe, wahre sprachliche und ironische Meisterwerke; erst 1659 konnte der Autor ermittelt werden. Pascal, der mehrere existentielle Bekehrungserlebnisse durchmachte und sich vom genialen Naturwissenschaftler und Philosophen zum Apologeten des Christentums entwickelte, war selbst geprägt durch die tiefe, vom jansenistischen Menschenbild beeinflußte Erfahrung des Elends des Menschen, der radikal der Erlösung durch Christus bedürfe und von hierher seine Größe erlange. Wenn auch seine Moral streng war, fand sie doch in Kreisen der französischen Gesellschaft nicht nur auf Grund der glänzenden publizistischen Leistung der »Briefe« Resonanz. Die Kritik besaß ihre Basis in den genannten reformerischen oder konservativ-oppositionellen Kreisen, die sich nicht auf eine bestimmte Klasse beschränkten, sondern quer durch die verschiedenen Schichten reichten.

Vom Ausgangspunkt des jansenistischen Denkens entfernte sich die Bewegung im Laufe der nächsten Jahrzehnte immer mehr, so daß die Geschichtsschreibung den Begriff »Spätjansenismus« für das ausgehende 17. und das 18. Jahrhundert einführte. Die Entwicklung, die hier nicht in allen Einzelheiten verfolgt werden kann, ist eng an die Person eines französischen Oratorianers, Pasquier Quesnel (1634–1719), gebunden, der 1692/99 eine Arbeit über das Neue Testament mit dem Titel »Le Nouveau Testament en Français avec des réflexions morales« veröffentlichte. Quesnel, der die meiste Zeit in Brüssel und Amsterdam in der Emigration lebte, war kein eigentlicher Jansenist, sondern »Augustinist«. Seine moralischen Überlegungen zum Neuen Testament und seinen Augustinismus verband er mit gallikanischen Ideen, vor allem mit denen des Edmond Richer, daß über die Wahrheit des Glaubens letztlich die Gesamtkirche entscheide, so daß ein Dogma erst gültig sei, wenn es alle Gläubigen akzeptierten. All das fand bei den Jansenisten, welche das Ideal der Urkirche als Richtmaß propagierten und diesen Gedanken mit Quesnels Vorstellungen verbinden konnten, Resonanz. So trug er wesentlich dazu bei, aus dem Jansenismus eine »Partei« zu machen, die er aus dem Exil mit regelrechten Agenturen, welche er an vielen Orten Europas einrichtete, förderte. Dem diente auch eine Zeitschrift, die »Nouvelles ecclésiastiques«, die schon handschriftlich Ende des 17. Jahrhunderts, gedruckt ab 1728, vertrieben wurde. Allerdings darf diese kirchenpolitisch durchaus aktive »Partei« nicht überschätzt werden, wie es die zeitgenössische Polemik oft nahelegte.

Auf Drängen Ludwigs XIV. kam es 1713 durch Papst Clemens XI. in der Bulle »Unigenitus« zu einer Verurteilung der Quesnelschen »Réflexions morales« mit 101 Sätzen. Eher ein Politikum als eine dogmatische Aussage, leitete sie eine letzte Phase in der Entwicklung des französischen Jansenismus ein, in der sich das Parlament und ein Teil des niederen Klerus mit den Jansenisten verbanden. 1717 appellierten vier jansenistische Bischöfe gegen die Bulle an ein Generalkonzil, so daß sich in ihrem Gefolge die französische Kirche in eine Partei der Appellanten als Kritiker der päpstlichen Entscheidung und in die der Akzeptanten spaltete, während eine dritte sich als Mittelpartei um Ausgleich bemühte. Der Gallikanismus, den noch Ludwig XIV. gefördert und den Arnauld abgelehnt hatte, wandte sich mittels des Parlamentes gegen die königliche Religionspolitik und wurde oppositionell; eine Ironie des Schicksals, die zeigt, wie sehr sich der Jansenismus geändert hatte.

Unter dem Druck der Verfolgungen, die auf Grund ihrer Brutalität und nicht immer einwandfreier Motive mit zum Autoritätsverfall von Kirche und Staat in Frankreich vor der Revolution beitrugen, wandelte er schließlich nochmals seine Gestalt. Er verließ die ihm genuin eigene christologische Mitte und wandte sich religiösen Randphänomenen zu. Am Grab des Diakons François de Paris ereigneten sich ekstatische Phänomene (durch die sog. Konvulsionäre) und Wunder, so daß es unter den Jansenisten zu fast hysterischen Zuständen kam. Sie entwickelten eine sektenhafte Mentalität, wobei sie sich als der kleine Rest der Auserwählten in einer apokalyptischen Situation der Verfolgung verstanden. Der dazukommende Heroenkult um führende Jansenisten läßt sich als Stabilisierung einer unter Druck geratenen Minderheit erklären, die ihre Identität wahren mußte, war aber auch im Sinne des urkirchlichen Vorbildes eine Nachahmung der altchristlichen Märtyrerverehrung.

War das letztere eher eine Ausnahme und Nebenlinie, so hatte der Jansenismus insgesamt mit seinen ekklesiologischen und theologischen Ideen im Zusammenspiel mit der Aufklärung auf ganz Europa Einfluß. Die Bezugspunkte bildeten die Hinwendung zur Urkirche und die Betonung der Schlichtheit im religiösen Leben, ohne daß es je zu einer völligen Identität kommen konnte, da die Aufklärung letztlich den jansenistischen Ausgangspunkt nicht teilte. Der Verbreitung dienten ausgedehnte Briefwechsel, der Bezug der »Nouvelles ecclésiastiques«, Übersetzungen von Schriften und neue Publikationen.

In Deutschland hatte eine Reihe von Persönlichkeiten, oft an geistlichen Höfen oder Universitäten tätig, Verbindungen zu Jansenisten; u. a. am Bonner Hof des Kölner Kurfürsten, in Trier und an der Universität in Freiburg. Vor allem nach Österreich und in seine Nachbarregionen drang er zwischen 1750 und 1760 ein und bildete Zentren in Wien, Salzburg und Passau. Im habsburgischen Großherzogtum Toscana fand 1786 die Synode von Pistoia statt, deren Beschlüsse den Einfluß des italienischen Reformkatholizismus sowie des Spätjansenismus widerspiegelten. Für Spanien ist in der zweiten Hälfte des 18. Jahrhunderts eine Erneuerung der Predigt zu konstatieren, die nicht mehr wie bisher von Ordensleuten, sondern jetzt von den Pfarrern getragen wurde und von der jansenistischen Hochschätzung des Pfarramtes beeinflußt war[6]. Die Hinwendung zur alten Kirche, in Spanien durch die Tradierung des Erasmianismus seit dem 16. Jahrhundert und dessen Blick auf die Väterzeit verstärkt, ließ die Jahrhunderte der westgotisch-spanischen Kirche als Leitbild wach werden und trug so zur Betonung der Werte einer Nationalkirche bei.

Ebenso gab es deutliche Auswirkungen des Jansenismus in Italien

[6] Vgl. *Joël Saugnieux*, Le Jansénisme Espagnol du XVIIIe siècle, ses composantes et ses sources, Oviedo 1976; *Ders.*, Les Jansénistes et le renouveau de la prédication dans l'Espagne de la seconde moitié du XVIIIe siècle, Lyon 1976.

bis hin nach Rom und die dortigen Ausbildungsstätten. Mit der jansenistischen »Kirche von Utrecht«, die durch eine Wahl des dem Jansenismus zugeneigten Cornelius Steenoven zum Bischof 1723 zustandekam, institutionalisierte er sich schließlich in einer dauerhaften Organisation. 1889 schloß sich diese kleine Kirche mit den Altkatholiken zur Utrechter Union zusammen.

Die verschlungene, in vielen Teilen überraschende Entwicklung des Jansenismus, seine oppositionelle Stellung in Frankreich und die Verflechtungen mit politischen Formationen sowie Ideen gab Anlaß zu zahlreichen Interpretationen. War er eine konservative Reaktion oder vorantreibende Reform für Kirche und Gesellschaft? Die Antwort ist bis heute nicht eindeutig. Kulturhistoriker, Philosophen und Soziologen (Groethuysen, Goldmann, Henri Lefebvre) vertraten die These, es habe sich um eine konservative Reaktion auf die sich formierende bürgerliche Gesellschaft, ihre staatliche Zentralisierung und ihren wirtschaftlichen Kapitalismus gehandelt.

Die neuesten Forschungen haben solche Thesen mit ihrer ideologischen Prägung nicht bestätigt. Vor allem läßt sich nicht die ausschließliche Anbindung des Jansenismus an eine bestimmte gesellschaftliche Schicht nachweisen. Könnte nicht eine sachlichere Bewertung die These bieten, es habe sich um eine rigorose Reformbewegung mit radikalen Tendenzen gehandelt? Ihre Verdienste um das Pfarrerideal, die Ernsthaftigkeit und eine berechtigte Kritik am barocken Überschwang sind zu würdigen. Sie war auch nicht im strikten Sinne dogmatisch häretisch. Wurde sie aber trotz all der genannten Positiva nicht doch aus guten Gründen gebremst, weil sie eine Welt von Skrupulanten geschaffen hätte? Immerhin war der Jansenismus, in voller Strenge nur von kleinen Zirkeln wirklich gelebt, ein umfassender Versuch religiöser Weltbewältigung, der nicht nur fromme Übungen und Moral, sondern einen umfassenden Lebensstil beinhaltete. Vielleicht am eindrucksvollsten ließe sich die Problematik jansenistischer Erziehung und Menschenformung an den nur eine kurze Zeit bestehenden »kleinen Schulen« im Kloster Port-Royal des Champs zeigen, wo die Kinder einer ständigen rigiden Kontrolle und Bewachung unterlagen, jede Vertraulichkeit meiden sollten, und deren Erziehungsziel es war, die Gnade im Kampf gegen die verdorbene Natur zu stärken;

ein Kampf, der dem jansenistischen Menschenbild dramatische Züge verlieh.
Zu einer sachgerechten Beurteilung ist außerdem die Differenzierung in Regionen und einzelne Phasen notwendig, die je nach lehrhaften, kirchlichen und politischen Umständen positive oder negative, sinnvolle oder gefährliche Wirkungen hatten. So leisteten die jansenistischen, eher rückwärtsgewandten konservativen Vorstellungen in Dogmatik und Moral mit der Ablehnung des Hochabsolutismus und mit der Lehre vom Recht der freien Gewissensprüfung, die vor allem in der Spätphase betont wurden und schon vordemokratische Züge trugen, durchaus einen Beitrag zur Emanzipation des Individuums in der Gesellschaft. Im übrigen steht eine intensive Erforschung der Antijansenisten noch aus, und die untrennbare Verbindung, die der Jansenismus mit anderen Ideen wie denen der Aufklärung einging, macht ein endgültiges Urteil nach wie vor schwierig.

Literatur:

Edmond J. M. van Eijl, (Hg.), L'image de C. Jansénius jusqu'à la fin du XVIIIe siècle, Löwen 1987;

Peter Hersche, Der Spätjansenismus in Österreich, Wien 1977;

Charles H. O'Brien, Jansen/Jansenismus, in: Theologische Realenzyklopädie 16 (1987) 502–509;

Jean Orcibal, Les origines du jansénisme. 5 Bde., Paris-Louvain 1947–62;

Ders., Jansénius d'Ypres (1585–1638), Paris 1989;

René Taveneaux, Jansénisme et Réforme catholique, Nancy 1992.

Hinzuweisen ist auf die zahlreichen Arbeiten von *Lucien Ceyssens*, die sich mit dem Jansenismus beschäftigen.

4.3 Die Theologie im 17./18. Jahrhundert bis zur Aufklärung

Die Theologie des 17. und 18. Jahrhunderts war mit einer Reihe von Aufgaben konfrontiert, die sich zum Großteil schon im 16. Jahrhundert angekündigt hatten, jetzt aber durch neue Entwicklungen verschärft wurden. Das betraf einmal die Ethik, die im Konkurrenzdenken der Konfessionen eine große Rolle spielte, aber auch die Exegese und den Streit um die Bibel, deren zentraler Wert in der Reformation entdeckt worden war. Zusätzlich dazu waren Erscheinungen grundsätzlicher Art zu beobachten, die Unruhe erweckten. Zwar galt nach wie vor, daß der Theologie zur Interpretation der Welt ein hoher Stellenwert zukam, aber erste Auseinandersetzungen mit sog. Atheisten – die keineswegs als Gottesleugner im modernen Sinne zu verstehen sind, sondern oft nur Zweifel bezüglich der Gegenwart Christi in der Messe hatten – kündigten eine langsame Verschiebung der Weltsicht an, dem sich die theologische Wissenschaft zu stellen hatte. Natürlich gehört in diesen Zusammenhang auch der Streit um das heliozentrische Weltbild und der Fall Galilei, dessen Verurteilung erfolgte, als er auf Grund seiner Entdeckungen die biblischen Aussagen in Frage stellte.

Die Liste der Veränderungen und Probleme ließe sich fortsetzen. Zu denken wäre etwa an die weitergehende Diskussion über die politischen Prinzipien, wie sie Niccolò Machiavelli 1532 mit der Schrift »Il principe« (Der Fürst) angestoßen hatte und die zahlreiche Gegenschriften provozierte, unter anderem auch von Jesuiten. Immerhin hatte Machiavelli scharfsichtig die Frage nach der Funktion von Religion im Fürstenstaate gestellt und damit ein Thema aufgegriffen, das nicht nur in der Neuzeit ständig reflektiert wurde und die Sorge weckte, Religion nur als Instrument des Herrschers zu verstehen, sondern sogar heute bei der Debatte um die Konfessionalisierung eine erstaunlich große Rolle spielt.

Hier sei vor allem auf die Philosophie hingewiesen, die seit der Antike aufs engste mit der Theologie verbunden war. Änderungen und Weichenstellungen auf diesem Gebiete mußten Folgen haben, da seit der mittelalterlichen Scholastik noch intensiver Philosophie und Theologie miteinander verwoben waren und auch die protestantische Theologie sich immer mehr dem philosophischen Argument im Rahmen der Kontroversen geöffnet hatte.

Die entscheidende philosophische Weichenstellung vollzog im 17. Jahrhundert René Descartes (1596–1650). Ihre Bedeutung geht daraus hervor, daß die Geschichtsschreibung sogar von einer »cartesianischen Revolution« sprechen konnte, die durch ihn hervorgerufen worden sei. Descartes war in La Haye geboren und besuchte die Jesuitenschule La Flèche, die er später »eine der berühmtesten Schulen Europas« nannte, was für die Qualität der jesuitischen Erziehung spricht. Er studierte Rechtswissenschaften in Poitiers. Nach einer Karriere als Soldat in verschiedenen Diensten hatte er in enge Kontakte mit Bérulle, dem Gründer des französischen Oratoriums, und dessen Augustinismus, was sein eigenes Denken beeinflußte. Weitere Stationen seines Lebens waren die Niederlande und 1649 Stockholm, wo er schon 1650 starb.

Im 1637 in Leiden erschienenen »Discours de la méthode« (Von der Methode des richtigen Vernunftgebrauchs und der wissenschaftlichen Forschung) hat Descartes eine der Grundlagen neuzeitlicher Philosophie gelegt. Um den längst vorhandenen Skeptizismus zu überwinden, suchte er einen Weg, zur absolut sicheren Wahrheit zu gelangen und fand ihn im menschlichen Bewußtsein. »Endlich erwog ich, daß uns genau die gleichen Vorstellungen, die wir im Wachen haben, auch im Schlafe kommen können, ohne daß in diesem Falle eine davon wahr wäre, und entschloß mich daher zu der Fiktion, daß nichts, was mir jemals in den Kopf gekommen, wahrer wäre als die Trugbilder meiner Träume. Alsbald aber fiel mir auf, daß, während ich auf diese Weise zu denken versuchte, alles sei falsch, doch notwendig ich, der es dachte, etwas sei. Und indem ich erkannte, daß diese Wahrheit ›Ich denke, also bin ich‹ so fest und sicher ist, daß die ausgefallensten Unterstellungen der Skeptiker sie nicht zu erschüttern vermöchten, so entschied ich, daß ich sie ohne Bedenken als ersten Grundsatz der Philosophie, die ich suchte, ansetzen könnte«[7]. Der Weg zur Wahrheit hieß jetzt in konsequenter und logischer Weiterführung einer schon vorhandenen Entwicklung Hinwendung zur Analyse des eigenen Bewußtseins. Dazu kam bei Descartes, daß er die Seele als völlig vom Körper gelöst dachte: »Daraus erkannte ich, daß ich eine Substanz bin, deren ganzes Wesen oder deren Natur nur darin besteht, zu denken und die zum Sein keines Ortes bedarf, noch von irgend-

[7] *René Descartes*, Discours de la Méthode, übersetzt und herausgegeben von Lüder Gäbe, Hamburg 1969, S. 53.

einem materiellen Dinge abhängt, so daß dieses Ich, d.h. die Seele, durch die ich das bin, was ich bin, völlig verschieden ist vom Körper, ja daß sie sogar leichter zu erkennen ist als er, und daß sie, selbst wenn er nicht wäre, doch nicht aufhörte, alles das zu sein, was sie ist«[8].

Die Philosophie vollzog so konsequent den schon länger eingeschlagenen Weg hin zur Anthropologie und Erkenntnistheorie. Alles Körperliche, Ausgedehnte konnte nun Gegenstand der mathematisch-naturwissenschaftlichen Betrachtungsweise werden; eine Art »Mathematisierung der Welt« war eröffnet, die in den modernen Naturwissenschaften durch Galilei und Newton konsequent durchgeführt wurde. Zugleich war die Welt des Materiellen gleichsam philosphisch begründet dem Experiment geöffnet, denn Geistiges wurde nach dieser Vorstellung der absoluten Trennung zwischen beiden dabei nicht berührt. Alles, was keine Seele zu haben schien wie etwa das Tier, stand damit frei für Experimente zur Verfügung.

Descartes stieß mit seiner Philosophie bei den Katholiken keineswegs auf freudige Zustimmung – 1663 kamen seine Werke auf den römischen Index –, obwohl er ein guter Katholik sein wollte und es durchaus Ansätze gab, sein Denken theologisch zu integrieren (z. B. Nicolas Malebranche, der den Cartesianismus mit augustinischen Gedanken verband). Auch verurteilten ihn die Calvinisten der Niederlande mehrfach. Aber damit war seine Wirkung vor allem in Westeuropa nicht zu verhindern, und langfristig hatte die katholische Theologie mit einer neuen Philosophie zu rechnen.

Nimmt man als zweite philosophische Linie der Zeit den englischen Empirismus hinzu, der seine Wurzeln in der Renaissance und deren Naturphilosophie hatte, die Sinneserfahrung als zentral ansah und z. B. bei Francis Bacon († 1626), einem englischen Philosophen und Staatsmann, die Form der Naturbeherrschung, des praktischen Nutzens und des »Wissen ist Macht« (knowledge is power) annahm, dann wird deutlich, daß die Moderne das Christentum vor zahlreiche neue Probleme stellte. Dabei ist zu bedenken,

[8] Ebd. 55.

daß christliches Denken selbst Teil hatte an dieser Entwicklung, diese Herausforderung aufs engste mit der eigenen Geschichte verflochten war, was von vornherein eine völlige Ablehnung unmöglich machte, und Bedrohung sowie Chance zugleich bedeutete. Aus dem weiten Feld der Möglichkeiten sollen im folgenden nur einige besonders auffallende Entwicklungen herausgegriffen werden, welche Moraltheologie, Exgese und historische Theologie betreffen. Damit ist nicht gesagt, daß in anderen Bereichen der Theologie keine wichtigen Denkbewegungen stattgefunden hätten.

4.3.1. Moraltheologie und Exegese

Verschiedene Gründe trugen dazu bei, daß Ende des 16. Jahrhunderts die Moraltheologie einen neuen Stellenwert erhielt und sich innerhalb des theologischen Fächerkanons langsam als eigenes Fach herausdifferenzierte. Einmal zeigten sich, bedingt durch die politische, wirtschaftliche und soziale Entwicklung, neue Probleme, die zu Stellungnahmen und Qualifikationen seitens der Theologie herausforderten. Dazu zählten die Sklaverei, das Vorgehen der Kolonialmächte Spanien und Portugal, der Tyrannenmord und seine mögliche Rechtfertigung sowie die Frage nach dem Widerstandsrecht, worauf schon hingewiesen wurde[9]. Die Armenfürsorge in der zweiten Hälfte des 16. Jahrhunderts mit seinen Wirtschaftskrisen und Hungersnöten brachte neue Aufgaben mit sich, die gelöst werden mußten und der politischen Organisation vieles anvertrauten, was bisher in privater oder kirchlicher Hand gewesen war. Bei der Wirtschaftsethik kamen vor allem von Italien her durch neuartige Geld- und Vertragsgeschäfte Praktiken auf, die mit den bisherigen Mitteln ethischer Theorien etwa bezüglich der Zinsfrage nicht lösbar waren. In der Sexualmoral machte sich nach den Freizügigkeiten der Renaissance ein neuer Rigorismus breit, der eng mit dem konfessionellen Verhalten verknüpft war und Anleitungen erwartete, wie sich in der komplizierter und arti-

[9] Vgl. S. 114f.

fizieller werdenden Welt des höfischen Lebens und des Bürgertums die Menschen verhalten sollten.

In diesem Zusammenhang trug konfessionsübergreifend der Zug zur »Mathematisierung« aller Lebensbereiche mit ihrer Faszination, die Zahlen und Ordnung ausübten, dazu bei, in der Ethik die Zählbarkeit voranzutreiben. Präzise Erfassung des moralischen Handelns mit entsprechender klarer Bewertung war von der neuzeitlichen Individualität gewünscht. Dem diente bereits die ausgedehnte Standesliteratur, die für die einzelnen Stände Pflichten und Verhalten festlegte und deren Bedeutung für die Entwicklung des modernen, individuellen Gewissens bisher zu wenig beachtet wurde. Aber auch direkt kirchenpolitisch-theologische Gründe trieben die Entwicklung voran. Nachdem das Trienter Konzil für die Beichte eine genaue Aufzählung der Sünden sowie ihrer Art und Umstände eingeschärft hatte, mußte der Priester stärker denn je eine richterliche Funktion ausüben, was die Folge hatte, daß er die Fähigkeit zur Bewertung komplexer Sachverhalte zu erwerben hatte, sollte er als Beichtvater seine Pflicht erfüllen können.

Die Moraltheologie konnte an dieser Entwicklung nicht vorbeigehen, wenn sie den konkreten Bedürfnissen der Zeit entsprechen wollte. Ihre wirkungsvollste Reaktion bestand darin, daß sie sich zu Beginn des 17. Jahrhunderts in zwei große Stränge teilte und auf diese Weise einen höheren Differenzierungsgrad erreichte. Die spekulative Behandlung der Moral, oft an der Theologischen Summe des Thomas von Aquin orientiert und dann selbständig weitergedacht, blieb wie bisher bei der Dogmatik. Daneben entwikkelte sich aber für die Ausbildung der Beichtväter die Kasuistik mit ihrer Abhandlung einzelner Fälle, die sich dem Gewissen bei moralisch zu bewertenden Handlungen stellten. Schon die Studienordnung der Jesuiten von 1599, die »Ratio studiorum«, sah einen Lehrstuhl für »Gewissensfälle« vor. Im 17. Jahrhundert setzte sich diese Entwicklung fort, und es entstanden, oft von Spaniern verfaßt, gewaltige Kompendien, in denen hunderte von Situationen und Möglichkeiten dargestellt, diskutiert und gelöst wurden. Als Beispiel sei nur der spanische Jesuit Antonio de Escobar y Mendoza genannt, der von 1652–1663 in Lyon in sieben umfangreichen Bänden eine »Universae Theologiae Moralis« erscheinen ließ, die

Kasuistik zusammenfaßte und unter Anwendung des gewählten moraltheologischen Systems den Seelsorgern die Lösung aller Fälle ermöglichen wollte. Die Kasuistik hat schon von Zeitgenossen, vor allem den Jansenisten in ihrer Gegnerschaft zu den Jesuiten, härteste Kritik erfahren, aber es sollte nicht übersehen werden, daß sie mit dazu beitrug, die Moraltheologie als selbständige Disziplin im Fächerkanon zu etablieren und ihr so langfristig die Perspektiven eigenständigen Denkens zu eröffnen.

Ein zweites Feld, auf dem sich weiterführende Entwicklungen beobachten lassen, war die Exegese. Angetrieben durch das humanistisch-philologische Interesse am Text geriet die von der protestantischen Orthodoxie vertretene Lehre von der Verbalinspiration, wo jeder Buchstabe bis hin zur hebräischen Vokalisation des Alten Testamentes vom Heiligen Geist eingegeben sein sollte, in eine Krise, die auch auf die in diesem Punkte freiere katholische Theologie übergriff. Die historische Betrachtungsweise schriftlicher Zeugnisse fragte nach deren Entstehen im Laufe der Geschichte sowie der Einbettung der Textautoren in ihre Zeit. Sie blieb auch vor der Bibel nicht stehen und provozierte für die Theologie neue Fragen.

Der jüdische Philosoph Baruch Spinoza († 1677) hat 1670 in seinem »Tractatus theologico-politicus« (Theologisch-Politischer Traktat) diese Probleme scharfsinnig formuliert, wenn er auch keine direkte Wirkung erzielte und sein Anliegen erst im 19. Jahrhundert voll zum Tragen kam: »Die Hauptregel der Schriftinterpretation besteht also darin, daß man der Schrift keine Lehre zuschreiben soll, die nicht mit völliger Deutlichkeit aus ihrer Geschichte sich ergibt. Wie aber ihre Geschichte beschaffen sein und was sie enthalten muß, davon soll jetzt die Rede sein. 1. Sie muß auf die Natur und die Eigentümlichkeiten der Sprache eingehen, in der die Bücher der Schrift geschrieben sind und deren sich ihre Verfasser zu bedienen pflegten. 2. Die Geschichte muß die Aussprüche eines jeden Buches zusammenstellen und sie nach Hauptgesichtspunkten ordnen ... 3. Endlich muß diese Geschichte über die Schicksale sämtlicher prophetischer Bücher Auskunft geben, soweit wir noch davon wissen können, also über das Leben, die Sitten und die Interessen des Verfassers der einzelnen Bücher, wer er gewesen ist, bei welcher Gelegenheit, zu welcher Zeit, für wen und schließlich in welcher Sprache er geschrieben hat; dann über das Schicksal jedes einzelnen Buches, nämlich wie man es zuerst erhalten hat und in wessen Hände es gekommen ist, ferner wie viele Lesarten es davon gibt und durch wessen Beschluß es unter die heiligen Schriften aufgenommen wurde, und schließlich, auf welche Weise all die Bücher, die wir heute die heiligen nennen, zu einem Ganzen vereinigt worden sind«[10].

In der katholischen Theologie war es der französische Oratorianer Richard Simon († 1712), der die Bibelkritik vorantrieb und damit die sog. »Einleitungswissenschaft« in der Exegese mitbegründete. 1678 sollte seine eigentlich gegen das protestantische Schriftprinzip gerichtete »Histoire critique du Vieux Testament« erscheinen, wo er die literarischen Traditionen nachwies, die dem Pentateuch zugrunde lagen, aber der Bischof von Meaux, Jacques-Bénigne Bossuet, verbot die Publikation. Fast die gesamte Auflage wurde vernichtet. Ein wesentlicher Stein des Anstoßes war die These Simons, daß Moses nicht der Verfasser des Pentateuch sei, sondern auf vorhergehende Traditionen zurückgegriffen habe. Gegen die protestantische Verbalinspiration machte er die Textkritik, also die Unterschiede in den überlieferten Handschriften der Bibel, geltend. Fundamentalfragen der Heiligen Schrift, welche das Zentrum der christlichen Lehre betrafen, wollte Simon allerdings der kritischen Anfrage entzogen wissen.

Simon stieß nicht nur bei Bossuet, sondern bei allen Konfessionen auf heftigsten Widerspruch. Das Oratorium schloß ihn aus, so daß er eine Landpfarrei annahm. Trotzdem erschien 1685 in Rotterdam eine verbesserte Auflage seiner Arbeit. Es folgte 1689 ebenfalls in Rotterdam die »Histoire critique du texte du Nouveau Testament«, 1693 die »Histoire critique des principaux commentateurs du Nouveau Testament«. Aber erst Jahrzehnte später, in der voll entwickelten aufgeklärten Theologie, fand die kritische Arbeit Simons am Text der Bibel wirklich Akzeptanz.

[10] *Baruch de Spinoza*, Theologisch-Politischer Traktat. Hg. von Günter Gawlick, Hamburg 1976, 116–118.

Literatur:

Jean-Robert Armogathe (Hg.), Le Grand Siècle et la Bible (= Bible de tous les temps 6), Paris 1989;

Otto Merk, Anfänge neutestamentlicher Wissenschaft im 18. Jahrhundert, in: Georg Schwaiger (Hg.), Historische Kritik in der Theologie, Göttingen 1980, 37–59;

Henning Graf Reventlow, Richard Simon und seine Bedeutung für die kritische Erforschung der Bibel, in: ebd. 11–36;

Henning Graf Reventlow, Walter Sparn, John Woodbridge (Hgg.), Historische Kritik und biblischer Kanon in der deutschen Aufklärung, Wiesbaden 1988.

4.3.2 Entwicklungen der historischen Theologie

Ähnlich wie in der Exegese, die Simon nicht an der Universität, sondern im Raume des französischen Oratoriums betrieb, erarbeiteten nicht Professoren, sondern im wesentlichen Ordensleute die großen historischen Werke der frühen Neuzeit. An der Entwicklung des historischen Interesses hatte allerdings schon die Kontroverstheologie des 16. Jahrhunderts Anteil, indem sie einmal Wert darauf legte, die eigene Kirchenform als mit der Urkirche konform zu beweisen, und zweitens unter dem Zwang stand, die geschichtliche Weiterentwicklung als legitim zu beweisen. Da im Calvinismus, aber z. B. auch beim Freund Luthers, Philipp Melanchthon, die Kirchenväter wichtige Autoritäten darstellten, erwies sich ihr Studium kontroverstheologisch als unumgänglich. Bei allen Konfessionen waren es also apologetische und argumentative Interessen, die der Geschichtsforschung zugute kamen und sie, ebenso wie es der Humanismus mit seiner philologischen Methode getan hatte, vorantrieben. Kardinal Cäsar Baronius, ein Oratorianer, schuf mit den »Annales ecclesiastici« ein Standardwerk, das andere wie Oderich Raynald fortsetzten. Sammlungen von Konzilstexten erschienen schon 1524, wobei der vierbändigen römischen Ausgabe 1612 eine Schlüsselrolle zukam, weil sie erstmals auch griechische Akten abdruckte. Neben den Generalkonzilien edierten die Herausgeber bald auch die Texte der Nationalkonzilien; in

Deutschland allerdings erst im 18. Jahrhundert. Es entstanden die Altertumswissenschaften und die christliche Archäologie, unter anderem bedingt durch das Interesse, welches in Rom Philipp Neri und sein Oratorium an dem Leitbild »Urkirche« hatten.
Im 17. Jahrhundert entwickelten sich die wissenschaftlichen Methoden der Geschichtsschreibung weiter und erlangten vor allem bei zwei »Großunternehmern« höchste Bedeutung und Wirkung: den Maurinern und den Bollandisten, deren Kritik und editorische Leistung für lange Zeit Leitfunktion hatten.

4.3.2.1 Die Mauriner

Die Benediktinerkongregation der Mauriner mit dem Hauptkloster Saint-Germain-des-Prés in Paris war im 17. Jahrhundert ein Zentrum wissenschaftlicher Forschung. Eine sorgfältige Ausbildung, verbunden mit einem arbeitsdisziplinierten Leben ermöglichte es, daß hier grundlegende ordensgeschichtliche Werke und Kirchenväterausgaben entstanden. Von den etwa 3000 Mitgliedern der Kongregation dürften höchstens bis zu 100 Patres wissenschaftlich tätig gewesen sein. Weichenstellend war zu Beginn der Kongregation der Generalsuperior Grégoire Tarrisse, aber vor allem drei Mauriner ragten wissenschaftlich besonders heraus: Luc d'Achéry, Jean Mabillon und Bernard de Montfaucon. Davon war die interessanteste und produktivste Persönlichkeit Mabillon († 1707), an dessen Werk sich eindrucksvoll die Leistung der Mauriner ablesen läßt.
Mabillon, der den Auftrag erhielt, die von dem Jesuiten Papebroch aufgestellte These zu überprüfen, daß alle Urkunden des 6. Jahrhunderts und die früher entstandenen gefälscht seien, entwickelte in intensiver Arbeit mit seinem Werk »De re diplomatica libri VI.« die Grundlage der modernen Urkundenlehre. In strengster historisch-kritischer Betrachtungsweise legte er Kriterien wie Stil, Schriftart, historischer Hintergrund dar und gab damit die Mittel an die Hand, Urkunden auf ihr Alter und ihre Echtheit hin bestimmen zu können.

Literatur:

Manfred Weitlauff, Die Mauriner und ihr historisch-kritisches Werk, in: Georg Schwaiger (Hg.), Historische Kritik in der Theologie, Göttingen 1980, 153–209.

4.3.2.2 Die Bollandisten

Ein weiteres wissenschaftliches Großprojekt betrieben die Jesuiten. Heribert Rosweyde, ein Niederländer, regte trotz der Kritik des Jesuitenkardinals Robert Bellarmin das Unternehmen an, die Quellen zu allen Heiligen kritisch zu sammeln und zu edieren. Rosweyde starb 1629, ohne daß ein einziger Band der geplanten Reihe erschienen wäre, aber in Jean Bolland († 1665) erhielt er einen fähigen Nachfolger. Um ihn herum gruppierte sich die kleine Gruppe der »Bollandisten«, unter denen sich Daniel Papebroch als scharfsinniger, in manchen Fällen übereifriger Quellenkritiker einen Namen machte. Es entstand die gewaltige Publikationsreihe der Acta Sanctorum, in denen nach Monaten und den Daten der Heiligenfeste geordnet das Material vorlegt wurde. Charakteristisch für den kritischen Umgang mit den oft legendären Texten ist es, daß Papebroch in einen heftigen Streit mit den Karmeliten geriet, als er anzweifelte, daß der Orden von dem Propheten Elia auf dem Berge Karmel gegründet worden sei. Die Beilegung der Kontroverse dauerte Jahrzehnte, in deren Verlauf sich sogar die spanische Inquisition gegen den Jesuiten wandte, ihn verurteilte und erst 1715 die Sentenz wieder aufhob.

Literatur:

Karl Hausberger, Das kritische hagiographische Werk der Bollandisten, in: Georg Schwaiger (Hg.), Historische Kritik in der Theologie, Göttingen 1980, 210–244.

4.4 *Die Zeit der Aufklärung*

Im ausgehenden 17. Jahrhundert kündigte sich, bedingt durch eine Fülle von Faktoren, eine Art »Krise des europäischen Geistes« (Hazard) an, die in die Aufklärung einmündete. Dabei ist zu beachten, daß es sich bei der Aufklärung keineswegs um eine einheitliche »Bewegung« handelte, sondern um vielfältige Ansätze des Denkens, der gesellschaftlichen, sozialen, wirtschaftlichen, religiösen und politischen Reformen. Mit Recht benutzt daher z. B. die französische Geschichtsschreibung den Plural statt des Singulars, spricht von »Aufklärungen« (les lumières) statt von Aufklärung. Fragt man danach, was diese Vielfalt zusammenhielt, so ist auf Immanuel Kant zu verweisen, der mit einer vielzitierten Definition 1783 einen wichtigen Aspekt der Aufklärung traf, als er schrieb: »Aufklärung ist der Ausgang des Menschen aus seiner selbstverschuldeten Unmündigkeit. Unmündigkeit ist das Unvermögen, sich seines Verstandes ohne Leitung eines anderen zu bedienen. Selbstverschuldet ist diese Unmündigkeit, wenn die Ursache derselben nicht am Mangel des Verstandes, sondern der Entschließung und des Mutes liegt, sich seiner ohne Leitung eines anderen zu bedienen. Sapere aude! Habe Mut, dich deines eigenen Verstandes zu bedienen! ist also der Wahlspruch der Aufklärung«[11]. Aber so sehr diese Beschreibung den »Selbstdenker« als Signum der Aufklärung zu Recht herausstellte, stammte sie doch aus einer breiter geführten Diskussion in Deutschland, die durch die Frage ausgelöst worden war, was die vielbemühte Aufklärung eigentlich sei. Diese Diskussion führte nämlich keineswegs zu einheitlichen Antworten, und Kant gab wohl mehr ein persönliches Bekenntnis als eine allumfassende Definition ab. Das zeigt den mangelnden zeitgenössischen Konsens bezüglich eines Begriffes, den das 18. Jahrhundert selbst in Abgrenzung zur vorhergehenden Zeit entwickelt hatte.

Die Schwierigkeiten einer abschließenden Definition erlauben es dennoch, von einem gesamteuropäischen Phänomen der Aufklä-

[11] In: Berlinische Monatsschrift IV/1784, abgedruckt bei *Norbert Hinske* (Hg.), Was ist Aufklärung?, Darmstadt 1973, 452.

rung zu sprechen; allerdings sehr differenziert nach einzelnen Ländern, mit dem Ausgriff auf Lateinamerika und die Vereinigten Staaten, und immer unter dem Vorbehalt, daß die Ausprägungen auch inhaltlich nicht gleichartig waren. Als Zentren sind England und die Niederlande, Frankreich und Deutschland zu nennen. In letzterem griffen die Ideen der Aufklärung wesentlich stärker und radikaler in die protestantische als in die katholische Kirche ein und provozierten dadurch im evangelischen Raum produktive und weiterführende Auseinandersetzungen.
Trotzdem wäre es falsch, bei der katholischen Kirche nur eine Abwehrstellung zu vermuten bzw. aufgeklärte Kreise als nicht mehr wirklich katholisch zu bezeichnen, wie es die Kirchengeschichtsschreibung lange praktizierte. Nicht zuletzt durch französische Arbeiten, aber angeregt schon 1909 durch den Würzburger Kirchenhistoriker Sebastian Merkle, spricht die Forschung in der Zwischenzeit von einer genuin »katholischen Aufklärung« und beobachtet deren reformerische Kräfte nicht mehr mit dem früher geübten Mißtrauen.

Literatur:

Les courants chrétiens de l'Aufklärung en Europe de la fin du XVIIe siècle jusque vers 1830 (= Miscellanea Historiae Ecclesiasticae 6, Bibliothèque de la Revue d'Histoire Ecclésiastique Fasc. 68), Brüssel 1987;

Friedrich Engel-Janosi u. a. (Hgg.), Formen der europäischen Aufklärung, Wien 1976;

Elisabeth Kovács (Hg.), Katholische Aufklärung und Josephinismus, Wien 1979;

Bernard Plongeron, Recherches sur L'»Aufklärung« catholique en Europe occidentale (1770–1830), in: Revue d'histoire moderne contemporaine 16 (1969) 555–605;

Horst Stuke, Aufklärung, in: O. Brunner u. a. (Hgg.), Geschichtliche Grundbegriffe I, Stuttgart 1972, 243–342;

Fritz Valjavec, Geschichte der abendländischen Aufklärung, Wien-München 1961;

Eduard Winter, Frühaufklärung, Berlin 1966.

4.4.1 Die Herausforderungen des Denkens und Handelns

Für die Entstehung der Aufklärung läßt sich eine Reihe von Gründen nennen, die sich in ihr auf allerdings unterschiedliche Weise für Kirche und Theologie zu einer Herausforderung des Denkens und Handelns verdichteten. Solche Faktoren waren die Erweiterung des Horizontes durch die Entdeckung neuer Völker, ihrer Kulturen und Religionen. Sie relativierten nicht nur den eigenen Standpunkt, sondern nahmen dem Christentum seine Sonderstellung und ließen es etwa bei Voltaire zu einer Religion unter vielen anderen werden. Die Naturwissenschaften und die zunehmende Mathematisierung der Welt, wie sie am eindrucksvollsten Isaac Newton 1687 in den »Philosophiae naturalis principia mathematica« (Mathematische Prinzipien der Naturlehre) dargelegt hatte, mochten zunächst nur elitäre Kreise erfassen, veränderten aber zusammen mit dem einen Teil der cartesianischen Philosophie, nämlich ihrer quantifizierenden Sicht der Körperwelt bei deren völliger Trennung von der Geistseele, das Weltbild. Die Erfindung des Fernrohres hatte den Blick in den Weltraum geweitet und mit Galileis Werken die Kopernikanische Wende zum heliozentrischen System, wo die Erde nicht mehr Mittelpunkt des Weltalls war, eingeleitet.

In England lehrten die Empiristen Thomas Hobbes, John Locke und David Hume zwar unterschiedlich, aber wirksam den Primat der sinnlichen Erfahrung unter Infragestellung der für die Theologie so wertvollen Metaphysik. Die Staatstheorien von Hobbes, niedergelegt z. B. 1651 im »Leviathan«, wo die Menschen in einem Gesellschaftsvertrag freiwillig ihre Rechte an den Staat abgeben, um in Frieden leben zu können, oder von Locke, der stärker die Freiheit des einzelnen betonte und bereits eine Form von Gewalteilung kannte, waren Ergebnisse der Analyse konkreter politischer Vorgänge, nicht der älteren spekulativen Völkerrechtstheorie.

Parallel zu den naturwissenschaftlichen Erkenntnissen und ihren Gesetzmäßigkeiten richtete also mehr denn je der Mensch den Blick auf sich selbst, seine Fähigkeiten sowie Möglichkeiten – auch hier eine Linie von Descartes »Ich denke, also bin ich« aufgreifend –, um die eigene Vernunft in der Aufklärung zur wesentlichen kritischen Instanz werden zu lassen.

Diese neuen Denkansätze stießen zwar nicht ausschließlich, aber vor allem im Bürgertum auf Resonanz. Dessen durch Rationalität gekennzeichnete Tugenden mit ihren rechnerischen, vom Ordnungsdenken bestimmten Qualitäten kam dem in der Aufklärung vertretenen Gedanken der Vervollkommnung des Menschen entgegen. Sie verwoben sich mit seiner Religiosität, die das Christentum immer mehr als Moral begriff und damit einen in der Konfessionalisierung begonnenen Prozeß fortsetzte.

Ohnehin lagen wichtige Komponenten der Aufklärung in der christlichen Tradition bereit, was einsichtig macht, daß sie sich keineswegs als unchristliche oder gar atheistische Denk- und Lebensform verstand. Dazu zählten die abendländische theologische Anthropozentrik; die scholastische Philosophie und Theologie mit ihrem Naturrechtsdenken, die auf Descartes, Spinoza und Leibniz einwirkten; eine Art Säkularisierung der Christianitasidee bis hin zu dem bei einer Reihe von Aufklärern vorhandenen Kosmopolitismus auf der Basis des Naturrechtes. Vorantreibend für die Suche nach konfessionsübergreifenden Lösungen menschlichen Zusammenlebens, wie es in der Aufklärung geschah, wirkten die Erfahrungen der Religionskriege und des Streites der Kirchen untereinander. Die Vielzahl der Konfessionen und Religionen sowie ihre Unfähigkeit, Frieden zu stiften, ließ Skepsis daran aufkommen, daß sie das menschliche Zusammenleben sichern konnten. Es schien fragwürdig, ob sie ein allgemein überzeugendes Denken und Verhalten vermittelten.

Das Ausgangsland der eigentlichen Aufklärung war England, wo nach der Toleranzakte von 1689 fast alle Konfessionen mit Ausnahme der als intolerant geltenden Katholiken und der die Trinität leugnenden Sozinianer frei nebeneinander existierten. Die Idee einer »natürlichen Religion« gewann jetzt immer mehr Raum. Dabei konnte auf Edward Lord Herbert von Cherbury zurückgegriffen werden, der schon 1624 und 1648 in den beiden Traktaten »De veritate« und »De religione gentilium« den Gedanken der natürlichen Religion entwickelt hatte. Danach war diese allen Menschen von Natur aus zu eigen und rational begründbar. Nach Cherbury beinhaltete sie fünf Artikel: »1. Gott ist wirklich; 2. Der Mensch ist verpflichtet, ihm zu dienen; 3. Solcher Dienst geschieht durch Tugend und Frömmigkeit, nicht durch Riten; 4. Fehler sind zu bereuen und wiedergutzumachen; 5. Den Menschen erwartet eine göttliche Vergeltung im Diesseits und Jenseits«[12].

Die Deisten Englands, die es seit dem ausgehenden 17. Jahrhundert gab, griffen im allgemeinen diese Lehre auf; sie erhielt z. B. bei Matthew Tindal († 1733) eine ausgearbeitete Form. Gleichförmigkeit gab es hier nicht. Dagegen nahmen seine Vertreter am Deismus unterschiedlichste Veränderungen vor, so daß z. B. manche die Vergeltung im Jenseits als Satz der natürlichen Theologie fallen ließen. An der Existenz Gottes hielten die Deisten in jedem Fall fest. Im Gegenteil: gegen Angriffe von Atheisten und Skeptikern wollte ihre Lehre einc Verteidigung Gottes sein. Aber dieser Gott hatte die Welt wie eine Maschine geschaffen mit allem, was zu ihrem guten Funktionieren notwendig war. Er griff nicht mehr in den Ablauf der Geschichte ein, und auch die Offenbarung war nichts anderes als eine Explikation der natürlichen Religion und mußte sich vor allem an deren moralischen Überlegungen messen lassen. Die Offenbarung hatte pädagogische, erziehende Funktion; sie war nicht Eröffnung neuer Wahrheiten. Sie fügte der geschaffenen Welt und der natürlichen Religion letztlich nichts Neues hinzu. Wunder waren kein Eingreifen Gottes, sondern natürlich erklärbar; Gebote mußten dem Naturrecht entsprechen. Zwangsläufig gab es daher Probleme vor allem bei der Lehre von der Erlösung durch Jesus Christus und bei der Trinitätstheologie. Erstere erschien als überflüssig und widersprach der optimistischen, in die zu gestaltende Zukunft schauende Sicht des Deismus; letztere sperrte sich der gewünschten Rationalität. Von nun an sollte sich die Theologie vor der Philosophie verantworten. Die mittelalterliche Vorstellung, Philosophie habe in der Theologie dienende Funktion, erhielt ihre Umwertung, die Kant mit dem Bild verdeutlichte, daß die Philosophie die Magd sei, welche der

[12] Theologische Realenzyklopädie 4,597; vgl. *Cherbury*, De veritate, London [3]1645, 208 ff.

Theologie das Licht vorantrage; also an der Spitze gehe und aufkläre.

Es ist kein Wunder, daß die aufgeklärten Zeitgenossen ihre Epoche gerne als das philosophische Jahrhundert verstanden. Wie sehr sie dieses als eine Art neue Schöpfung sahen, und wie stark dabei in England die Aufdeckung einer durch Naturgesetze bestimmten, rational konstruierten Welt durch Newton eine Rolle spielte, zeigen Verse des Dichters Alexander Pope († 1744): »Nature, and Nature's Laws lay hid in Night. God said, *Let Newton be!* and All was Light«[13].

War England im wesentlichen das Ursprungsland der Aufklärung, so wurde Frankreich der Ort ihrer übergreifenden Vermittlung und umfassenden Wirksamkeit. Hier traf sie auf eine katholische Kirche, der große und für die Auseinandersetzungen geeignete Theologen fast ganz fehlten. Außerdem zerrieb sich der französische Katholizismus in den Streitigkeiten um den Jansenismus, und die staatskirchliche Zensur reizte mehr zum Widerspruch als daß sie eine Hilfe gewesen wäre. So öffnete sich das Land, das schon die Tradition der »Freigeister« (libertins) seit dem ausgehenden 16. Jahrhundert mit ihrer Relativierung des Dogmas und der kirchlichen Moral kannte, einer hyperkritischen Geisteshaltung und wurde zum wichtigsten Umschlagplatz der europäischen Aufklärung.

Wichtige Vorarbeiten hatte bereits Pierre Bayle († 1706) geleistet, ein für kurze Zeit zum Katholizismus konvertierter Calvinist, der von 1695–1697 ein »Historisch-kritisches Wörterbuch« (Dictionnaire historique et critique) veröffentlichte, das 1740 Johann Christoph Gottsched in Deutsch herausbrachte. Die Geschichte erhielt bei ihm einen außerordentlich hohen Stellenwert, wurde aber jeder theologischen Implikation beraubt, in sich gewertet und moralisch beurteilt. Rückschlüsse aus ihr auf Gott und seine Güte seien nicht möglich, so daß bei Bayle Skepsis und Kritik gegenüber dem Christentum wie überhaupt dem Verlauf der Geschichte und ihrem inneren Sinn vorherrschten. Leibniz nahm diese Position so

[13] Von Pope 1730 geplant für eine Grabinschrift: *John Butt* (Hg.), The Poems of Alexander Pope, London 1963, 808.

ernst und hielt sie für so gefährlich, daß er gegen sie seine »Theodizee« verfaßte, also eine Rechtfertigung Gottes angesichts des Übels in der Welt. Bayle trat auch für eine umfassende Toleranz ein. Nach seinem Vorbild gaben die sog. Enzyklopädisten, vor allem Denis Diderot, ihr großes Werk der »Enzyklopädie« 1751–1765/80 als Summe des aufgeklärten Wissens heraus. Dessen weite Verbreitung und seine zahlreichen Übersetzungen trugen wesentlich zur Breitenwirkung der Aufklärung bei, wobei sich das Menschenbild der Enzyklopädie unter dem Einfluß der »Materialisten« stark an den physiologischen Gegebenheiten orientierte und »enttheologisiert« war.

Einer der geistreichsten und wirksamsten Aufklärer Frankreichs war Voltaire († 1778; eigentlich François-Marie Arouet le jeune, woraus das Anagramm Voltaire gebildet ist). Er hatte die Jahre 1726–1729 in England verbracht und war dort von Matthew Tindal beeinflußt worden. Als glänzender Stilist und Literat vertrat Voltaire die Ideen der Menschenrechte und der Vernunft in ironischen Schauspielen und Büchern, aber auch durch Einmischung in konkrete gesellschaftliche Vorfälle, und wandte sich gegen den Absolutismus Ludwigs XV. und die von ihm gehaßte katholische Kirche, den Aberglauben und die Intoleranz.

Der im Grunde wirksamere und weiterführendere Geist war allerdings Voltaires Intimfeind Jean-Jacques Rousseau († 1778). Er kritisierte das Fortschrittsdenken der Aufklärung und verlangte eine wenn auch nicht totale Rückkehr zur Natur und zum einfachen Leben. Die so kunstvoll formierte Ständegesellschaft und die überaus artifizielle Zivilisation der Zeit unterzog Rousseau einer scharfen Kritik. In der Staatstheorie von der Gleichheit aller Menschen und der radikalen Demokratie, die sich im »volonté générale«, einem im letzten unklaren Begriff, manifestierte, wirkte er auf die Französische Revolution ein. Das »Glaubensbekenntnis eines savoyardischen Vikars« offenbarte seine Neigung zu einer natürlichen Religion, die sich allerdings mit der bürgerlichen Religion schwer vereinbaren ließ. Die Erziehungsfreude der Aufklärung, dieser wahrhaft pädagogischen Epoche, schlug sich in dem Roman »Emile« nieder, worin es u.a. hieß: »Alles ist gut, wie es aus den Händen des Schöpfers der Dinge hervorgeht, alles entartet unter

den Händen der Menschen«. Die Kritik, ein Wesenszug der Aufklärung, wandte sich mit Rousseau gegen Teile ihrer selbst.
In Deutschland waren, im Unterschied zu anderen Ländern, die Universitäten wichtige Träger der Aufklärung. Genannt seien der Schüler von Leibniz und einflußreiche Philosoph Christian Wolff (†1754) sowie Immanuel Kant (†1804) in Königsberg. Kant nahm die Anliegen der Aufklärung nicht nur auf, sondern führte sie inhaltlich weiter und überwand sie schließlich. Die protestantischen Universitäten Halle, Jena und Göttingen entwickelten sich im 18. Jahrhundert zu Hochburgen aufgeklärten Denkens. Zeitversetzt öffneten sich aber auch die katholischen Universitäten dem neuen Denken und verharrten keineswegs in einer rein konservativen Haltung. Während bei den protestantischen Universitäten die Jurisprudenz jetzt Leitfunktion erhielt und die Theologie ablöste, war es in den katholischen die Kameralistik, also die Staatswissenschaft, deren Nutzen für den Staat ihr eine führende Position zukommen ließ. Ende des 18. und im 19. Jahrhundert griff die Aufklärung auch auf Latein- und Angloamerika über. Dabei spielten neben den Kolonialmächten England, den Niederlanden, Spanien und Portugal die großen Handels- und Hafenstädte wie Amsterdam und Hamburg eine Vermittlerrolle.

4.4.2 *Aufklärung und katholische Kirche*

Für das Christentum als an die Kirche gebundene Offenbarungsreligion bedeutete die Aufklärung eine fundamentale Herausforderung, mit der es sich auseinandersetzen mußte. Das galt umso mehr, als sie weit über den Bereich der Philosophie und akademischer Diskussionen herausgegriffen hatte. Im aufgeklärten Absolutismus der Monarchen entwickelte sie Konsequenzen für das Staatskirchentum, und ihre wirksame literarische Öffentlichkeit der Journale und Broschüren ergriff breite Kreise des Bürgertums, aber auch des Klerus. Einige Aufklärer wie die französischen Materialisten Denis Diderot, Paul-Henri d'Holbach, Claude-Adrien Helvetius oder Julien de LaMettrie verstanden sich als Atheisten, aber die Mehrzahl von ihnen vertrat irgendeine Spielart des Deismus. Auch war die Aufklärung nur in radikaler Form wie bei Voltaire eine völlige Absage an die Kirche. In England waren wesentliche Anliegen von ihr durch die anglikanische Kirche rezipiert worden, und der deutsche Protestantismus setzte sich positiv-produktiv mit ihr auseinander. Vor allem die Exegese profitierte davon, indem z. B. der evangelische Theologe Johann David Michaelis in seiner Schrift »Einleitung in die göttlichen Schriften des Neuen Bundes« 1750 in Fortführung der Arbeiten Richard Simons die historische Kritik radikal auf die biblischen Schriften, Johann Salomo Semler sie auf den biblischen Kanon anwandte.

Es waren also eine Reihe von Anregungen und Erkenntnissen durchaus in das Christentum und das kirchliche Leben zu integrieren bzw. eine sinnvolle Auseinandersetzung möglich. Die Lehre von der natürlichen Religion, die das Christentum als positive Offenbarungsreligion in Frage stellen konnte, mußte durchdacht und mit der Bibel, der Trinitätslehre und Christologie versöhnt werden. Die Theologie war gezwungen, sich mit den Philosophien und ihren rationalistischen Ansätzen, der historisch-kritischen Methode und einer Geschichtssicht, die das Alte nicht einfach als das Gute und Normgebende verstand, sondern es vor das Urteil der Vernunft stellte, auseinanderzusetzen. Die pädagogischen Neigungen der Aufklärung, ihre Anthropozentrik und ihr Kampf gegen den »Aberglauben«, mit dem sie abqualifizierte, was nicht in das Maß ihres Vernunftglaubens hineinpaßte, all das mußte aufgegriffen, bedacht und eventuell als reformerischer Impuls verarbeitet werden. Da das alte Lehr- und Lernsystem der Scholastik, das die katholischen Universitäten lange beherrschte, dem nicht mehr genügte, war eine Studienreform notwendig, die dem reformerischen Geist der katholischen Aufklärung entsprach. Es galt, das Problem der Autorität neu zu durchdenken und zu begründen, was hieß: die Stellung von Papst, Bischöfen und Pfarrer theologisch vertretbar abzusichern. Da der aufgeklärte Absolutismus mit seinem Staatskirchentum mehr und mehr die Kirchen als moralische Erziehungsanstalten betrachtete, deren Religionsdiener sich in den Staat als eine Art bessere Beamte zu integrieren hätten, stellte sich in diesem Kontext die Frage nach der Ekklesiologie gerade im katholischen Raum mit seiner Bindung an Rom aufs neue. Glatte oder einheitliche Lösungen waren nicht zu erwarten, weil sie schon allein wegen der unterschiedlichen politischen und kulturellen Verhältnisse nicht möglich sein konnten. Aber es wäre falsch, alle Bemühungen der katholischen Aufklärer als Abfall zu qualifizieren. Ihr reformerischer Geist gab wichtige Impulse für die Zukunft und ihre Betonung der allgemeinen Moral und Erziehung ließ das Bemühen erkennen, sich nicht nur um eine Elite, sondern um das ganze christliche Volk zu kümmern und dessen Situation zu verbessern; ein Aspekt, den die Literatur oft vernachlässigt.

Literatur:

Eduard Hegel, Die katholische Kirche Deutschlands unter dem Einfluß der Aufklärung des 18. Jahrhunderts, Opladen 1975;

Harm Klueting (Hg.), Katholische Aufklärung – Aufklärung im katholischen Deutschland, Hamburg 1993;

Philipp Schäfer, Thesen zur Aufklärung, in: Rottenburger Jahrbuch 3 (1984) 9–20;

Helmut Zander, Katholische Aufklärung – Aufklärung im katholischen Deutschland, in: Zeitschrift für Kirchengeschichte 100 (1989) 231–239;

Zeitschrift für bayerische Landesgeschichte 54 (1991) mehrere Aufsätze zur Aufklärung in Bayern.

4.4.2.1 Theologie und Wandlungen der Frömmigkeit in der Aufklärung

4.4.2.1.1 Die Neuordnung der theologischen Studien

Selbst wenn das gängige Urteil, die theologischen Studien der katholischen Kirche seien im 18. Jahrhundert völlig veraltet gewesen, kritisch zu werten ist und weiterer Untersuchungen bedarf, so muß doch festgehalten werden, daß eine Neuordnung dringend notwendig war. Lange hatten bis auf einige Ausnahmen die Jesuiten den Lehrbetrieb in den philosophischen und theologischen Fakultäten beherrscht. Ihre Studienordnung, die »Ratio studiorum« von 1599, war im beginnenden 17. Jahrhundert ein großer Fortschritt gewe-

sen, hatte die katholischen Universitäten modernisiert, den Humanismus als eine Art Schulhumanismus etabliert sowie mit dazu beigetragen, das katholische Bildungswesen konkurrenzfähig zu machen und zur Rekatholisierung Deutschlands wesentlich beizutragen. Das schloß im Laufe der Zeit Unflexibilität gegenüber neuen Anforderungen nicht aus. Im Deutschen Reich hatten sich im 18. Jahrhundert die protestantischen Universitäten modernisiert, waren 1694 die Universität Halle, 1737 Göttingen neu gegründet worden. Die Entwicklung ließ ein deutliches Gefälle zwischen protestantischen und katholischen Universitäten entstehen. Als der Präfekt des Vatikanischen Archivs, Joseph Garampi, 1761/64 in Deutschland weilte, berichtete er eindringlich von der Stagnation des katholischen Hochschulwesens. Neuere Forschungen relativieren dies zwar und zeigen die durchaus vorhandene Modernisierung der katholischen Universitäten, aber in der Theologie war eine Studienreform überfällig, da unter anderem die intensiv betriebene Geschichtswissenschaft und die pädagogischen Anliegen der Zeit in ihrem Studienprogramm fehlten. Allerdings wäre es falsch zu meinen, unter den Jesuiten habe es keine Modernisierungstendenzen und Diskussionen z. B. über die Rezeption der Descartesschen oder Wolffschen Philosophie gegeben. Auch war eine Reihe von ihnen an den angewandten Naturwissenschaften und der Geschichte interessiert, aber zu einer durchgreifenden Änderung kam es nicht.
Die Aufhebung des Jesuitenordens 1773 brachte für die philosophischen und theologischen Fakultäten zwar Probleme mit sich, denn es mußten die von den Patres bisher besetzten Lehrstühle personell erneuert werden – soweit Exjesuiten sie nicht behielten –, machte aber auch eine Studienreform großen Stiles leichter möglich. Am wirksamsten wurde diejenige in Wien unter Kaiserin Maria Theresia, die sich für die Zukunft als vorbildhaft erwies.
Eine entscheidende Rolle spielte neben dem kaiserlichen Leibarzt Gerhard van Swieten der Benediktinerabt Stephan Rautenstrauch, der von 1774–1776 einen Reformplan für die theologischen Studien vorlegte. Er rezipierte die Fortschritte in den theologischen Wissenschaften, die in der Geschichte und Exegese bisher erzielt worden waren, und schuf einen wesentlich höheren Grad der Fächerdifferenzierung als bisher üblich. Die Theologische Fa-

kultät umfaßte nun acht Lehrstühle, zu denen neben Altem und Neuem Testament, Apologetik, Dogmatik und der jetzt endgültig selbständigen Moraltheologie als Neulinge Kirchengeschichte (1752 schon in einer ersten Reform aufgenommen) und Pastoraltheologie traten. Die für die Exegese wichtigen Sprachen Griechisch und Hebräisch wurden für das theologische Universitätsstudium, das fünf Jahre dauerte, verpflichtend gemacht.
Damit trug der Rautenstrauchsche Lehrplan mehreren Anliegen der Aufklärung Rechnung. Er rezipierte ihre pädagogischen und pastoralen Interessen, nahm die Geschichtlichkeit der Kirche ernster, modernisierte das Studium im Blick auf die protestantischen Fakultäten und schuf eine Plattform, auf der eine ernsthafte geistige Auseinandersetzung möglich war. Langfristig setzte sich der Plan weit über die österreichischen Lande hinaus in der katholischen Theologieausbildung durch.

4.4.2.1.2 Aufgeklärte Theologie und Frömmigkeit

Die Gedanken der Aufklärung fanden in ihren verschiedensten Formen im Laufe des 18. Jahrhunderts zunehmend innerhalb der katholischen Kirche Resonanz, veränderten Lehre und Praxis des kirchlichen Lebens. Regionale Unterschiede innerhalb Deutschlands und Europas sind ebenso zu beachten wie die Intensität der Auseinandersetzung bzw. der Rezeption aufgeklärten Gedankengutes, das in vielen Fällen Reformen anregte und im engen Zusammenhang mit dem zeitgenössischen Staats- und Menschenbild zu sehen ist. Der Gedanke der Erziehung, der Vernünftigkeit des Glaubens, des Kampfes gegen den »Aberglauben« und die Moralisierung der Religion zählten zu den wichtigsten Elementen der katholischen Aufklärung.
In Frankreich entwickelten aufgeklärte Theologen wie Henri Grégoire eine Theologie, die sich an der Urkirche orientierte, den Gedanken der bischöflichen Autorität, die Bekehrung, Brüderlichkeit sowie Erziehung des Menschen betonte und unter Einbeziehung der Ideen Rousseaus eine Art politischer Theologie vertrat, die in der Französischen Revolution zum Tragen kam. Hier nahm

die aufgeklärte Theologie, obwohl durch die Naturrechtslehre zunächst kosmopolitisch orientiert, auch nationale Züge an, da sie gallikanische Ideen aufnahm. Gleichzeitig verband sie das Christsein engstens mit dem Dasein als Bürger. Für Grégoire, der sich auch wirksam für Toleranz und Judenemanzipation im Rahmen der gegebenen Gesellschaft einsetzte, galt daher: »Wer die Republik nicht liebt, ist ein schlechter Bürger und folglich ein schlechter Christ«[14]. Das bedeutete keineswegs eine säkularisierte Gesellschaft, die für Grégoire nicht denkbar war, wohl aber Verbürgerlichung der Religion und die Gefahr, die Kirche dem Staate voll einzuverleiben.

Die katholische Aufklärung in Spanien und Portugal war von Frankreich her beeinflußt. Dabei vermischten sich ältere Traditionen des spanischen Erasmianismus und jansenistische aufgeklärte Ideen miteinander, die in Portugal sogar mit Blick auf den Pfarrer als Ideal des Seelsorgers eine Erneuerung der Predigt durch die Weltpriester bewirkte. In Italien waren Oberitalien, aber auch z. B. Kreise am Hofe Papst Benedikts XIV. (1740–1758) von aufgeklärten Gedanken ergriffen.

Von der Mitte des 18. bis zur Mitte des 19. Jahrhunderts wirkte die katholische Aufklärung schließlich als Ilustración Catolica in Lateinamerika. Dagegen kam es in Osteuropa z. B. in Polen zu einer Verknüpfung von Nationalgeist und antiaufklärerischer Haltung u. a. durch die Jesuiten, denen es gelang, die Aufklärung als aufgezwungenen Import derer hinzustellen, welche mit den polnischen Teilungen die Identität des Landes zerstören wollten.

Im Deutschen Reich griff die katholische Aufklärung vor allem bei den rheinischen Kurfürstentümern Köln, Trier und Mainz, sowie im süddeutsch-österreichischen Raum. So rezipierten sie von ca. 1750 die Hochstifte Würzburg und Salzburg. Dem Bildungsstreben der Aufklärung kam auch die Gründung neuer Universitäten entgegen, wobei sie in einigen dieser Neueinrichtungen das Denken stark beeinflußte. 1734 wurde in Fulda eine Universität gegründet,

[14] Zit. bei *Bernard Plongeron*, Was ist katholische Aufklärung?, in: Elisabeth Kovács (Hg.), Katholische Aufklärung und Josephinismus, München 1979, S. 31. Das Zitat entstammt einem Hirtenbrief Grégoires von 1792.

1773 die 1647 errichtete Akademie in Bamberg in eine Universität umgewandelt, 1777 eine Akademie in Bonn eingerichtet, die 1786 zur Universität erhoben wurde, und 1780 entstand in Münster eine solche Hochschule. Als Zeichen für den Bildungsschub der Zeit ist ebenso die Gründung der Bayerischen Akademie der Wissenschaften 1759 zu werten, in deren Geschichte sich das fortschreitende Wissen des 18. Jahrhunderts in seiner ganzen Breite widerspiegelt.

Träger der Aufklärung waren nicht nur einzelne Persönlichkeiten, Fürsten, Bischöfe oder Professoren, sondern auch Klöster und Orden. Dazu gehörten in Oberfranken das Benediktinerkloster Banz, in Schwaben die Abtei Neresheim, im Schwarzwald St. Blasien mit seinem Abt Martin Gerbert, sowie das Augustinerchorherrnstift Polling in Oberbayern oder die Benedikter in St. Emmeran in Regensburg. Den Pfarrern und Ordensleuten kam es zu, durch Unterricht und Predigt die gewünschte Volkserziehung und -bildung zu gewährleisten. Dem dienten Schulreformen, neue Lehrbücher und Katechismen. Als Beispiel sei der Augustinerchorherr Johann Ignaz von Felbiger († 1788) genannt, der zuerst die Schule in Schlesien, danach unter Maria Theresia in Österreich reformierte und Methodenlehren schrieb, Neugliederungen des Schulsystems vornahm und neue Katechismen herausgab. Ein Beispiel schon vertiefter Frömmigkeit ist das von Johann Michael Sailer 1783 herausgebrachte Gebetbuch.

Zeitschriften, Journale, Broschüren und Bücher trugen die aufgeklärten Ideen in breitere Schichten. So gab das Kloster Banz in Oberfranken, wo unter anderem die Gedanken Kants Einfluß gewonnen hatten, ab 1775 die Zeitschrift »Die Litteratur des katholischen Deutschlands« heraus. Von 1784–1792 erschien im ebenfalls von der Aufklärung erfaßten Fulda das wichtige »Journal von und für Deutschland«.

Was die Universitäten betrifft, so wirkten in Würzburg der aufgeklärte Kirchenhistoriker Franz Berg sowie der Dogmatiker Franz Oberthür; im vorderösterreichischen Freiburg der Dogmatiker Engelbert Klüpfel, der später in Wien lehrende Kirchengeschichtler Matthias Dannenmayer und der jansenistisch beeinflußte Pastoraltheologe Carl Schwarzel. In der Person des ersten Wiener

Pastoraltheologen Franz Giftschütz vereinigten sich Spätjansenismus, Aufklärung und josephinisches Denken. Sein durch Joseph II. für die gesamten österreichischen Lande vorgeschriebenes Lehrbuch vermittelte ein Pfarrerbild, bei dem der Pfarrer nicht Gelehrter, wohl aber ein allseits Gebildeter zu sein hatte, was den Idealen der Aufklärung gut entsprach. Obwohl sich der Jesuitenorden auch nach seiner Aufhebung 1773 als härtester Gegner der Aufklärung erwies und z. B. von Augsburg aus diese literarisch bekämpfte, wäre es falsch, ihn als einheitliche Größe zu verstehen und ihm nur reaktionäre Haltungen zuzuschreiben. So zählten die bayerischen Jesuiten Daniel Stadler und Benedikt Stattler durchaus zur Aufklärung, wenn letzterer auch einen »Anti-Kant« verfaßte, der großes Aufsehen erregte.

Von einer Säkularisierung oder fehlender ernsthafter Auseinandersetzung mit unchristlichen Ideen der Aufklärung kann im allgemeinen bei den katholischen Theologen keine Rede sein, sicher jedoch von unterschiedlicher Intensität der Ideenrezeption und -verarbeitung. Eine Persönlichkeit wie der Franziskaner Eulogius Schneider, welcher bald aus dem Orden austrat und nach einer wechselhaften Karriere 1794 in Paris enthauptet wurde, nachdem er noch 1792/93 Mitglied des französischen Revolutionsrates und öffentlicher Ankläger im Elsaß gewesen war, bildete die Ausnahme. Theologisch nahm er eine radikale, völlig adogmatische Haltung ein, die er in die Verse faßte: »Der Theolog, der Duldung lehrt, und dürre Dogmen so behandelt, daß er sie in Moral verwandelt, der ist und machet aufgeklärt«[15].

Inhaltlich hatte sich die Theologie vor allem mit der natürlichen Religion und dem Deismus auseinanderzusetzen. Aus ihnen konnte ein Angriff auf jede geschichtliche Offenbarungsreligion abgeleitet werden, der nicht nur die Frage nach dem Wert der Bibel, sondern auch der Kirche und ihrer Verfassung stellte. Indem es den katholischen Theologen gelang, die Vernunft selbst als eine geschichtlich geprägte Größe nachzuweisen, trugen sie wesentliche Gedanken für die spätere Romantik bei. Der Blick auf die Urkirche als historisches, von Christus gewolltes Vorbild für die

[15] Zit. bei *Horst Möller*, Vernunft und Kritik, Frankfurt 1986, 91.

weitere Geschichte des Christentums trieb die historisch-kritische Beschäftigung mit der Bibel voran und förderte die Geschichtsforschung. Das Kirchenbild der Aufklärung war in seiner extremen Form stark von der Vorstellung einer Anstaltskirche geprägt, die Moral und Tugend zu fördern hatte und so zum Ziel des Glückes aller gemeinsam mit dem Staat beitragen sollte. Daraus ergab sich das Bild des Priesters als Religionsdiener und Volkserzieher. All das hing damit zusammen, daß die soziale Nützlichkeit der Kirche zu erweisen war.

Da sich in der katholischen Aufklärung religiöse Anliegen, Modernisierungsbestrebungen des Staates und wirtschaftliche Interessen miteinander verquickten, wurden unter dem Gesichtspunkt des angestrebten Nutzens für das Gemeinwohl und der Moral das Übermaß an Feiertagen sowie die Wallfahrten kritisiert und abgeschafft. Eine Trierer Verordnung vom 13. November 1769 drückte diese Intention aus, wenn es dort zu den Feiertagen hieß: »Die werden durch unzuverlässiges Betragen, Müßiggang, Sauferei, Spiel und andere Weltgeschäfte entheiligt; der Arbeitsgewinn einer ganzen Woche wird mit derlei Übeltaten verschlungen«. Die Kritik an Zahl und Form der barocken Prozessionen berief sich neben theologischen Argumenten und dem Drängen auf eine verinnerlichte, sich in Moral ausdrückende Frömmigkeit auch auf den Schaden für die Gesundheit, welche z. B. Praktiken wie Karfreitagsprozessionen mit ausgespannten Armen bewirken könnten.

Im Sinne der ihr substantiell innewohnenden pädagogischen Neigung reformierte die Aufklärung die Liturgie, bemühte sich durch den Gebrauch der Volkssprache um Verständlichkeit und Verinnerlichung der Riten, intensivierte den Gemeindegesang und lehnte jeden Überschwang ab. Klassischen Ausdruck fand die reformerische katholische Aufklärung in einem Hirtenbrief des Salzburger Erzbischofs Graf Hieronymus von Colloredo von 1782, der in ganz Europa die Runde machte und in dem er unter Berufung auf das Vorbild der Urkirche gegen das barocke Brauchtum argumentierte.

In den Sog der Kritik gerieten auch die Klöster, obwohl gerade eine Reihe von ihnen sich Gedanken einer gemäßigten Aufklärung zu eigen gemacht hatte. Die Bettelorden paßten schlecht in das

Ideal bürgerlicher, durch Ökonomie und Nützlichkeit bestimmter Tugenden; die großen, nationale Grenzen übergreifenden Ordensgemeinschaften verhinderten die vom aufgeklärt absolutistischen Staat angestrebte Kontrolle über alle Bereiche des öffentlichen Lebens. Gelübde ließen sich nach aufgeklärter Auffassung schlecht mit dem Ideal der persönlichen Freiheit in Einklang bringen, und die beschaulichen Orden standen im Verdacht, der Gesellschaft wenig zu nützen. Eine Welle antiklösterlicher Literatur entstand, die wiederum Verteidiger wie den Benediktiner Meinrad Widman in Elchingen auf den Plan rief, der heftigst die Aufklärer angriff. Aber auch innerhalb der Klöster gab es Krisenerscheinungen und Zweifel an der eigenen Daseinsform, was dazu führte, daß in der späteren Säkularisation der Widerstand gegen diese nicht unbedingt groß sein mußte.

Literatur:

Yvon Belaval, Dominique Bourel (Hgg.), Le Siècle des Lumières et la Bible (=Bible de tous les temps 7), Paris 1986;

Barbara Goy, Aufklärung und Volksfrömmigkeit in den Bistümern Würzburg und Bamberg, Würzburg 1969;

Karl Josef Lesch, Neuorientierung der Theologie im 18. Jahrhundert in Würzburg und Bamberg, Würzburg 1978;

Das *Rottenburger Jahrbuch für Kirchengeschichte* 3 (1984) bringt mehrere Aufsätze über die Aufklärung in der katholischen Kirche.

4.4.3 Der Josephinismus

Mit dem von der Geschichtsschreibung so genannten Josephinismus, abgeleitet aus dem Namen Kaiser Josephs' II. – auf den sich die gemeinte Sache keineswegs reduzieren läßt –, begegnet uns ein bis heute umstrittenes Phänomen des 18. Jahrhunderts. Zwar ist es als eigenständige Größe innerhalb der historischen Entwicklungen anerkannt und meint die Summe der staatlichen, im weitesten Sinne in das Innere der katholischen Kirche eingreifenden Maßnahmen in Österreich im 18. Jahrhundert, aber weder über die genaue zeitliche Abgrenzung noch über die mit dem Josephinismus zusammenhängenden Einflüsse, seine Praktiken oder seine Bewertung besteht bei den Historikern und Theologen Einhelligkeit. Man muß sich darüber im klaren sein, daß eine Beurteilung zusammenhängt mit derjenigen über die Aufklärung und den neuzeitlichen Staatsgedanken, denn mit beiden ist der Josephinismus eng verbunden. Ebenso spielt es für die Einschätzung eine Rolle, welchen Stellenwert man der Kirche in Staat und Gesellschaft zuschreibt bzw. wie die als Großgruppe verfaßte Kirche dem neuzeitlichen Staat zugeordnet wird. Unter Einbeziehung dieser verschiedenen Aspekte und ihrer unterschiedlichen Gewichtung ist es nicht verwunderlich, daß die Beurteilung sehr differiert. Für die einen handelt es sich um ein den neuzeitlichen Staat omnipotent machendes Staatskirchentum (Maaß), für andere um einen letztlich gescheiterten Reformkatholizismus (Winter) oder um einen Versuch, den Ausgleich zwischen älteren politisch-kirchenpolitischen Entwicklungen mit Gedanken der Aufklärung (Valjavec: Josephinismus als spezifisch österreichische Form der Aufklärung) herzustellen. Neuestens sucht die Geschichtsschreibung Mittelwege, welche die Staatstheorie der Aufklärung, das alte Bild vom Kaiser als Advokat der Kirche und eine längst übliche habsburgisch-staatskirchliche Praxis im Josephinismus zusammengeführt sehen.

Die Entstehung des Josephinismus in den österreichischen Landen fällt bereits in die Zeit der Kaiserin Maria Theresia (1740–1780), was dazu führte, daß manche zwischen einem Theresianismus als Vorform und dem eigentlichen Josephinismus während der Alleinherrschaft Kaiser Josephs' II. unterscheiden. Eine bedeutsame Zäsur wäre dabei nochmals das Jahr 1765, als Joseph zum Mitregenten bestellt wurde und jetzt größeren Anteil an den Staatsgeschäften hatte. Als geistiger Urheber des Josephinismus ist einmal der jansenistisch gesonnene Gerhard van Swieten zu nennen, der seit 1745 Leibarzt der Kaiserin war. Einflußreich waren auch der kaiserliche jansenistische Beichtvater Ignaz Müller, der Wiener Domherr Ambros Simon von Stock und der Naturrechtslehrer Karl Anton Martini. Die rechtliche Ausführung geschah durch Wenzel Anton Graf von Kaunitz-Rietberg, der 1735 in

den österreichischen Staatsdienst trat und 1753 Staatskanzler wurde.
Der Josephinismus nahm in einer Fülle von Staatsgesetzen Gestalt an, die einer staatlich verordneten Kirchenreform galten. Allerdings waren die Grundlagen des »josephinischen Kirchenrechts« älter und griffen bis zu ca. 70% auf das 1700 veröffentlichte, zweibändige Werk »Ius canonicum universum« (Das ganze kirchliche Recht) des Löwener Kanonisten Zeger van Espen zurück, in dem dieser die Verantwortung des Herrschers für die Kirche dargelegt hatte. Seinen Intentionen kamen außerdem spätjansenistische, aufgeklärte und reformkatholische Gedanken zugute, die in Österreich große Resonanz gefunden hatten, aber ebenso der damit verbundene Antijesuitismus unter Maria Theresia.
Ihren Höhepunkt erreichte diese Entwicklung unter dem Sohn Maria Theresias, Joseph II., der nach dem Tode seiner Mutter von 1780–1790 als Alleinherrscher regierte. Mit zahllosen Gesetzen suchte er den komplizierten österreichischen Staatsverband zentralistisch zu strukturieren und so zu modernisieren. Für die Kirche bedeutete das die Reduzierung der zu hohen Zahl an Klerikern und der Klöster mit ihren großen Vermögen, die einer notwendigen Reform der österreichischen Lande durch ihre zahlreichen Privilegien wie etwa das der Steuerfreiheit entgegenstanden. Es lag auf der Linie der schon 1772 begonnen Klosteraufhebungen, daß Joseph 1782 die beschaulichen, nicht in Seelsorge oder Caritas tätigen Klöster aufhob, was etwa ein Drittel der Gesamtzahl betraf. Motiviert durch das Utilitätsdenken der Aufklärung sollte ihr Vermögen kirchlichen, caritativen und schulischen Zwecken zukommen; eine Maßnahme, die in der Praxis oft anders aussah. Unter demselben Gesichtspunkt wurden 1783 alle Bruderschaften aufgehoben und zu einer einzigen zusammengefaßt, der Bruderschaft von der tätigen Nächstenliebe. Im Sinne eines an der Seelsorge ausgerichteten reformorientierten Katholizismus erschienen zudem die Pfarreien als viel zu groß, so daß sie auf Kosten der Klöster neu umschrieben und zahlenmäßig vermehrt wurden. Zusammenhängend mit dieser Stärkung der Pfarrseelsorge errichtete Joseph II. die neuen Bistümer Linz und St. Pölten, die aus dem Riesenbistum Passau ausgegliedert wurden. Die Diözese »Wiener Neustadt«

ließ der Kaiser nach St. Pölten transferieren und umschrieb das Bistum Wien neu.

Einen weiteren Punkt der Kritik bildete der barocke Katholizismus mit seinem liturgischen Überschwang, den zahlreichen Feiertagen, Wallfahrten und Prozessionen, als dessen Vertreter vor allem die Jesuiten galten, deren Einfluß seit Maria Theresia immer mehr aus allen wichtigen Positionen bis zur schließlichen Aufhebung des Ordens (1773) zurückgedrängt worden war. Dem staatlichen Utilitätsdenken stand die barocke religiöse Praxis entgegen, weil diese die Wirtschaftskraft reduzierte und von vielen als moralisch bedenklich, wenn nicht sogar für die Gesundheit gefährlich angesehen wurde. Eine Theologie, die sich an der Schlichtheit der frühen Kirche orientierte und der z. B. der berühmte italienische Gelehrte Ludovico Antonio Muratori in seinem Buch »Über die wahre Andacht des Christen« wirksamen Ausdruck gegeben hatte, konnte sich zusammen mit dem in klerikalen Kreisen einflußreichen Spätjansenismus verbinden und die staatskirchlichen Reformen theoretisch stützen.

Auf solchen Überlegungen aufbauend – aber wohl auch als Folge pragmatischen politischen Denkens – erfolgte eine Reihe von Reformen, die im wesentlichen der Staat und nicht die Bischöfe dekretierten. Sie betrafen die Einschränkung der Wallfahrten, Prozessionen, Kreuzwege, Wettersegen, Andachten, Heiligenverehrung und Feiertage. Die Liturgie sollte einfach und schlicht sein, auch musikalisch ohne barocke Fülle (Abschaffung der Orchestermessen u. ä.). Dem diente die Konzentration auf den Sonntag und dessen Bedeutung sowie die Aktivierung der Gemeinde durch das Singen von Kirchenliedern während der Messe, welche die barocke Schaulust ablöste. Weil dabei Joseph II. bis in kleinliche Details etwa bezüglich der Kerzenzahl Regelungen traf, veranlaßte das den Preußenkönig Friedrich II. zu der spöttischen Bemerkung, der Kaiser sei des Heiligen Römischen Reiches Erzsakristan. Das darf nicht darüber hinwegtäuschen, daß hier zusammen mit der Betonung der Rolle des Pfarrers eine Entwicklung eingeleitet wurde, die sich in unserer Zeit durch die Liturgiereform fortsetzte und der Stärkung der Pfarrgemeinde diente.

Im Sinne des aufgeklärten, auf Moral und Erziehung drängenden

Denkens der Zeit intensivierten die josephinischen Reformen ebenfalls die Katechese und Predigt, welche den Christen das Wesentliche der Religion nahebringen sollten, aber auch auf die Belehrung des Staatsbürgers abzielten. Dahinter stand die Vorstellung, daß Staat und Kirche gemeinsam der Glückseligkeit der christlichen Bürger zu dienen hätten; die Kirche, indem sie für die Seelen sorgte, der Staat, indem er für das Äußerliche zuständig war, was auch bedeutete, notfalls in den äußerlichen Ablauf religiösen Lebens einzugreifen. Genau hier zeigt sich allerdings trotz der Berechtigung vieler Reformen z. B. im liturgischen Bereich – die teilweise von Rom unterstützt wurden – die Problematik des aufgeklärten Absolutismus, den Joseph II. praktizierte. Wo lagen wirklich die Grenzen des Staates, der wie alle aufgeklärten Staaten keineswegs immer tolerant gegen Minderheiten und deren Eigenleben war? Wo begann ein Raum der Freiheit des einzelnen oder einer religiösen Gemeinschaft? Damit hängt zusammen, daß viel mehr als bei den Klosteraufhebungen die Reformen der religiösen Praxis beim Volke auf Widerstand stießen. Die Einschränkung der Feiertage, die im letzten doch gängelnden Reduktionen der Wallfahrten etc. empfand man als Beschneidung bisheriger Freiräume, so daß der Kaiser in Vorarlberg und Tirol seine Gottesdienstordnung sogar zurücknehmen mußte. Das hinderte seinen Nachfolger Leopold II. nicht, sie später wieder durchzusetzen, und immerhin blieb die josephinische Gottesdienstordnung in Österreich bis 1850 in Kraft.

Aufgeklärtes Denken, aber auch die Existenz eines »Geheimprotestantismus« in Österreich sowie anderer Konfessionen wie etwa der Orthodoxie, deren Stellung geregelt werden mußte, führten schließlich 1781 dazu, daß Joseph II. das erste Toleranzpatent im Deutschen Reich erließ. Es stellte die Nichtkatholiken zwar nicht der katholischen Staatsreligion völlig gleich, erlaubte aber Glaubensfreiheit, privaten Gottesdienst und Gotteshäuser. Mehrere Toleranzpatente dienten 1782 auch der Judenemanzipation.

War im Zuge des aufgeklärt-pädagogischen Jahrhunderts schon 1774 unter Maria Theresia eine Reform des theologischen Studiums an den Universitäten vorgenommen worden, so führte Joseph II. diese Linie rund zehn Jahre später weiter, und zwar dieses-

mal für die Priesterseminare. Eine Verfügung von 1783 hob alle kirchlichen Seminare und Ordenshochschulen auf. Stattdessen errichtete Joseph in Wien, Pest (Budapest), Pavia, Löwen sowie als kleinere in Graz, Olmütz, Lemberg, Prag, Innsbruck, Freiburg im Breisgau und Luxemburg sog. Generalseminarien. Sie sollten eine einheitliche, vom Staat gelenkte Ausbildung des Klerus ermöglichen, deren theologisches Konzept allerdings die für geistige Beweglichkeit notwendige Pluralität völlig vermissen ließ. Erst nach dieser Ausbildung mußten die angehenden Seelsorger mindestens ein halbes Jahr im Priesterhaus der Diözese wohnen. Mochte das Ideal des »Guten Hirten«, welches schon im 17. Jahrhundert der Jansenist Jan Opstraet propagiert hatte, bei dieser Konzeption mitspielen, so vereinigte der josephinische Pfarrkleriker doch typische Züge seiner Zeit in sich. Er war ein gemäßigter Aufklärer, sollte treu dem Staate dienen, das Volk erziehen, Caritas und Reformen in der Gemeinde voranbringen.
Schon gegen Ende seines Lebens, d.h. seit ca. 1785, rückte der Kaiser von diesen Programmen langsam ab. Der Widerstand, der theologische Elemente mit oppositionell-politischem Verhalten verband, kam besonders aus den Österreichischen Niederlanden und Ungarn, darf aber nicht schlicht als Gesamtwiderstand »der Kirche« gewertet werden, wo zahlreiche Kleriker nach wie vor den Josephinismus stützten. Geplante weitere Klosteraufhebungen wurden nach 1790 nicht mehr ausgeführt. Per Hofdekret hob nach dem Tode Josephs' II. sein Nachfolger Leopold II. am 4. Juli 1790 die Generalseminare mit Ausnahme von Lemberg in Galizien wieder auf. Langfristig kam es auch wieder zu einer Annäherung an Rom, dessen Einflußnahme Joseph weitgehend verhindert hatte, woran auch ein persönlicher Besuch Papst Pius VI. 1782 bei ihm in Wien nichts hatte ändern können. All das schloß aber nicht das Weiterleben der josephinischen Ideen bis weit in das 19. Jahrhundert aus.

Literatur:

Peter F. Barton, Josephinismus, in: Theologische Realenzyklopädie 17 (1987) 249–255;

Peter Baumgart, Joseph II. und Maria Theresia (1765–1790), in: Anton Schindling, Walter Ziegler (Hgg.), Die Kaiser der Neuzeit 1519–1918, München 1990, 249–276;
Elisabeth Kovács (Hg.), Katholische Aufklärung und Josephinismus, München 1979;
Ferdinand Maaß (Hg.), Der Josephinismus. Quellen zu seiner Geschichte in Österreich. 5 Bde., Wien 1951–61;
Fritz Valjavec, Der Josephinismus, München [2]1945;
Eduard Winter, Der Josephinismus. Die Geschichte des österreichischen Reformkatholizismus 1740–1848, Berlin 1962.

4.4.4 Gallikanismus, Reichskirche, Episkopalismus und Febronianismus

Während der Josephinismus auf die österreichischen Lande (Österreich, Böhmen-Mähren, Ungarn, Galizien, die Lombardei, Herzogtum Mailand, Mantua, das Großherzogtum Toscana, Neapel, Sardinien, Vorderösterreich mit dem Breisgau und Teile des Oberelsaß, Luxemburg sowie die südlichen Niederlande) beschränkt blieb, was nicht Ausstrahlungen über diesen Raum hinaus ausschloß, artikulierten sich im Gallikanismus, Episkopalismus und Febronianismus kirchliche Verfassungstheorien, von denen die französische Kirche und die deutsche Reichskirche beeinflußt waren. Im Falle Frankreichs gelang die Umsetzung der Theorie in eine Jahrhunderte dauernde Praxis, die wiederum in den verschiedenen Spielarten des Gallikanismus reflektiert und kirchenpolitisch verändert wurde; in Deutschland blieb der Episkopalismus bzw. Febronianismus weithin Theorie.

Literatur:

Gabriel Adriány, Gallikanismus, in: Theologische Realenzyklopädie 12 (1984) 17–21;
Leo Just, Gallikanismus, in: Lexikon für Theologie und Kirche 4 ([2]1960) 499–503;
Volker Pitzer, Febronius/Febronianismus, in: Theologische Realenzyklopädie 11 (1983) 67–69;

Heribert Raab, Die Concordata Nationis Germanicae in der kanonistischen Diskussion des 17. bis 19. Jahrhunderts. Ein Beitrag zur Geschichte der episkopalistischen Theorie in Deutschland, Wiesbaden 1956;

Ders., Der reichskirchliche Episkopalismus von der Mitte des 17. bis zum Ende des 18. Jahrhunderts, in: Handbuch der Kirchengeschichte V: Die Kirche im Zeitalter des Absolutismus und der Aufklärung, Freiburg u. a. 1970, 477–507;

Ders., Reich und Kirche in der frühen Neuzeit, Freiburg/Schw. 1989;

Hermann Josef Sieben, Die katholische Konzilsidee von der Reformation bis zur Aufklärung, Paderborn u. a. 1988;

Ulrich Wickert, Episkopalismus, in: Theologische Realenzyklopädie 11 (1983) 773–780.

4.4.4.1 Der Gallikanismus

Der begrifflich erst im 19. Jahrhundert so genannte Gallikanismus beinhaltet einmal eine theoretische Seite. Sie besteht in der Lehre von den Freiheiten und der Eigenständigkeit der gallikanischen (französischen) Kirche, die aus ihrer Entwicklung und einer konziliaristischen, episkopalistischen und nationalkirchlich orientierten Theologie folgen sollte. Zweitens stand dieser Gallikanismus in enger, wenn auch in der Intensität wechselnder Verbindung mit der französischen Krone (politischer Gallikanismus), wobei er die Einwirkungen der Römischen Kurie kontrollierte und einschränkte, um die eigene Selbständigkeit zu behaupten und abzusichern. Seine Wurzeln reichten bis in die Merowinger- und Karolingerzeit zurück, die theoretische Ausprägung erhielt er im Spätmittelalter und im 17. Jahrhundert. Dementsprechend griffen die Gallikaner zur Begründung ihrer Sonderstellung auf die eigene Geschichte zurück und beriefen sich auf die alten Rechte und Freiheiten ihrer Kirche, betrieben also eine in der frühen Neuzeit übliche und sehr beliebte juristische Auswertung der Historie. Ihre Wirkungen reichten bis weit in das 19. Jahrhundert, nämlich in die damalige innerfranzösische Diskussion um das Verhältnis von Kirche und Staat und in das Erste Vatikanische Konzil hinein.

Für das Selbstverständnis und die theoretische Entwicklung der gallikanischen Kirche (église gallicane) hatte das 15. Jahrhundert eine besondere Bedeutung. Im Kontext der Theorie des Konzilia-

rismus, den die Pariser Universität vertreten hatte und der die Gewalt des Papstes einschränkte, sowie der Reformkonzilien von Konstanz und Basel mit ihrer Ablehnung päpstlicher Eingriffe in die Stellenbesetzungen und das Finanzwesen der nationalen Kirchen hatte 1438 die »Pragmatische Sanktion von Bourges« ausgewählte Beschlüsse des Basler Konzils zum französischen Staatsgesetz erhoben und damit eine wichtige Grundlage für den Gallikanismus gelegt. Dabei ist zu beachten, daß dem König 1438 noch keineswegs die Zugriffsrechte auf die Kirche zugestanden wurden, die er später erlangen konnte. So war es aus der Sicht des französischen Monarchen Franz I. verständlich, daß er 1516 durch ein Konkordat diese Sanktion außer Kraft setzte; faktisch aber blieb sie ein wertvolles Instrument, mit dem Rom gedroht werden konnte und womit das Pariser Parlament nach wie vor in Zusammenarbeit mit der Universität (Sorbonne) operierte. Der Preis des Konkordates war aus römischer Sicht hoch, wurde aber gegen entsprechende Gegenleistungen Frankreichs (Zahlung der sog. Annaten an Rom bei den Bischofsbesetzungen, Anerkennung des Kirchenstaates) zugestanden: der König erhielt das Recht der Besetzung aller Bischofsstühle und großer Abteien, was als »Regalienrecht« zusammengefaßt wurde und gut 150 Jahre später den Anlaß für den Regalienstreit bildete, da Ludwig XIV. sein Besetzungsrecht auch auf die von Frankreich annektierten Gebiete ausdehnen wollte.
In diesem Zusammenhang erreichte der Gallikanismus 1682 seinen historischen Höhepunkt. Ludwig XIV. ließ von einer Pariser Klerusversammlung die von dem Minister Colbert stammenden und von Jacques-Bénigne Bossuet, dem Bischof von Meaux, redigierten vier gallikanischen Artikel (Declaratio cleri Gallicani) verkünden, in denen sich die gallikanische Doktrin in überspitzter Form artikulierte. »1. Dem hl. Petrus und seinen Nachfolgern, den Statthaltern Christi und der Kirche selbst ist von Gott übergeben die Gewalt über geistliche und auf das ewige Heil bezügliche Dinge, nicht aber über die bürgerlichen und zeitlichen ... Die Könige und Fürsten sind also nach göttlicher Anordnung in weltlichen Dingen keiner kirchlichen Gewalt unterworfen, sie können durch die kirchliche Schlüsselgewalt weder unmittelbar noch mittelbar abgesetzt werden ...« 2. Die Konstanzer Dekrete über die Begrenzung

der päpstlichen Gewalt und die Autorität der Konzilien bleiben gültig. 3. Der Gebrauch der apostolischen Gewalt ist durch das Kirchenrecht geregelt. »Es bestehen auch zu Recht die Regeln, Sitten und die vom Königtum und der gallikanischen Kirche angenommenen Einrichtungen . . . 4. Auch in Fragen des Glaubens hat der Papst den Hauptanteil, und seine Dekrete betreffen die sämtlichen und die einzelnen Kirchen, aber sein Urteil ist nicht unabänderlich, wenn nicht die Zustimmung der Kirche hinzugetreten ist«[16].

Was Ludwig in den Gallikanischen Artikeln formulieren ließ, betonte Freiheiten und Traditionen der gallikanischen Kirche, die einem möglichen päpstlichen Absolutismus strikt entgegenstanden, den eigenen königlichen aber massiv stärkten, was in Rom nicht gerade auf Wohlwollen stieß. Aus politischen Gründen folgte aber ihre Verurteilung erst 1690 durch Papst Alexander VIII. Der französische König seinerseits akzeptierte sie zwar nicht, rückte aber von der Durchführung der Artikel ab.

Nachdem selbst ein absoluter Monarch wie Ludwig XIV. zurückstecken mußte, war nach einem solchen Höhepunkt nur noch ein Abstieg möglich. Im 18. Jahrhundert verschwand daher der Gallikanismus zwar nicht, denn das Parlament hatte den Rückzug des Königs nicht registriert, verlor aber an Wirkkraft, obwohl sich die Jansenisten mit ihm verbanden. Die Umbrüche der Aufklärung verlangten die Konzentration der Kräfte auf andere Probleme. Das hinderte nicht, in der Französischen Revolution mit der »Zivilkonstitution für den Klerus« an gallikanische Ideen anzuknüpfen, die jetzt aber deutlich durch die Omnipotenz des Staates überstiegen wurden. In ihn war die Kirche nicht wie im Ancien Régime als mitregierender Bestandteil hineinverwoben, sondern nun bestand die Tendenz, daß der revolutionäre Staat selbst »Kirche sein wollte« (Michelet), womit sich ein neues Denken ankündigte.

Es wäre ein Irrtum zu glauben, daß der Gallikanismus eine sich stets gleich bleibende, konsistente Lehre gewesen wäre. Schon die Unterschiede zwischen der Pragmatischen Sanktion und dem Konkordat von 1516, das dem König so große Macht gab, sollten davor

[16] Zitiert nach *Hans-Walter Krumwiede* u. a. (Hgg.), Kirchen- und Theologiegeschichte in Quellen IV/1: Neuzeit, 1. Teil, Neukirchen-Vluyn 1979, 49.

warnen. Außerdem formulierten Mitglieder der Sorbonne immer wieder neue Spielarten des Gallikanismus, wobei in der Mitte des 17. Jahrhunderts jeder, der dort einen akademischen Grad erwerben wollte, sich zu dieser Theorie bekennen mußte. Allerdings bestanden an der Sorbonne immer verschiedene Parteien, so daß von einer Einheitlichkeit nicht gesprochen werden kann. Die Bestandteile, die im Laufe der Zeit den Gallikanismus bestimmten, waren: die besondere Stellung des französischen Königs, der sich als Rex Christianissimus und als von Gott besonders Begnadeter (bis hin zur Fähigkeit der Wunderheilung) für die Kirche verantwortlich fühlte; die historisch-juristische Argumentation mit den alten Freiheiten der gallikanischen Kirche, wie sie der Jurist Pierre Pithou 1594 in einer grundsätzlichen Schrift »Les libertés de l'Eglise gallicane« (Die Freiheiten der gallikanischen Kirche) formulierte. Nach ihm dürfen die Päpste »in weltlichen Dingen . . . den französischen Königen keinerlei Befehle erteilen, aber auch in geistlichen Dingen ist die Gewalt der Päpste in Frankreich nicht unbeschränkt, sondern an die Kanones der alten Konzilien gebunden. Der Papst ist zwar Oberhaupt der Kirche, aber untersteht doch den allgemeinen Synoden«[17]. Daraus wird deutlich, daß der Rückgriff auf die alte Kirche und auf den Konziliarismus für den Gallikanismus eine wichtige Rolle spielte. Gerade das Vorbild der ecclesia primitiva, der Ur- und Frühkirche, als reformerischer Anreiz und Leitidee bildete eine Brücke, die den Gallikanismus später mit den Jansenisten und der katholischen Aufklärung verbinden konnte.

4.4.4.2 Reichskirche, Episkopalismus und Febronianismus

Um die Diskussionen innerhalb der Reichskirche um Episkopalismus und Febronianismus zu verstehen, welche Elemente des Gallikanismus aufnahmen, aber niemals dessen praktische Wirkung erreichten, ist es notwendig, sich die besondere Struktur dieses

[17] *Hans Feine*, Kirchliche Rechtsgeschichte. Die katholische Kirche, Köln-Wien ^{5}1972, 559.

Gebildes klarzumachen. Die deutsche Reichskirche der frühen Neuzeit, seit der Kirchenspaltung den katholischen Teil des Reiches umfassend, konstituierte sich aus dem großen Corpus der Erzbistümer, Bistümer, Abteien und Propsteien mit ihren Territorien. Ihre rechtliche Grundlage bildete das Wiener Konkordat von 1448 mit späteren Modifikationen. Eine vergleichbare Institution wie die in Frankreich eingerichtete Klerusversammlung als Repräsentativorgan existierte bei ihr ebensowenig wie eine Nationalsynode, auf der sie sich regelmäßig versammelt hätte. Die Interessen ihrer Vertreter konnten je nach politischer Lage des eigenen Territoriums durchaus unterschiedlich sein, so daß ein einheitliches Vorgehen erschwert wurde. Entsprechend ihrer politischen Stellung im Reich war ihr Hauptversammlungsort nicht ein kirchliches Gremium, sondern der Reichstag. Der ständischen Abschließung der frühen Neuzeit folgend entwickelte sich die Reichskirche in ihren höheren Ämtern im 17. und 18. Jahrhundert immer mehr zu einer Adelskirche, die durch Ahnenproben den Kreis der Aufsteiger verengte. Dagegen entstammten zahlreiche Weihbischöfe, welche in der Regel für den geistlichen Bereich zuständig waren, dem Bürgertum, wodurch sich das Bild der reinen Adelskirche relativiert, ohne es insgesamt aufzuheben.

Bezüglich der Besetzung von Bischofsstühlen sowie der Leitung von geistlichen Territorien waren Erbdynastien wie in den weltlichen Gebieten auf Grund der Wahlrechte der Domkapitel theoretisch nicht möglich, was aber nicht hinderte, daß es Fürstenhäusern wie den Wittelsbachern, Habsburgern oder später den Schönborn und sächsischen Wettinern gelang, zahlreiche Bistümer regelmäßig zu besetzen. Mit Hilfe sog. Wahlkapitulationen versuchten die Domkapitel, welche die Bischöfe wählten und in gewisser Weise das Kontinuum innerhalb der Organisation eines geistlichen Staates darstellten, vor der Wahl den jeweiligen Kandidaten zu binden, d.h. ihre eigene Mitwirkung an der Regierung und ihre Rechte zu sichern. Obwohl solche Kapitulationen seit 1695 kirchenrechtlich verboten waren, praktizierten sie diesen Brauch intensiv zwar vor allem im 17., aber auch noch im 18. Jahrhundert.

Innerhalb der Reichsstände bildete die Reichskirche eine Stütze des Kaisers, die immer wieder durch oft mehr als Druckmittel denn als ernstgemeinte Drohungen gedachte Säkularisierungsprojekte gefährdet war. Sie war nicht nur als vornehmster Stand in die Reichsverfassung eingebunden, sondern auch durch die Wahrnehmung der höchsten Ämter wie das des Reichserzkanzlers, das dem Mainzer Erzbischof und Kurfürsten zukam. Im Zuge des aufgeklärten Absolutismus waren die Reichsprälaten ebenso wie die anderen Fürsten bemüht, die Kontrolle über das eigene Territorium in geistlichen und weltlichen Dingen zu erlangen. Dem dienten schon im ausgehenden 16. Jahrhundert Verwaltungsreformen, z. B. die Einrichtung neuer Gremien wie des Geistlichen und des Geheimen Rates als Regierungsorgane. Voll durchsetzbar wie in rein weltlichen Staaten war der Absolutismus kaum, da die kirchenrechtlichen Strukturen der Hochstifte das nicht zuließen. Der aufgeklärte Reformgeist zeigte sich im späten 18. Jahrhundert bei Fürstbischöfen wie Franz Ludwig von Erthal in Würzburg und Bamberg, Joseph Emmerich von Breidbach-Bürresheim in Mainz oder dem Sohn Maria Theresias, Max Franz in Köln, auf besonders eindrucksvolle Weise. Das Interesse an der Bildung der Untertanen schlug sich in der Förderung der Schulen, den Studienreformen und der Einrichtung neuer Universitäten nieder. Dazu kamen wirtschaftliche Reformen, in denen die frühneuzeitliche Ökonomielehre in die Realität umgesetzt wurde. Die geistlichen Residenzen der frühen Neuzeit waren zudem kulturelle Zentren, deren Bautätigkeit sich in Schlössern wie der Würzburger Residenz, dem kurfürstlichen Schloß in Mainz oder der Bamberger Hofhaltung niederschlug und die mit dazu beitrugen, in Deutschland eine kulturelle Vielfalt zu schaffen und zu erhalten.

Was für die Staatsbildung der frühen Neuzeit allgemein gilt, betraf trotz des genannten Vorbehaltes auch die Territorien der Reichskirche: Zentralisierung und Machtkonzentration im Sinne des absolutistischen Staates, der für das Wohl seiner Untertanen verantwortlich war, galten als Ziel. Eingriffe von außen, wie sie die römische Kurie seit Jahrhunderten bezüglich der Stellenbesetzung und Pfründenvergabe, mit Rechtstiteln und seit Ende des 16. Jahrhunderts durch ständige Nuntiaturen vornahm, hatten schon im ausgehenden Spätmittelalter zu Beschwerden, den sog. Gravamina, geführt. Um so weniger ertrug sie die Reichskirche des 18. Jahrhunderts, die, unter der Konkurrenz weltlicher Territorien zur Modernisierung gezwungen, ihrer inneren Freiheit und Verfügungsgewalt bedurfte. So kam es immer wieder zu Beschwerden gegen Rom, z. B. 1769 den »Koblenzer Gravamina« der rheinischen Kurfürsten. Sie beschworen die Beschlüsse der Konzilien von Konstanz und Basel, forderten die alten bischöflichen Rechte und die Freiheit der deutschen Kirche gegenüber ungerechtfertigten römischen Eingriffen. Die Nuntien in Köln, Luzern und Wien empfanden die Bischöfe für sich als Bedrohung; allen voran die Schönborndynastie am Mittelrhein und am Main. Für sie waren die Nuntien ein Hindernis, aus ihren konservativ-schwerfälligen geistlichen Staaten moderne Gebilde zu formen. Ein »Staat im Staate«, sei er durch Einflüsse von außen oder durch nicht für den Landesherrn verfügbare rechtsfreie Räume im Innern hergestellt, sollte nicht länger geduldet werden.

Läßt sich schon diese Haltung als »praktischer Episkopalismus« beschreiben, so lieferten Kirchenrechtler die theoretische Untermauerung. Sie bediente sich, wie so oft in der frühen Neuzeit, der juristisch ausgewerteten Geschichte und hatte einen ihrer Schwerpunkte an der Universität Würzburg. Ihr wichtigster Vertreter war dort Johann Kaspar Barthel, den einer seiner Schüler als »restaurator doctrinae catholicae« feierte. Mit der Methode der historischen Kritik in der Kanonistik, die er in Rom bei Prosper Lambertini, dem späteren Papst Benedikt XIV., gelernt hatte, sowie unter dem Einfluß des Löwener Kanonisten Zeger van Espen und verbunden mit den Ideen des aufgeklärten Naturrechtes entwickelten diese Kanonisten den Episkopalismus, dessen Theorie die Selbständigkeit der Reichskirche gewährleisten sollte.

Methodisch untersuchten Barthel und seine Schüler die Rechtsentwicklung, an die sie als Maßstab die Urkirche anlegten. Tragendes Element der Kritik war der in Anlehnung an die Bibel geprägte Satz: »Einst war es nicht so« (Mt 19,8: »Am Anfang war es nicht so«). Dieses Argument überschnitt sich mit ähnlichen Überlegungen des Jansenismus und Gallikanismus, was es schwermacht, die gegenseitigen Einflüsse strikt zu scheiden. Eine weitere, im Grund schon der Scholastik bekannte Unterscheidung kam hinzu. Es gebe Essentialia, die von Gott gestiftet und immer notwendig seien, und es gebe Accessoria, die im Laufe der Zeit hinzukamen, aber wieder abgeschafft werden könnten. Das gelte auch für die Kirchenverfassung und das Papsttum, dessen Existenzberechtigung keineswegs geleugnet, aber das in seiner Kompetenz reduziert werden sollte.

Barthels Einfluß blieb nicht auf Würzburg beschränkt. Seine Schüler erlangten bald Lehrstühle an anderen Universitäten, wo sie die Methode ihres Lehrers weitergaben. Zu ihnen zählte Georg Christoph Neller, der seit 1748 an der Universität Trier Kirchenrecht lehrte, wo schon seit längerem auf Grund der Grenzlage und der französischen Teile des Bistums im heutigen Lothringen das französische Staatskirchentum und der Gallikanismus bekannt waren. Nachdem Neller durch seine kirchenrechtlichen Vorlesungen zusätzlich Einfluß gewann, konnte sich hier in der zweiten Hälfte des 18. Jahrhunderts das Zentrum des theoretischen Episkopalismus der Reichskirche in der Spielart des Febronianismus bilden.

Die entscheidende Rolle kam dabei Nikolaus von Hontheim († 1790) zu. Hontheim stammte aus einer Trierer Bürgerfamilie, die seit dem 16. Jahrhundert im Dienste der dortigen Erzbischöfe stand, und studierte römisches Recht in Trier, Löwen und dem calvinistischen Leiden. In Löwen stand er unter dem Einfluß des Zeger van Espen; mit Neller war er 1742 in Frankfurt zusammengetroffen, was ihm die Methoden und Ideen der Würzburger Schule nahebrachte. Seit 1733 lehrte Hontheim in Trier römisches Recht (Pandektenrecht); seit 1748 war er Weihbischof des Erzbistums. Sein großes Werk »Historia Trevirensis diplomatica«, 1750 in Augsburg/Würzburg erschienen, zeigte das geschichtliche Interesse, mit dessen Hilfe er später kritisch die kirchliche Verfassung überprüfen sollte. Auf der Linie einer gemäßigten katholischen Aufklärung lagen die purgierenden, nach seiner Meinung Überflüssiges ausscheidenden Reformen liturgischer Bücher der Diözese, z. B. 1748 die Herausgabe eines eigenen Trierer Breviers.

Der Trierer Weihbischof war ein bekannter und geachteter Wissenschaftler, als er 1763 in Frankfurt ein Werk publizierte »De statu ecclesiae et legitima potestate Romani Pontificis liber singularis ad reuniendos dissidentes in religione Christianos compositus« (eine deutsche Fassung erschien in Frankfurt 1764 »Buch von dem Zustand der Kirche und der rechtmäßigen Gewalt des Römischen Papsts, die in der Religion widriggesinnten Christen zu vereinigen«). Da es unter dem Pseudonym Justinus Febronius erschien, genannt nach einer Nichte Hontheims namens Justina, mit Klosternamen Febronia, hieß die hier vertretene Doktrin in Zukunft Febronianismus.

Der Verlagsort, die pseudonyme Herausgabe und der Inhalt enthielten genügend Brisanz, um einen langandauernden Streit um den »Febronius« zu entfachen. Einmal war das Buch nicht in der katholischen Bischofsstadt Trier, sondern der freien Reichsstadt Frankfurt erschienen, die konfessionell offen und für den Zugriff kirchlicher Kontrollinstanzen weniger zugänglich war. Zudem ließ der verdeckte Name auf die Sorge schließen, in kirchlichen Kreisen auf Widerstand zu stoßen. Tatsächlich kritisierte die Schrift die bestehende römisch-katholische Kirche und schlug auf episkopalistischer Grundlage eine Neuordnung der Kirchenverfassung vor. Gute Gründe sprechen dafür, daß der Trierer Rat Jakob Georg von Spangenberg, ein Konvertit, dessen Bruder ein bedeutender Bischof in der »Brüdergemeine« (eine vom Pietismus beeinflußte, evangelische Gemeinschaft) war, den Trierer Weihbischof zu seinem Buch anregte.

Das Werk hatte mehrere Intentionen. Hontheim wollte damit die Wiedervereinigung der Konfessionen vorantreiben, was auch der Stärkung des unter der Kirchenspaltung leidenden Reiches diente. Mit dieser Intention fügte er sich in eine Reihe von Reunionsplänen der Zeit ein. Zweitens war es seine Absicht, mit seinen Vorschlägen die Stellung der deutschen Kirche im Reich zu stärken und einer möglichen Säkularisierung der geistlichen Territorien entgegenzuwirken. Entsprechend der Ideen Nellers und gallikanischer Vorstellungen war aus dieser Perspektive die Stärkung der Bischöfe und Erzbischöfe notwendig, was umgekehrt die Schwächung der kurialen Gewalt beinhaltete. Wiederum diente das Ideal der Urkirche als kritisches Instrument, um zwischen dem Wesensnotwendigen und dem im Laufe der Geschichte Hinzugewachsenen in der Kirchenverfassung zu unterscheiden. Der Papst sollte das »centrum unitatis« in der Kirche sein, aber im übrigen gegenüber den Bischöfen »primus inter pares«. Letztlich lief diese Konzeption auf einen Ehrenprimat hinaus, der einer kirchlichen Wiedervereinigung weniger hinderlich entgegenstand als ein starkes Papsttum. Schon Zeitgenossen erkannten diese Problematik. So schrieb der Göttinger Professor Selchow, Febronius »bemühet sich zwar, dem Römischen Stuhl bei jeder Gelegenheit eine außerordentliche Ehrfurcht zu bezeugen, aber mit der höflichen Miene eines Arztes, welcher im Begriffe ist, seinem Patienten ein Bein abzunehmen«[18].

Der »Febronius« erschien in mehreren weiter bearbeiteten Auflagen und Übersetzungen, u. a. 1766 in Französisch und 1768 in Italienisch. Bei den Protestanten erregte er Aufsehen, aber nicht durchgängig Zustimmung; in der katholischen Kirche kam er 1764 auf den Index und provozierte eine Fülle von Gegenschriften, vor allem von Ordensleuten, unter denen sich eine Reihe Jesuiten befand. Nach längerem Streit, in dessen Verlauf Hontheim die Verfasserschaft zugeben mußte, widerrief er 1778 sein Werk unter anderem auf Drängen des Trierer Kurfürsten Clemens Wenzeslaus, aber auch zahlreicher deutscher Gegner; ein Widerruf, dessen Aufrichtigkeit allerdings bis heute umstritten ist.

Kirchenpolitisch erreichte der Episkopalismus nochmals im sog. Nuntiaturstreit und der »Emser Punktation« einen Höhepunkt. Gegen die Einrichtung einer Nuntiatur 1785 in München suchten 1786 die Erzbischöfe von Mainz, Trier, Köln und Salzburg episkopalistische Vorstellungen in einer Sammlung kritisierter Mißstände (die sog. Punktation) in die Wirklichkeit umzusetzen, die eigene Position zu stärken und römische Eingriffe zurückzuweisen. Die weitere politische Entwicklung, mangelnde Unterstützung durch den Kaiser und die weltlichen Mächte im Reich, aber auch fehlendes Interesse der Suffraganbischöfe an einer in der Punktation geforderten Stärkung der Metropolitangewalt sowie der Ausbruch der Französischen Revolution 1789 ließen das Unternehmen scheitern.

[18] Zit. bei *Heribert Raab*, Die Concordata Nationis Germanicae, Wiesbaden 1956, 136 Anm. 49.

5 *Die werdende Weltkirche der frühen Neuzeit*

Im Laufe der Frühen Neuzeit begann die Entwicklung der katholischen Kirche zur Weltkirche. Folgende Bedingungen schufen dazu die notwendigen Voraussetzungen: 1. Der Zusammenbruch des riesigen Mongolenreiches im Spätmittelalter, in dessen Folge den Europäern der Landweg nach Asien erschwert wurde, was sie zwang, sich mehr als bisher den Seewegen zuzuwenden. Eine der Konsequenzen war, daß die Portugiesen seit 1432 systematisch die Küste Afrikas umfuhren und befestigte Handelsniederlassungen gründeten. Papst Nikolaus V. gab ihnen 1455 mit der Bulle »Romanus Pontifex« alle entdeckten Gebiete zu Besitz; sein Nachfolger Calixt III. gestand ihnen 1456 die geistliche Jurisdiktion in diesen Regionen zu. 2. Auf diese Weise verbanden sich Eroberung, Kolonisation, Ausbreitung des Christentums und die Einrichtung des »Patronates«, d.h. der vollen Verfügungsgewalt der Kolonialmächte über die Kirchenorganisation, unlösbar miteinander. 3. In Asien war es für die Ausbreitung des Christentums notwendig, daß die bestehenden Reiche genügend Toleranz bewiesen, das Wirken von Missionaren zu gestatten. 4. In den Orden, die Hauptträger der Missionen waren, intensivierte sich im Laufe des 16. Jahrhunderts im Rahmen der Konfessionalisierung und der Vertiefung des christlichen Lebens auch der Missionseifer, der dem jeweiligen missionarischen Wirken und der personellen Ausstattung zugute kam.
Zeitlich erhielt so die katholische Mission im 16. und beginnenden 17. Jahrhundert einen kräftigen Schub, um dann abzuflachen. Dieser Rückgang hatte innere Gründe wie die Wandlungen im christlichen Weltbild und seinen Beziehungen zu fremden Kulturen, deren Eigenwert jetzt höher geschätzt wurde, sowie das Nachlassen des konfessionellen Eifers, was sich auf die Missionen auswirkte. Aber auch die aufkommende Konkurrenz der neuen Kolonialmächte England und Niederlande gegenüber Spanien und

Portugal oder innenpolitische Entwicklungen in Japan und China trugen mit dazu bei, die katholische Mission zu erschweren.

5.1 Die Ausbreitung des Christentums in Lateinamerika

Nachdem Christoph Kolumbus im Auftrag Spaniens auf der Suche nach einem Seeweg nach Indien 1492 die Karibischen Inseln (Haiti und Dominikanische Republik = Hispaniola, San Salvador, Kuba) entdeckt hatte und Westindien gefunden zu haben glaubte, zwang Spanien Papst Alexander VI. im Streit mit Portugal und dessen schon erwähnten, älteren kirchlich-kolonisatorischen Rechten, 1493–1494 mehrere Entscheidungen über die Aufteilung der neuentdeckten Länder und ihre kirchliche Organisation zu treffen. Portugal, das weniger als Spanien an regionaler Eroberung, sondern an Handelsniederlassungen interessiert war, erhielt langfristig im wesentlichen das 1500 durch Pedro Alvares Cabral entdeckte Brasilien, dessen Zuckerproduktion sich zum entscheidenden wirtschaftlichen Faktor entwickelte und bald die Sklavenarbeit der Schwarzafrikaner auf den Plantagen bedingte. Spanien erlangte die mittelamerikanischen Gebiete, die Antillen, Mexiko, Panama, Peru, Kolumbien, Paraguay u. a. Kirchlich konnte Spanien ähnlich wie Portugal das Patronat (patronato reale, königliches Patronat) über seine Gebiete erhalten, das im Laufe des 16. Jahrhunderts weiter ausgebaut sowie 1568 durch die »Große Junta« nochmals in der Zentralisierung und Ämtervergabe intensiviert wurde. Damit hatten die Kolonialmächte sämtliche kirchlichen Rechte in ihrer Hand; vor allem die wertvolle Stellenbesetzung und die Errichtung der kirchlichen Organisation, also der Bistümer und Pfarreien. Die Situation erhält zusätzliche Komplexität, wenn man bedenkt, daß vor allem im portugiesischen Raum die Missionsorden gezwungen waren, eigene wirtschaftliche Unternehmungen für ihren Lebensunterhalt aufzubauen, was wiederum z. B. Sklavenhaltung für die Arbeit mit sich brachte und einer kritischen Stellungnahme gegenüber der Sklaverei zumindest bezüglich der Schwarzafrikaner Grenzen setzte.

Trotz vieler Spannungen, scharfer Kontroversen und Kritik z. B. an der Praxis des »Requerimiento« (Aufforderung) – einer perfiden Befragung der Indianer, ob sie sich dem Christentum und seinen Leitern als den von Gott eingesetzten Herrschern sowie seiner Lehre unterwerfen wollten, bei deren Verneinung der Krieg begonnen wurde – kam es im spanischen Lateinamerika von 1511–1620 unter wesentlicher Mitarbeit der Franziskaner, Kapuziner, Dominikaner, Mercedarier (ursprünglich eine Art Ritterorden, aber in der Neuzeit immer mehr als Missionare tätig), Jesuiten und anderer Orden zur Ausbildung einer großen Kirchenorganisation nach spanischem Vorbild. Auf Hispaniola (Haiti) entstanden 1511 die Bistümer Santo Domingo und Concepción de la Vega, auf Puerto Rico das Bistum San Juan; Santiago de Cuba entstand 1518/1522. In Mexiko, wo Hernán Cortés das Aztekenreich zerstörte, entwickelte sich ab 1525 eine Bistumsorganisation. 1546 wurde Mexiko-Stadt Erzbistum. Im Andengebiet, wo Francisco Pizarro das Inkareich in Peru beseitigte und 1533 den König Atahualpa nach Erpressung einer riesigen Summe Lösegelds brutal töten ließ, entstand 1537 zuerst das Bistum Cuzco, 1541 Lima. Bereits 1551 fand in Lima das erste Provinzialkonzil Lateinamerikas statt, das nach dem Vorbild Europas die kirchliche Organisation vorantrieb. Insgesamt kam es im spanischen Kolonialbereich Lateinamerikas zu 35 Bistumsgründungen, wobei zivile und kirchliche Verwaltungsorte weithin identisch waren.
Demgegenüber ging die kirchliche Organisation in Brasilien auf Grund mangelnder staatlicher Strukturen, die sich erst langsam bildeten, schleppend voran und blieb daher abhängiger von der Kirche in Portugal. Erst 1551 entstand als erstes Bistum Bahia als Suffragan von Lissabon. Bis 1676 blieb es das einzige. Danach kamen im Laufe der Zeit sieben Bistümer hinzu, während Bahia Erzbistum wurde. Die einzige Provinzialsynode fand 1707 statt. Der organisatorische Mangel bedingte den höheren Stellenwert der Orden in Brasilien, besonders der Jesuiten ab 1549, aber auch eine stärkere Anbindung an die koloniale Ausbreitung, deren jeweiligen Schritten die Kirche folgte.
Erwähnenswert ist noch das Ausgreifen der katholischen Kirche auf Südteile der heutigen Vereinigten Staaten (Florida, Neume-

xiko, Georgia, Kalifornien) sowie unter französischem Schutz auf Kanada. Vor allem aber wurden die Philippinen von Mexiko aus missioniert. Manila, als erstes Bistum 1579 gegründet, war bis 1595 Suffragan von Mexiko. Auf den Philippinen konnte sich eine stabile Kirchenorganisation mit einheimischem Klerus bilden, die in der frühen Neuzeit auch immer wieder Ausgangspunkt für Missionsunternehmungen in die angrenzenden asiatischen Länder war, allerdings in Konkurrenz zu dem in Asien dominierenden Portugal und ohne größere Erfolge zu erzielen.

5.2 *Die Ausbreitung des Christentums in Afrika und Asien*

Äußerst kompliziert stellt sich die Ausbreitung des Christentums in Afrika und Asien dar. Zu beachten ist der Einfluß des Islam in diesem Raum, der weit in das asiatische Gebiet vordrang und sogar Teile der Philippinen gewinnen konnte. In Indien spielte das Brahmanentum und seine Stellung zur Mission eine gewichtige Rolle; in China die einheimischen Religionen, der Einfluß der Mandarine, die jeweilige Einstellung der Kaiser gegenüber den Christen sowie die umstrittene Frage, wieweit das chinesische Weltbild überhaupt mit dem christlichen in Einklang zu bringen war. Im ganzen gelang, abgesehen von Kongo und Angola sowie kurzzeitigen Erfolgen der Jesuiten in dem sonst für die Katholiken unzugänglichen Äthiopien, die Christianisierung in Afrika nur in den Küstengebieten und Festungen der Portugiesen. Das Bistum Funchal auf der Insel Madeira konnte kurzfristig Erzbistum werden, verlor aber schon 1551 diesen Status wieder. Kapuziner, Dominikaner und Jesuiten mühten sich mit wechselndem Erfolg um die Missionierung, wobei wie im Kongo christlich-europäische Moralvorstellungen mit sozialen Notwendigkeiten des Stammesdenkens in der Frage der Einehe kollidierten. Zwar konnten immer wieder Könige oder Kaiser eine Zeitlang für das Christentum gewonnen werden, aber dauerhafte Erfolge blieben schließlich aus. Die Sklavenfrage blieb ohnehin ungelöst, wobei auch Kleriker und Ordensleute am Handel mit Menschen beteiligt waren.

Ähnlich wie in Afrika diente in Indien die Kolonialmacht Portugal als Stütze, wobei es hier zu Konflikten kam, weil der portugiesische Staat in jedem Falle das Patronat beanspruchte; auch dort, wo er keinerlei wirkliche Kolonien besaß. Diese Streitigkeiten verschärften sich nach 1622, der Gründung der päpstlichen Propaganda fide (Kongregation für die Glaubensverbreitung; zuerst für den protestantischen Norden, auch Norddeutschland, zuständig, aber langfristig als Organ der Missionsüberwachung und -steuerung gedacht) und ihrer Praxis, Apostolische Vikare einzusetzen, die von Portugal unabhängig sein sollten. Außerdem war in Indien der Islam eine wirksame Konkurrenz, während andererseits die Kasteneinteilung der Hindus für das Christentum mit seiner Gleichheitsidee ein schwieriges Problem bedeutete. In Südindien gab es zudem längst die sog. Thomaschristen, die sich auf den Apostel Thomas zurückführten und dem ostsyrischen Ritus folgten. Sie stellten eine Alternative zur römischen Kirche dar, mit der sich Teile von ihnen in einer Union verbanden, wobei aber die Frage des Ritus und der Latinisierung ein ständiger Streitpunkt blieb. Außerdem gab es in diesem Raum armenische Christen, mit denen sich die Missionare verständigen mußten.

Das portugiesische Goa, der große Stützpunkt für den asiatischen Gewürzhandel, entwickelte sich für die Indien- und Asienmission zum zentralen Ort. 1534 entstand hier die erste indische Diözese. Die Jesuiten unterhielten dort ein Kolleg für die Ausbildung, wie überhaupt dieser Orden eine zentrale Stellung im asiatischen Raum erlangte; womit nicht die Bedeutung der Franziskaner, der Dominikaner, der 1572 dazugekommenen Augustiner und anderer Orden wie der Karmeliten herabgesetzt werden soll. Schon früh begann die Produktion religiöser Literatur, etwa von Katechismen, aber auch damit verbundener sprachkundlicher Werke, wobei die Jesuitendruckerei in Goa eine führende Rolle spielte. Der Jesuit Roberto de Nobili († 1656) versuchte in der Madura-Mission (Südindien) eine weitgehende Anpassung an die Gebräuche der Hindus und praktizierte einen Weg der Akkommodation, der sich auch in China als wertvoll erwies. Nach Gründung der Pariser »Auslandsmissionen« (missions étrangères) 1663, an der König Ludwig XIV. auch aus machtpolitischen Gründen sehr inter-

essiert war, kamen in der zweiten Hälfte des 17. Jahrhunderts französische Missionare dieses Instituts nach Hinterindien.
Über Indien, wo er 1542 erstmals eintraf, erreichte auch Franz Xaver, der bekannteste Missionar der Jesuiten und Gefährte des Ignatius, Japan und nahm dort die Arbeit auf. Franz Xaver starb 1552 während seines Versuches, China zu erreichen. Die Missionare in Japan bemühten sich intensiv, an der vorhandenen Kultur und Religion bei der Verkündigung des Christentums anzuknüpfen, und zwar zunächst erfolgreich. Funai wurde 1588 die erste Diözese. Die Auswirkungen der Handelsrivalitäten zwischen den europäischen Mächten im asiatischen Raum, die japanische Sorge über politische Gefährdungen und die Angst um die eigene Politik und Identität führten aber dazu, daß ab den 90er Jahren des 16. Jahrhunderts das Christentum verfolgt und ab ca. 1620 ganz in den Untergrund gedrängt wurde. Japan blieb über Jahrhunderte eine verschlossene, nur für den Handel der Holländer zugängliche Insel.
Neben das nach wie vor wichtige Erzbistum Goa (seit 1558) mit seinen Suffraganbistümern Cochin und Malakka trat 1576 unter anderen die Diözese Macao an der Mündung des Kantonflusses, die in Zukunft die Basis für die Chinamission bildete. In China gelang es den Jesuiten, bis zur Aufhebung ihres Ordens 1773 trotz wechselhaften Schicksals für die Christen ihre Stellung als Hofastronomen, Kartographen, Mathematiker und Naturwissenschaftler vielfältigster Art zu behalten. Zugleich gab es Versuche, Teile der chinesischen Religion, etwa die Ahnenverehrung, in das Christentum zu integrieren. Wegweisend wirkten der Italiener Matteo Ricci (†1610), der als erster 1601 in Peking auf Dauer bleiben konnte, sowie seine Nachfolger, der Deutsche Johann Adam Schall von Bell (†1666) und der Flame Ferdinand Verbiest (†1688). Peking und Nankin wurden 1690 Patronatsbistümer Portugals, während seit 1659 die von Rom errichteten Apostolischen Vikariate in einem Konkurrenzverhältnis zum portugiesischen Patronat standen, was der Sache der Mission wenig diente. Ebensowenig hilfreich war der chinesische Ritenstreit, von dem noch zu sprechen ist. Die Duldung der Christen hing stark von dem jeweiligen Kaiser und der Haltung der Mandarine, der Staatsbeamten,

ab. Nach einer Phase der Tolerierung Ende des 17. und im beginnenden 18. Jahrhundert kam es 1723/24 zu Verfolgungen, die mehrere Jahrzehnte anhielten.

5.3 Probleme und Strategien

Mit den Missionen verband sich eine Reihe von Problemen und Strategien, welche durch die Verflochtenheit in das Wirken der Kolonialmächte und ihres Patronates sowie durch die Frage nach der Vermittlung des Christentums in fremde Kulturen und Lebensweisen bedingt war. Dazu zählte einmal das Problem der Menschenrechte und der Behandlung der Indianer in Amerika, aber auch der Sklaverei der Indianer und der Schwarzen. Zweitens stellte sich die für alle Missionen geltende Frage der Inkulturation sowie der Heranbildung eines einheimischen Klerus. Drittens ist nach dem Einfluß und Wirkmöglichkeiten der Päpstlichen Propaganda fide angesichts der Patronatsmächte und der Missionsorden zu fragen.

Schon früh kritisierten die Ordensleute in Lateinamerika das sog. Kommendensystem (Encomienda), das die Indianer zur Zwangsarbeit für die Kolonisten und Inhaber solcher Kommenden verpflichtete. Die schwere und ungewohnte Arbeit war neben den eingeschleppten Infektionen ein wesentlicher Grund für das massenhafte Sterben der Ureinwohner. Damit verband sich sehr schnell die Diskussion um die »Rechtstitel«, also die rechtliche Grundlage des Vorgehens der Kolonialmächte in Lateinamerika. Es ist die große Leistung von Dominikanern wie Antonio de Montesinos und in seinem Gefolge Bartolomé de Las Casas, aber auch vieler anderer, diese Fragen auf- und angegriffen sowie zusammen mit der in Spanien geführten Diskussion um die Menschen- und Völkerrechte Wege der Humanität gewiesen zu haben, ohne allerdings die Dezimierung der Indianer u. a. durch Seuchen und Arbeit verhindern zu können. Papst Paul III. verurteilte 1537 die Sklaverei der Indios und deklarierte feierlich ihre Vernunftbegabung sowie ihre allgemeine Berufung zum Heil. Unter dem Einfluß von Las Casas und anderen brachten in Spanien die »Neuen Gesetze«

Karls V. 1542 kurzfristige Erleichterungen bezüglich der Sklaverei der Indianer und des Kommendenwesens. Gegen die Behauptung des »gerechten Krieges«, den man gegen die Indios führe und der die Versklavung rechtfertige, wandte sich Las Casas in einer berühmten Disputation 1550 in Valladolid mit Juan Ginés de Sepúlveda. Der schon früher abgefaßte »Kurzgefaßte Bericht von der Verwüstung der Westindischen Länder« des Las Casas mochte übertrieben sein und bot Anlaß für die »Leyenda negra« (Schwarze Legende), eine Kampfschrift der Engländer und Niederländer gegen Spanien, war aber keineswegs pure Erfindung. Die weniger umstrittene Sklaverei der Schwarzen hatte Las Casas zeitweilig befürwortet, weil sie die Arbeit besser ertrügen. In seiner Spätzeit lehnte er auch diese ab.

In den Kontext des Eingeborenenschutzes, verbunden mit der Missionierung, gehört die Bildung der Reduktionen, also geschlossener größerer Eingeborenensiedlungen in möglichst großer Entfernung zu den Kolonisten, unter Leitung der Missionare. Die Idee solcher Einrichtungen hatten schon die ersten Dominikaner auf Haiti (Hispaniola), und die Franziskaner verwirklichten sie relativ früh, allerdings mit geringem Erfolg. Am bekanntesten wurde der irreführend so genannte »Jesuitenstaat« in Paraguay (nicht mit dem heutigen Staat identisch), d.h. die dortigen Reduktionen für die Guaraní-Indianer von 1609 bis zum Ende des 18. Jahrhunderts. Dort vereinigten ca. 30 Reduktionen in sich die Elemente einer paternalistisch geführten Lebensgemeinschaft, an deren Leitung Eingeborene als eine Art Gemeinderäte teilnahmen. Die Reduktionen boten materielle Sicherheit, Schutz vor dem Kommendensystem und der Sklavenjägerei. Das christlich-katholisch organisierte Leben war die tragende Grundlage dieser Einrichtungen. Ein nicht unumstrittener und gefährlicher Umzug wurde von den Jesuiten 1629–1631 organisiert, als die Indianer wegen der Angriffe von Sklavenjägern umsiedelten. Außerdem gelang es den Indianern, mit Hilfe der Jesuiten 1641 eine kriegerische Auseinandersetzung gegen sklavenmachende Portugiesen zu gewinnen.

Die rechtliche Sonderstellung der Reduktionen innerhalb der Gesellschaft rief sogar die Kritik von Bischöfen hervor, die sie als hinderlich für ihre eigene Rechtsgewalt und als desintegrativ wirkenden Faktor ansahen. Dem kann man zu Recht entgegenhalten, daß die Reduktionen ein Stück neuer Gesellschaft darstellten, die sie den Bedingungen einer weithin durch wirtschaftliche Ausbeutung gekennzeichneten Kolonialzeit entgegensetzten. Schwerer wiegt, daß es ihnen ebensowenig wie dem gesamten Lateinamerika gelang, einen einheimischen indianischen Klerus heranzubilden, der als Träger des Christentums in Krisenzeiten hätte stabilisierend wirken können. Dagegen gelang in Asien und Afrika dieser Schritt – wenn auch unter Schwierigkeiten – durchaus.

Eng mit den Fragen, wie die einheimische Bevölkerung zu behandeln sei, hing die der Akkommodation und Inkulturation zusammen. Wie weit durfte eine Anpassung an die Mentalität, die Kultur, die Religion und die sozialen Gegebenheiten der jeweiligen Gesellschaft gehen, die es zu christianisieren galt? Damit verbunden stellte sich das Problem, welche Theologie und Frömmigkeit gelehrt und gepredigt werden sollte.

Naturgemäß fiel dazu die Beantwortung wegen der unterschiedlichen Ausgangslage der Missionen uneinheitlich aus. In Lateinamerika entwickelte sich in erster Linie ein hispanisierter Katholizismus, der bis in die Anlage der Dörfer und Städte mit den beherrschenden Gebäuden von Kirche und Rathaus die spanische Kirche und Gesellschaft spiegelte. Auch der Stil des Barock wurde in durch die Eingeborenen modifizierter Form übernommen. Die Organisation der Orden, zu denen auch Frauenorden gehörten, die sich der Mädchenerziehung oder Waisenkindern widmeten, richtete sich nach europäischen Beispielen. Auch das Vorbild der blühenden, zahlreichen Bruderschaften stammte aus Spanien. Allerdings hatten diese religiösen Laienvereinigungen mit ihren Frömmigkeitsübungen und sozial-caritativen Aufgaben ebenso die Funktion, den Indianern und Schwarzen eine gewisse Eigenständigkeit zu geben, identitätsfördernd zu wirken und damit eine hohe Bedeutung zu erlangen. Dabei mochten sich synkretistische Formen der religiösen Praxis entwickeln, die alte vorchristliche Kulte verdeckt weiterführten und integrierten, aber bis zu einem gewissen Grade gelang es der katholischen Kirche doch, durch dieses sozial-religiöse System denjenigen eine Art Geborgenheit zu verleihen, denen sie durch die Conquista und Kolonisation genommen worden war.

Vor allem die Arbeiten der Ordensleute in bezug auf die Sprachstudien, die Geschichtsschreibung und die Beobachtungen indianischer Kultur waren beachtlich, wenn man bedenkt, daß es eine Unzahl von Indianersprachen in Amerika gab. So waren z. B. die Franziskaner und Jesuiten sprachkundlich aktiv, verfaßten religiöse Literatur in den Landessprachen oder schufen Hilfsmittel in Form von Grammatiken. Der Franziskaner Bernardino de Sahagún erfaßte die indianische Kultur in einem großen Werk »Historia general de las cosas de la Nueva España«. Zwar leiteten ihn nicht moderne ethnographische Aspekte, sondern das Interesse an der Verkündigung des Evangeliums, aber er vermittelte uns damit eine unersetzliche Geschichte über die Heiligtümer und Kulturdenkmäler Altmexikos. Das Ringen um einen dem Christentum adäquaten indianischen Gottesnamen oder die Vorstellung von einer Hölle, die den Indianern fremd war, zeigt die Probleme, welche mit dem Phänomen der Inkulturation verbunden waren. Zwar konnten die Missionare ihre europäische Perspektive und Ethnozentriertheit in Lateinamerika nie ganz ablegen, selbst wenn sie wie Las Casas im höchsten Maße die Eingeborenen schätzten[1], aber ihr Problembewußtsein bezüglich der Akkommodation an die jeweilige Kultur drückte sich etwa bei dem Jesuiten José de Acosta aus, der in seinem Werk »De procuranda Indorum salute« (Über die Sorge für das Heil der Indios, 1588) eine differenzierte Methode je nach Kulturstufe der zu missionierenden Völker vorschlug.

Diese Probleme stellten sich in verschärfter Form in China, wo sie unter dem Stichwort »Ritenstreit« ihren historischen Konfliktherd fanden. Dabei spielten Rivalitäten der Orden untereinander eine Rolle, aber auch Spaltungen innerhalb desselben Ordens sowie reale Probleme der Vermittlung von Mentalitäten und Weltbildern. Ein zentrales Thema in dem religiös differenzierten China

[1] Vgl. *Wolfgang Reinhard*, Missionaries, Humanists and Natives in the Sixteenth-Century Spanish Indies – a Failed Encounter of two Worlds?, in: Renaissance Studies 6 (1992) 360–376.

ergab sich daraus, wieweit die Ahnenverehrung und der Konfuzianismus, seine Gottesvorstellung und Riten mit dem Christentum zu verbinden seien, wie es Ricci und andere Jesuiten nicht ohne Opposition im eigenen Orden versuchten, und wo entscheidende Grenzen lägen. Ebenso war der Gottesname strittig, der mit bestimmten Vorstellungen verbunden war, über deren Möglichkeiten zur »Verchristlichung« die Meinungen auseinandergingen. War schon die Lage innerhalb des Jesuitenordens bezüglich der Methoden des Matteo Ricci gespalten, so verschärfte sich das Klima, als Dominikaner und Franziskaner 1631 bzw. 1633 hinzukamen und 1683 die Pariser Missionare zusammen mit dem von der Propagandakongregation eingesetzten Apostolischen Vikar gegen die angepaßten Riten Stellung nahmen. Selbst die Pariser Sorbonne und der chinesische Kaiser wurden in diesem Streit bemüht. Rom entschied sich 1704 durch Clemens XI. und 1742 durch Benedikt XIV. gegen die Akkommodation. Ein beeindrukkendes Experiment war damit abgebrochen worden. 1939 hob Rom diese Entscheidung wieder auf.

Wieweit die chinesische Inkulturation zu einer wirklichen Christianisierung führen konnte, ist nicht völlig klar und auch heute umstritten[2]. War das chinesische Welt- und Menschenbild mit dem christlichen wirklich zu vereinbaren, oder verband nur die Ablehnung des Taoismus und Buddhismus die Anhänger des Konfuzius mit den Jesuiten? Wieweit wurden alle Denkformen und Volksschichten von den Missionaren erfaßt? Diese Fragen bestehen zu Recht, aber es ist auch zu bedenken, daß Ricci und seine Gruppe Wege suchten, über möglichst weit gefaßte Gemeinsamkeiten mit einem fremden Volk ins Gespräch zu kommen und damit Räume möglicher Zusammenarbeit, nicht Konfrontation zu eröffnen; ein Verfahren, das letztlich doch hätte wegweisend sein können.

Insgesamt stellt sich die Frage, ob nicht diese Weitung der katholischen Kirche zur Weltkirche ein Prozeß war, der vor allem in Lateinamerika auf Kosten derer ging, die missioniert werden soll-

[2] Vgl. *Jacques Gernet*, Christus kam bis nach China. Eine erste Begegnung und ihr Scheitern, Zürich-München 1984.

ten. Die Verbindung von Conquista und Mission erscheint heute mehr als problematisch und war es, wie gezeigt wurde, schon für Zeitgenossen wie Las Casas. Die Tatsache, daß zahlreiche Ordenshäuser lange Zeit eigene Sklaven besaßen, ohne deren Arbeit sie nicht leben konnten, ist ein weiterer Grund der Kritik an der frühneuzeitlichen Mission. Schließlich hat das Jahr 1992 die Ambivalenz der europäischen Kolonisation nochmals deutlich werden lassen. Die Geschichte der Ausbreitung des christlichen Glaubens als eine Geschichte der Befreiung zu schreiben, dürfte schwierig sein. Eine Geschichte der Opfer wird daher zu Recht gefordert, muß sich allerdings vor Anachronismen hüten, die Maßstäbe späterer Zeiten allzu schnell an die frühe Neuzeit anlegt. Am Ende des 18. Jahrhunderts machte endlich eine Entwicklung, die für die Kirchengeschichte als Ganze sich ankündigte, auch vor den überseeischen Gebieten der Christenheit nicht halt: Die geistigen Umbrüche der Aufklärung, eines neuen Welt- und Lebensgefühls, die nach Lateinamerika übergriffen, zusammen mit den politischen Entwicklungen langfristig Veränderungen herbeiführten und im 19. Jahrhundert die Unabhängigkeit von den alten Mächten schufen. In Europa sollte schließlich all das mit der Französischen Revolution eine neue Qualität erreichen und die Geschichte der Kirchen grundlegend verändern.

Literatur:

Urs Bitterli, Die Entdeckung Amerikas. Von Kolumbus bis Alexander von Humboldt, München 1991;

Minako Debergh, Anfänge der Evangelisierung Indiens, Japans und Chinas, in: Marc Venard, Heribert Smolinsky (Hgg.), Die Geschichte des Christentums 8, Freiburg u. a. 1992, 875–956;

Enrique Dussel, Die Geschichte der Kirche in Lateinamerika, Mainz 1988;

Johannes Meier (Hg.), Zur Geschichte des Christentums in Lateinamerika, München–Zürich 1988;

Alain Milhou, Afrika, in: Die Geschichte des Christentums 8, 740–771;

Ders., Lateinamerika, in: Die Geschichte des Christentums 8, 772–874;

Hans-Jürgen Prien, Die Geschichte des Christentums in Lateinamerika, Göttingen 1978;

Wolfgang Reinhard, Geschichte der europäischen Expansion. Bd. 1: Die

Alte Welt bis 1818, Stuttgart u.a. 1983; Bd. 2: Die Neue Welt, Stuttgart u.a. 1985;

Michael Sievernich u.a. (Hgg.), Conquista und Evangelisation. 500 Jahre Orden in Lateinamerika, Mainz 1992.

Allgemeine Literatur:

Carl Andresen (Hg.), Handbuch der Dogmen- und Theologiegeschichte. Bd. 2: Die Lehrentwicklung im Rahmen der Konfessionalität, Göttingen 1989 (1980); Bd. 3: Die Lehrentwicklung im Rahmen der Ökumenizität, Göttingen 1989 (1984);

Thomas A. Brady u.a. (Hgg.), Handbook of European History 1400–1600. Late Middle Ages, Renaissance and Reformation, Leiden u.a. 1994–1995;

Peter Blickle, Die Reformation im Reich (= Uni-Taschenbücher 1181), Stuttgart 1982;

Pierre Chaunu, Europäische Kultur im Zeitalter des Barock, Frankfurt 1989 (Erstauflage Paris 1966);

Heinz Duchhardt, Das Zeitalter des Absolutismus (= Oldenbourg Grundriß der Geschichte 11), München 1989;

Josef Engel (Hg.), Die Entstehung des neuzeitlichen Europa (= Handbuch der europäischen Geschichte 3), Stuttgart 1979;

Martin Heckel, Deutschland im konfessionellen Zeitalter (= Deutsche Geschichte 5), Göttingen 1983;

Hubert Jedin (Hg.), Handbuch der Kirchengeschichte. Bd. IV: Reformation, katholische Reform und Gegenreformation, Freiburg-Basel-Wien 1967 (Sonderausgabe 1985);

Ders. (Hg.), Handbuch der Kirchengeschichte. Bd. V: Die Kirche im Zeitalter des Absolutismus und der Aufklärung, Freiburg-Basel-Wien 1970 (Sonderausgabe 1985);

Elke Kleinau – Claudia Opitz (Hgg.), Geschichte der Mädchen- und Frauenbildung. Bd.1: Vom Mittelalter bis zur Aufklärung, Frankfurt-New York 1996;

Harm Klueting, Das konfessionelle Zeitalter 1525–1648 (= Uni-Taschenbücher 1556), Stuttgart 1989;

Raymund Kottje, Bernd Moeller (Hgg.), Ökumenische Kirchengeschichte. Bd. 2: Mittelalter und Reformation, Mainz-München ^{4}1988; Bd. 3: Neuzeit, Mainz-München ^{4}1989;

Joseph Lortz, Die Reformation in Deutschland, Freiburg-Basel-Wien 1982 (Neuausgabe der 4. Aufl. 1962);

Heinrich Lutz, Reformation und Gegenreformation (= Oldenbourg Grundriß der Geschichte 10), München ^{3}1991;

Bernd Moeller, Geschichte des Christentums in Grundzügen (= Uni-Taschenbücher 905), Göttingen ^{4}1987;

Ders., Deutschland im Zeitalter der Reformation (= Deutsche Geschichte 4), Göttingen ³1988;

Horst Möller, Vernunft und Kritik. Deutsche Aufklärung im 17. und 18. Jahrhundert (= Neue Historische Bibliothek, edition suhrkamp NF 269), Frankfurt 1986;

Ders., Fürstenstaat oder Bürgernation. Deutschland 1763–1815 (= Die Deutschen und ihre Nation), Berlin 1989;

Volker Press, Kriege und Krisen. Deutschland 1600–1715 (= Die Neue Deutsche Geschichte 5), München 1991;

Horst Rabe, Deutsche Geschichte 1500–1600. Das Jahrhundert der Glaubensspaltung, München 1991;

L. J. Rogier, R. Aubert, M. D. Knowles (Hgg.), Geschichte der Kirche. Bd. 3: Reformation und Gegenreformation, Einsiedeln-Zürich-Köln 1965; Bd. 4: Die Kirche im Zeitalter der Aufklärung, Revolution und Restauration, Einsiedeln-Zürich-Köln 1966;

Heinz Schilling, Aufbruch und Krise. Deutschland 1517–1648 (= Das Reich und die Deutschen), Berlin 1988;

Ders., Höfe und Allianzen. Deutschland 1648–1763 (= Das Reich und die Deutschen), Berlin 1989;

Heinrich Richard Schmidt, Konfessionalisierung im 16. Jahrhundert (= Enzyklopädie Deutscher Geschichte 12), München 1992;

Winfried Schulze, Deutsche Geschichte im 16. Jahrhundert (= edition suhrkamp NF 268), Frankfurt 1987;

Heribert Smolinsky – Marc Venard (Hgg.), Von der Reform zur Reformation (1450–1530) (Die Geschichte des Christentums Bd. 7), Freiburg u.a. 1995;

Marc Venard, Heribert Smolinsky (Hgg.), Die Geschichte des Christentums 8: Die Zeit der Konfessionen (1530–1620/30), Freiburg-Basel-Wien 1992;

Rudolf Vierhaus, Deutschland im Zeitalter des Absolutismus (= Deutsche Geschichte 6), Göttingen ²1984;

Fritz Wagner (Hg.), Europa im Zeitalter des Absolutismus und der Aufklärung (= Handbuch der europäischen Geschichte 4), Stuttgart 1968;

Johannes Wallmann, Kirchengeschichte Deutschlands seit der Reformation (= Uni-Taschenbücher 1355), Tübingen ²1985;

Rainer Wohlfeil, Einführung in die Geschichte der deutschen Reformation, München 1982.

Eine Aufzählung der zahlreichen Quelleneditionen aus diesem Zeitraum ist hier nicht möglich. Es sei nur auf die Reihe »Kirchen- und Theologiegeschichte in Quellen«, hg. von Heiko A. Oberman u.a., Bd. III–IV, Neukirchen-Vluyn 1980–1981 verwiesen. Im übrigen führen die Literaturangaben innerhalb der Darstellung sowie die der allgemeinen Literatur zu den jeweiligen Editionen hin.

Ergänzungen zur Literatur:

Zu Reformation, Kommunikation und Konfessionalisierung:

Mark U. Edwards, Jr., Printing, Propaganda, and Martin Luther, Berkeley u.a. 1994;

Hans R. Guggisberg u.a. (Hgg.), Die Reformation in Deutschland und Europa: Interpretationen und Debatten (Sonderband Archiv für Reformationsgeschichte), Gütersloh 1993;

Bernhard Lohse, Luthers Theologie in ihrer historischen Entwicklung und in ihrem systematischen Zusammenhang, Göttingen 1995;

Wolfgang Reinhard – Heinz Schilling (Hgg.), Die katholische Konfessionalisierung, Münster (Gütersloh) 1995;

Heinz Scheible, Melanchthon. Eine Biographie, München 1997.

Zur englischen Reformation:

Christopher Haigh, English Reformations. Religion, Politics, and Society under the Tudors, Oxford 1993;

Diarmaid MacCulloch, The Later Reformation in England 1547–1603, Houndmills u.a. 1990.

Zu Konfessionalisierung, katholische Reform und Gegenreformation:

John W. O'Malley, Die ersten Jesuiten, Würzburg 1995;

Wolfgang Reinhard – Heinz Schilling (Hgg.), Die katholische Konfessionalisierung, Münster (Gütersloh) 1995.

Zu Frömmigkeit, Leben und Sterben im Barock:

Dieter Breuer (Hg.), Religion und Religiosität im Zeitalter des Barock. 2 Teile, Wiesbaden 1995;

Hansgeorg Molitor – Heribert Smolinsky (Hgg.), Volksfrömmigkeit in der Frühen Neuzeit, Münster 1994.

Zu Hexenverfolgungen im konfessionellen Zeitalter:

Gunter Franz (Hg.), Friedrich Spee zum 400. Geburtstag, Paderborn 1995;

Hexen und Hexenverfolgungen im deutschen Südwesten. Ausstellungskatalog und Aufsatzband (hg. von Sönke Lorenz), Badisches Landesmuseum Karlsruhe 1994;

Claudia Opitz (Hg.), Der Hexenstreit. Frauen in der frühneuzeitlichen Hexenverfolgung, Freiburg u.a. 1995.

Zu Jansenismus:

Françoise Hildesheimer, Jansenismus, in: LThK³ 5 (1996) 739–744.

Personen, Orte und Länder